Johann Christoph Blumhardt

Krankheit und Heilung an Leib und Seele

Edition Pietismustexte (EPT)

Im Auftrag der Historischen Kommission zur Erforschung des Pietismus herausgegeben von Hans-Jürgen Schrader, Ruth Albrecht, Dieter Ising und Christof Windhorst

Band 6

Die „Edition Pietismustexte“ ist die neue Folge der Serie „Kleine Texte des Pietismus“.

Johann Christoph Blumhardt

Krankheit und Heilung an Leib und Seele

Auszüge aus Briefen, Tagebüchern und Schriften

Herausgegeben von Dieter Ising

Verantwortliche Redakteurin des Bandes:
Ruth Albrecht

Bibliographische Information der Deutschen Nationalbibliothek
Die Deutsche Bibliothek verzeichnet diese Publikation in der Deutschen Nationalbibliographie; detaillierte bibliographische Daten sind im Internet über http://dnb.ddb.de abrufbar

2., korr. Auflage 2016

Printed in Germany · H 7725

Das Buch wurde auf alterungsbeständigem Papier gedruckt.

Umschlag und Innenlayout: behnelux gestaltung, Halle
Coverbild: Johann Christoph Blumhardt (1805–1880)
© Landeskirchliches Archiv Stuttgart, Bildnissammlung, D 34
Satz: Druckerei Böhlau, Leipzig
Druck und Binden: Hubert & Co., Göttingen

ISBN 978-3-374-03768-1
www.eva-leipzig.de

Inhalt

Verzeichnis der ausgewählten Quellen

Texte

1. Blumhardts Dürrmenzer Tagebuch.[1] 18.2. (1830)

LKA Stuttgart, D 50, Kapsel I A 4/3
Druck: Blumhardt, *Briefe* 1, 190 f.[2]

Eine Frau hat Erscheinungen, die im Dorf für böse Geister gehalten werden. Einem alten Mann erscheinen angebliche Engel.

Donnerstag, 18. Februar.
Besuch bei Richter, wo auch Menatier[3] sich einfand. – Gespräch über K. und seine Frau. Jener ist der Specel[4] eines reichen Mannes, der ihm ein ordentliches Vermögen dotirte; seine Frau brachte selbst viel mit. Doch kamen sie, ohne zu wissen wie, so herunter, daß sie jezt bitterarm, doch kinderlos sind. Die Frau hatte vor einigen Jahren Entzückungen; sie glaubte die Herrlichkeit Xi [Christi] zu sehen und seine Engel, die ihr die schöns-

---

1 Das Tagebuch führt Blumhardt als Vikar in Dürrmenz bei Mühlacker (1829–1830) und setzt es als Missionslehrer in Basel fort (1830–1837; siehe unten Nr. 2). Berichte über eine angebliche „Geisterwelt" hat er bereits bei Besuchen in Korntal (1820–1824) und während des Tübinger Studiums (1824–1829) gehört. Vgl. das Nachwort zum vorliegenden Band, S. 231–233 sowie Ising, *Dämonologie*, 155–169.

2 Auflösung dieses und weiterer Kurztitel im Verzeichnis der Quellen und Literatur.

3 Vermutlich Johann Friedrich Menadier, 1821–1824 Lehrer an der reformierten Schule im württembergischen Dürrmenz, eingerichtet für Kinder der französischsprachigen Hugenotten und Waldenser. Um ihres evangelischen Glaubens willen aus Frankreich und Savoyen vertrieben, haben sich Hugenotten und Waldenser seit 1699 in Dürrmenz und umliegenden Dörfern angesiedelt. Ihnen wird das Recht zugestanden, eigene reformierte Pfarrer und Schulmeister zu haben. Die Eigenständigkeit endet 1823/1824 mit der staatlich verordneten Union zwischen Reformierten und Lutheranern (d. h. der lutherischen württembergischen Bevölkerung). Vgl. Albert de Lange (Hg.), *Dreihundert Jahre Waldenser in Deutschland. Herkunft und Geschichte.* Karlsruhe 1998, bes. 19–51. 93–153.

4 Guter Freund (Fischer, *Schwäbisches Wörterbuch* 5, 1521).

ten Lieder vorsagten, auch Stücke aus der Heiligen Schrift, die sie ganz hersagen konnte, ohne sie je gelesen zu haben. Dieß gieng lange so fort, und sie wurde von Lisele, selbst Richter, und vielen andern als eine wahre Heilige verehrt, wiewohl sie die Stunden[5] noch nicht besuchte. Einmal kam der Michele Brandauer hieher, dem sie mit gröstem Eifer die Sache erzählten, der aber zu ihrem Verdruß sich kalt darüber bezeugte und am Ende nur sagte, jene Frau soll zu ihm kommen. Sie war einmal auf dem Wege, fiel aber plötzlich unterwegs so krank darnieder, daß man sie heimtragen mußte; dieß Wirkung der bösen Geister,[6] die Lunte rochen. Doch nachher gelang ihr der Plan. Sie erzählte dem Michele ihre Sachen, und der glaubte Grund zu haben, ihr sagen zu dürfen, daß das nicht rechter Art sei; böse Geister spielen mit ihr Komödie (wie man denn oft sagte, daß die Geister nur [?] selbst in ihr gewesen seien). Sie soll sie nur fortschicken und ihnen ins Gesicht sagen, wer sie seien, sich jedoch nicht fürchten, wie sie eine andere als die Lichtsgestalt annehmen würden. – Sie glaubte es und befolgte den Rath, worauf dann wirklich die Geister unter den gräulichsten Gestalten und mit den gräßlichsten Spöttereien ihr erschienen. Sie aber wies sie immer standhaft ab, bis sie wirklich ganz ausblieben.[7] – Jezt besucht sie mit ihrem Manne die Versammlung.

---

5 Pietistische Erbauungsversammlungen mit Bibellektüre und Auslegung. Bei radikalen Pietisten treten die Versammlungen an die Stelle des Gottesdienstes, von kirchlichen Pietisten wie Richter und Menadier werden sie als Ergänzung des landeskirchlichen Gottesdienstes besucht.

6 Zwölf Jahre später muss sich Blumhardt als Seelsorger mit ähnlichen Erscheinungen in Möttlingen befassen. Vgl. Blumhardt, *Krankheitsgeschichte,* 32–78; Ising, *Blumhardt Leben und Werk,* 148–169.

7 Was Blumhardt hier von anderen berichtet wird, begegnet ihm sieben Jahre später im seelsorgerlichen Gespräch mit einem Betroffenen. Johannes Gommel, Sohn des Bürgermeisters von Heimerdingen, erzählt von Erscheinungen eines Geistes, der, anfangs freundlich, ihm Rezepte zur Heilung von Kranken mitgeteilt habe. Als Gommel ihn abgewiesen habe und

Der alte Sch. hat auch Erscheinungen. Er glaubte bisher keinen Gott und forderte ihn endlich heraus, er möchte ihm erscheinen, wenn er wäre. Dieß geschah dann, indem unter dem prächtigsten Lichte 3 Engel ihm erschienen, als die Dreieinigkeit; der Mittlere sei Gott der Vater; sie sagten ihm schöne Lieder vor, die er (denn sie kamen öfters) an die Wand notirte, um des Morgens sie noch zu haben. – Die Sache nährt seinen Stolz, da er meint, vor andern Geistesaugen zu besitzen. Etwas Wiedergebornes findet sich nicht in ihm. [...]

2. Blumhardts Basler Tagebuch. 9.12.(1835)

LKA Stuttgart, D 50, Kapsel I A 4/3
Druck: Blumhardt, *Briefe* 1, 325 f.

Eine versuchte Geisteraustreibung durch Missionspräsident Nikolaus von Brunn.

Mittwoch, den 9. Dezember.
Jenes Landjägers[8] Kind, von der Frau gefragt, sagte: er sei ein Mörder;[9] wer? keine Antwort; wo ist das Kind? in der Fabrik; er werde bald fort müssen, und 2 ärgere wollen kommen.

---

im Gebet standhaft geblieben sei, habe der Geist ihn schrecklich geplagt; dann seien die Erscheinungen verschwunden (Blumhardt, *Verteidigungsschrift,* 206 f.).

8 Gendarm.

9 Blumhardt erfährt von der angeblichen Besessenheit zweier Basler Kinder und notiert, eines der Kinder habe „den von Brunn einen Mörder“ genannt (Basler Tagebuch 3.12. und 5.12.1835). Am 9. und 12. Dezember wohnt er den Austreibungsversuchen von Brunns bei; er setzt voraus, dass es sich bei den Antworten des Kindes um Äußerungen eines Geistes handle. Vom Ausgang der Geschichte erfahren wir nichts. – Parallelen zu den späteren Vorgängen um Gottliebin Dittus sind offensichtlich, etwa die Überzeugung, Gespräche mit „Geistern“ führen zu können. Vgl. unten Brief Nr. 3, Anm. 30.

Heute bei von Brunn,[10] wo beide Eltern und Kinder; der Knabe fällt in Ohnmacht bei der Handauflegung und spricht aus dem Bauche Unverständliches;[11] von Brunn zeigt große Kraft und Freiheit, befiehlt in Jesu Namen, gänzlich zu weichen und nicht + [mehr?] zu kommen. Gesang, dem Mädchen aufgelegt, von Brunn sehr geschwächt. Der Knabe fühlt noch im Bauch; abermaliger Versuch und Kämpfe. Weniger im Bauch, nochmaliger Versuch und Wort: wir ruhen nicht, bis. [...?] von Brunn ist erschöpft, und weiter ging's nicht.

Sichrist[12] soll medizinisch wirken, weil vermuthlich im Unterleib Stoff, an den der böse Geist sich halten kann. Diesen Mittag äusserte der Geist, daß eine Frau, die er mit Namen nannte, die Kinder durch einen Pfannkuchen in der Fabrike, wohin sie sie eingeladen habe, behext habe. [...]

10 Nikolaus von Brunn (1766–1849), 1795 Pfarrer im Kanton Basel-Land, 1815 Mitbegründer der Basler Mission, 1815–1838 ihr Präsident.

11 Bei einem erneuten Austreibungsversuch (Basler Tagebuch 12.12.1835; in: Blumhardt, *Briefe* 1, 330) wehrt sich der aus dem Kind sprechende „Geist" gegen die Austreibung und weist auf die Macht des Teufels hin; er wolle nicht in den Himmel, sondern in die Hölle. – Bereits 1830 ist in Christian Heinrich Zellers Armenschullehrer- und Armenkinderanstalt im nahegelegenen Beuggen ein Kind an ähnlichen Symptomen erkrankt. Heinrich W. J. Thiersch (*Christian Heinrich Zellers Leben*. Basel 1876, Bd. 1, 291) berichtet: „Wenn man etwas Weltliches erzählte oder sang, so lachte es widerlich; wenn man etwas aus der Bibel las oder ein geistliches Lied sang, so wurde es aufgeregt, schrie, schlug und kratzte."

12 Sigrist: Küster, Mesner.

3. Blumhardt an Justinus Kerner.[13] Möttlingen 17.9.1842

Schiller-Nationalmuseum Marbach am Neckar, Kerner-Nachlass, KN 5150
Druck: Blumhardt, *Schriften* 1, 83–88

Schilderung der Krankheitsgeschichte der Gottliebin Dittus: Sie hat Geistererscheinungen; der Spuk in ihrer Wohnung wird amtlich untersucht. Sie leidet an Krämpfen; Blumhardt beobachtet ein angebliches Ausfahren von Geistern. Blutverlust und Suizidversuch. Er entschließt sich zum Eingreifen durch Gebet, zum Gespräch mit den Geistern und deren Austreibung.

Verehrtester Herr Oberamtsarzt!
Schon längst gehe ich damit um, Ihnen wieder Nachricht von der hiesigen Geistergeschichte[14] zu geben, die

---

13 Justinus Kerner (1786–1862), Arzt und Dichter, 1819 Oberamtsarzt in Weinsberg. Seine Experimente mit „magnetischen“ (hypnotischen) Bestreichungen sind im romantischen Interesse an der Erforschung einer „Geisterwelt“ begründet. Vgl. seine Schrift *Die Seherin von Prevorst [Friederike Hauffe]. Eröffnungen über das innere Leben des Menschen und über das Hereinragen einer Geisterwelt in die unsere* (2 Teile, Stuttgart und Tübingen 1829) sowie die von ihm hg. *Blätter aus Prevorst* (12 Bde., 1831–1839) und *Magikon. Archiv für Beobachtungen aus dem Gebiete der Geisterkunde und des magnetischen und magischen Lebens* (5 Bde., 1840–1853).
Die Tischrunde des Basler Missionshauses, unter ihnen Blumhardt, äußert sich 1832 kritisch über Kerners Berichte (Blumhardts Basler Tagebuch 13.4.1832; in: *Briefe* 1, 263). Dessen ungeachtet wendet sich Blumhardt zehn Jahre später an Kerner, erstmals am 26.4.1842 (Blumhardt, *Schriften* 1, 79–83), da er dem Geschehen um Gottliebin Dittus hilflos gegenübersteht und den Rat einer Autorität einholen will. Als er zu der Überzeugung kommt, im Kampf gegen finstere, den Menschen in Besitz nehmende Mächte zu stehen (siehe unten S. 18, Z. 9–22), setzt er sich von Kerners distanzierter Erforschung einer Geisterwelt ab. Im vorliegenden Brief vom 17.9.1842 informiert er ihn über die weitere Entwicklung des Falls, beendet aber damit die Berichterstattung. Kerner hat Blumhardts Schilderung in seiner Zeitschrift *Magikon* nicht publiziert.

14 Zu Verlauf und Heilung der Krankheit der Gottliebin Dittus vgl. die von Blumhardt verfasste ausführliche *Krankheitsgeschichte* (*Schriften* 1, 32–78; Auszüge siehe unten Nr. 7 und 8) sowie die im Folgenden ausgewählten Briefe, ferner Ising, *Blumhardt Leben und Werk*, 148–169. – Gottliebin Dittus (1815–1872) aus Möttlingen, nach ihrer Heilung 1844–1847

sich noch so vielfältig entwickelte.[15] Aber es war schwer für mich, in einer Zeit darüber zu schreiben, in welcher ich von einer Angst in die andere getrieben wurde und der Druck, der auf mir lag, mir öfters fast unerträglich war. Als Seelsorger wurde ich ganz von selbst (ohne allen Vorsatz und Willen) – ich kann wohl sagen: durch andere als gewöhnliche Anregung – zum Handeln genötigt;[16] in einer Sache, die meiner Erfahrung ganz fremd war, deren Ende ich auch nicht absehen konnte und die sich so gestaltete, daß mir niemand mehr Rat und Beistand geben konnte (wie ich denn darin von meinen besten Freunden ganz verlassen wurde).[17] Was ich da werde durchgemacht haben, werden Sie fühlen, wenn sie das Nachfolgende lesen; und wie es für mich und die Sache am besten war, so still als möglich zu sein, wird Ihnen auch erkenntlich werden. Indessen kann ich es noch nicht über mich gewinnen, alles im Detail zu schreiben, obgleich jetzt, wie es scheint, alles aus ist. Am liebsten ist es mir immer noch, stille meinem Heiland zu danken, wie ich vorher zu Ihm seufzen mußte, besonders da ich, um alles klar darzustellen, viel zu viel von mir selber schreiben müßte; was ich um so unger-

---

Lehrerin an der Kleinkinderschule in Möttlingen, 1852 Leitung der Hauswirtschaft in Bad Boll zusammen mit Doris Blumhardt, 1855 Ehe mit Theodor Brodersen, seit 1862 wiederholte Krankenhausaufenthalte in Stuttgart. Liederdichterin.

15 Blumhardts erster Bericht vom 26.4.1842 schildert die Anfänge des Spuks in der Wohnung der Gottliebin Dittus. Diese sieht eine Geistergestalt, welche die Aushändigung eines Briefes verlangt. Tatsächlich werden dort, durch einen flackernden Lichtschein bezeichnet, Papiere und andere Gegenstände gefunden, die Blumhardt mit der Bitte um Entzifferung und Näherbestimmung an Kerner sendet.

16 Vgl. Blumhardt an Barth 30.7.1842 (Blumhardt, *Briefe* 3, 140): „Zu dem Bisherigen war ich gedrungen, wie Einer, der einen Andern im Wasser mit dem Tode ringen sieht, genöthigt ist, sich aufs Aeusserste ins Wasser zu wagen, um zu retten. Ein ruhiger Zuschauer kann nur ein Hindu seyn. Daß aber unser Einer nach Marc. 16 kraft seines Amtes nicht etwas wagen dürfe, kann ich nicht glauben; ich habe es im Glauben gewagt, wahrlich *nur im Glauben* …“.

17 Siehe unten Brief Nr. 9.

ner tue, weil sich am Schluß der Geschichte noch herausstellte, wie nur durch die *besonderste* göttliche Bewahrung das grauenvollste Ende verhütet wurde. Keineswegs aber möchte ich Ihnen etwas vorenthalten; nur wollte ich's lieber mündlich tun. Wünschen Sie noch mehr zu wissen, so ließe sich vielleicht eine Zusammenkunft in Stuttgart einleiten: mit Gelegenheit für Sie, und ich werde nicht säumen, Ihrer Einladung dorthin zu folgen. Nach Weinsberg selbst ist es mir – leider! – zu weit. Doch ich weiß ja noch nicht, ob nicht nachfolgende Notizen Ihnen genug sein werden.

[...] In jenem Hause[18] war alles vierzehn Tage lang ruhig. Am 24. April aber wurde ein Licht hinter dem Ofen gesehen, und ein aufgedecktes Brett vom Boden führte zur Entdeckung von Pülverchen, Geldpapierchen (je drei und vier Sechser) und kleinen viereckigen Papierschnitzeln, alles durch Kienruß geschwärzt. Zwei Tage später entdeckte man – abermals durch ein Licht – eine in die Erde verscharrte Schachtel (auch hinter dem Ofen) mit ähnlichen Gegenständen, auch Glauker[19] Salz. Mir war es jetzt gewiß, daß wenigstens versuchte Zauberei vormals hier getrieben wurde.

Bald erneuerte sich der Spuk, und furchtbarer als je. Bei Tag und bei Nacht erfolgten in den beiden Stuben so laute Schläge, daß die ganze Nachbarschaft sie vernahm, und nun erst der Spuk – wie ein Lauffeuer – durch die ganze Umgegend sich verbreitete. Vorzüglich ging das Gepolter jener A. (sie heißt Gottliebin) nach.

---

18 Gottliebin Dittus lebt zusammen mit den Geschwistern Anna Maria, Katharina und Johann Georg (Hansjörg) in ärmlichen Verhältnissen. Sie bewohnen das Untergeschoss eines kleinen Hauses in Möttlingen (heute: Gottliebin-Dittus-Haus, Blumhardtstr. 3 mit einer von der Blumhardt-Gesellschaft Möttlingen e.V. und dem Landeskirchlichen Archiv Stuttgart eingerichteten Dauerausstellung über Johann Christoph Blumhardt).

19 Vielleicht „Glaubersalz“ oder „Gucken [Tüten] mit Salz“. Vgl. Blumhardt, *Krankheitsgeschichte*, 36: „Schachtel [...] mit Salz“.

Mit jedem Tag wurde es stärker; und man wußte sich keinen Rat mehr. Jener Arzt[20] übernachtete endlich in der Stube am 1. Juni mit jenem jungen Manne (er heißt Mose[21]) und hörte übrig genug. Mein Schultheiß,[22] Teppichfabrikant, ein in jeder Hinsicht ausgezeichneter Mann, bekam Vorwürfe von mancher Seite, daß er den Unfug nicht untersuche; war auch genötigt, etwas zu tun, weil der Nachttumult auf der Straße sich vergrößerte.

Am 2. Juni wurden in aller Stille Personen bestellt; und ich schloß mich an die Untersuchenden an.[23] Schon bei meinem Eintritt (½ 10 Uhr abends) donnerten mir zwei Schläge entgegen.[24] Dann klöpfelte es in den verschiedensten Modulationen, wir mochten ein Licht oder keines haben. Darunter hinein kamen Schläge (scheinbar stets auf eine gewisse Stelle in der Kammer), die so heftig waren, daß das Haus zitterte, die Fenster klirrten, Staub vom oberen Boden niederfiel und fernere Nachbarn, die nichts weiteres wußten, an das Neujahrsschießen erinnert wurden. Solche Schläge erfolgten bis ½ 1 Uhr nachts etwa fünfundzwanzig. Endlich fürchtete Gottliebin, den Geist kommen zu sehen; und weil sie die Nacht vorher in eine lange Ohnmacht nach

---

20 Dr. Johann Friedrich Späth (geb. 1807) aus Merklingen.

21 Der mit Gottliebin Dittus verwandte Mose Stanger (1806–1846), Weber und Totenschauer in Möttlingen.

22 Christian Friedrich Kraushaar (1807–1847), Wolldeckenfabrikant, 1840–1847 Schultheiß in Möttlingen.

23 Es handelt sich um eine amtliche Untersuchung durch das Gemeinschaftliche Amt, eine Institution auf lokaler Ebene. Ihr gehören der weltliche und der geistliche Ortsvorsteher an (Schultheiß Kraushaar und Pfarrer Blumhardt). Vgl. das von Blumhardts Hand überlieferte ausführliche *Protokoll vom 3. Juni 1842* (Blumhardt, *Schriften* 1, 89–92).

24 Um auszuschließen, dass die Geräusche von außen mutwillig erzeugt werden, lässt das Gemeinschaftliche Amt Wachen um das Haus aufstellen. Vgl. Blumhardt, *Protokoll vom 3. Juni 1842,* 92: „[…] auch nicht die leiseste Spur eines Mutwillens von außen war zu erkennen".

dem Anblick gefallen war, so sorgte ich, daß sie alsbald noch in ein anderes Haus gebracht wurde; und wir gingen auseinander.

Am folgenden Morgen um 12 Uhr wurde ich zu Gottliebin gerufen. Da lag sie in Ohnmacht und Starrheit: sie hatte den Geist gesehen. Ein paar Stunden darauf wurde die Kammer untersucht, und unter einem Brett fand man einen Topf oben mit Papierschnitzeln usw., der Gebeinlein, mit Erde vermischt, enthielt. Der Lärm umher war viel zu groß und der Verdacht eines Kindsmords[25] viel zu sehr verbreitet, als daß wir den Topf hätten unterschlagen können. Wir eilten mit seinem Inhalt zu Herrn Oberamtsarzt Dr. Kaiser,[26] der nur Vogelbeinchen erkannte.

Von da an gestatteten wir es der Gottliebin nicht mehr, in ihrem Hause zu bleiben; und sie fand bei ihrer Tante gute Unterkunft. Dort wurde sie krank, mitunter starr am ganzen Leibe, zuerst auf kurze, dann auf längere Zeit, sprach wenig mit mir, ja schien mich zu fürchten.

Nun geht der zweite Teil der Geschichte an, *der im Ort wenig Lärm machte, weil er ganz unter wenigen teilnehmenden Freunden geheimgehalten wurde.* Vom 17. Juni an stellten sich eigentümliche Krämpfe und Konvulsionen ein, die immer gräßlicher aussahen. Anfangs dauerten sie nur eine Stunde lang an, zuletzt vier bis fünf Stunden, endlich unaufhörlich, mit Unterbre-

25 Gottliebin Dittus berichtet, die Geistergestalt habe ein „Kind in den Armen“ getragen. Sie identifiziert die Gestalt als die vor zwei Jahren verstorbene Eigentümerin des Hauses (Katharina Christiane Weiß geb. Sixt; die „Witwe Weiß“), an deren frühere Sündenbekenntnisse sich Blumhardt erinnert. Er deutet an, dass diese „haarklein mit der Geistergeschichte übereinstimmen“ (Blumhardts erster Bericht an Kerner 26.4.1842, S. 82 [siehe oben Anm. 13]). Dass die Verstorbene Abtreibungen vorgenommen hat, ist zu vermuten.

26 Dr. Friedrich Wilhelm Kaiser (1777–1849), seit 1833 der für Möttlingen zuständige Oberamtsarzt in Calw.

chungen je nach etwa vier Stunden von nur wenigen Augenblicken. Entsetzen erfaßte mich, als ich sie am 23. Juni in Gegenwart des Arztes sah. Alle ihre Muskeln waren in zitternder Bewegung – und alles ganz steif –, und ein Schaum floß vom Munde, den man nicht genug abwischen konnte. Der Arzt war ratlos; mir wurde bange. Doch erholte sie sich noch und sprach so vernünftig als sonst. Wir entfernten uns; und die Krämpfe kehrten zurück. Am Sonntagabend um sieben Uhr (26. Juni) wollte ich nach ihr sehen, aber welch ein Anblick! Der Bauch krümmte sich hoch in die Höhe, die Arme verschränkte sie, der Kopf zuckte hin [und] her und verdrehte sich usw. Schweigend setzte ich mich etwas zur Seite an den Ofen und sah eine Weile dem Gräuel zu. Plötzlich erfaßte mich's! Ich kann es nur mit dem vergleichen, da es vom Heilande heißt: „Er ergrimmte im Geist.“[27] Glühend von Zorn sprang ich auf, an ihre Seite, befahl ihr, im Namen JEsu ruhig zu sein – und plötzlich waren die Bewegungen weg! Ich sprach weiter mit großem Ernst; und in weniger als zwei Minuten richtete sie sich auf und sprach wie sonst – zu großem Erstaunen der Anwesenden.

Bis hieher hatte ich schon vor acht Tagen geschrieben. Allein neue Entwicklungen der Geschichte hemmten meine Hand. Vorerst kann ich unmöglich forterzählen, wie ich angefangen habe. Ich muß das Ende, das jedenfalls nicht ferne ist, abwarten, da fast bei jedem Anfall, zu dem ich gerufen werde (seit sechs

27 Joh 11,33.38. – Vorbereitet wird der Schritt vom ratlosen Zuschauer zum engagierten Seelsorger durch den Herrnhuter Diasporaarbeiter Johann Conrad Weiz (geb. 1780). Zur Taufe von Blumhardts Sohn Christoph (des „jüngeren Blumhardt“) am 19.6.1842 ist er in Möttlingen, besucht Gottliebin Dittus auf ihrem Krankenlager und ermahnt Blumhardt: „Vergiß deine Schuldigkeit nicht als Seelsorger“ (Blumhardt, *Verteidigungsschrift*, 155). So auch Blumhardt an Barth 6.7.1842 (*Briefe* 3, 135): „Weiz hat mir mein Priesteramt heiß ins Gewissen geworfen in dieser Sache.“

Wochen jedoch nur vier bis fünf Mal), für die Anschauung und Beurteilung der Sache sich ein neuer Standpunkt erhebt. Vollen Zusammenhang des Ganzen habe ich erst seit drei Tagen erkannt. Es ist ein Teufels- und Zaubergewebe ohnegleichen.[28] Nur Folgendes in der Kürze.

In dem Mädchen zeigten sich zuerst nur ein bis drei, dann bestimmter gegen sieben, hierauf 14, dann 157, dann 425, endlich unzählige (über 1000 ohne Bestimmtheit) Geister. Das Letztere am 29. Juli. Bis dahin fuhren die Geister so oft, als oben angegeben ist, scheinbar durch die Fingerspitzen [aus], für die Person (teilweise auch für ihre Wärterin) in vollkommener Gestalt äußerlich sich hinstellend.[29] Nach dem Abgang der 157 faßte einmal in der Nacht die Person eine Feuerhand am Halse, wovon augenblicklich der ganze Hals mit Brandblattern bedeckt war, die erst nach vierzehn Tagen durch den Arzt geheilt waren. Am 29. Juli fuhren die zahllosen Geister (es währte vier bis fünf Stunden lang) scheinbar durch den Mund, der die Stellung eines Erbrechenden annahm. Von da an wurde nichts mehr gesehen, auch nichts mehr gehört (denn das seltsame Klöpfeln war vorher in vier Wohnungen der Person nachgegangen). Dazwischenhinein (nämlich im Lauf des Juli) hatte ich erfahren, daß die Besitzung schon seit dem 16. August 1841 stattgefunden hatte. Jetzt fühlte die Person nur noch heftiges Reißen im Kopf. Aber nun kamen Vampirerscheinungen, mit denen schon vor zwei Jahren die ganze Sache begonnen hatte, die aber aufge-

28 Aufgrund der Ereignisse entwickelt Blumhardt eine Dämonologie (siehe unten Nr. 7).

29 Blumhardt selbst hat keinen Geist gesehen. Er nimmt Finger- und Mundbewegungen bei Gottliebin Dittus wahr und schließt sich ihrer Deutung an, es handle sich um ausfahrende Geister. Gleiches gilt für die anschließenden Brustblutungen, die von ihr als Angriffe von Vampiren gedeutet werden.

hört hatten, als der erste Geist mit Bestimmtheit gesehen wurde. Es kamen nämlich jeden Mittwoch und Freitag in der Nacht zwei Gestalten, die aus den Brüsten Blut sogen. Fürchterliche Schmerzen will die Gottliebin ausgestanden haben. Die Zauberinnen kamen oft dreibis viermal in Einer Nacht oder blieben vier volle Stunden sitzen. Das wurde mir erst vor vier Wochen entdeckt. Mir wollte der Verstand stille stehen. Aber da das Blut auch nach jenen Nächten heftig fortfloß, sagte Gottliebin, es sei ihr Tod, wenn nicht geholfen werde. In der Tat war's auf ihren Tod abgesehen.

Am 26. August wurde ich zu ihr als zu einer Sterbenden gerufen. Die Vampire hatten sie schon abends sieben Uhr angegriffen. Sie eilte in ihr eigenes Stübchen, sich umzukleiden: das Blut floß stromweise von ihr. Dort mußte sie schlucken; und kaum wollte das ein Ende nehmen. Plötzlich fuhr sie ganz außer sich auf und suchte ein Messer, gebärdete sich rasend, als sie keines fand, und eilte in der Finsternis die Treppen hinauf zur Kammer. Dort stürzt sie dem Fenster zu, springt hinauf – und schon schwebt sie ganz unter freiem Himmel (was auch große Blutspuren auf einem unterhalb vorhängenden Dächlein bezeugten), sich innen nur noch mit Einer Hand festhaltend; eben aber war das erste Gewitter nach langer Zeit im Anbruche, und von ferne her zuckte ein gewaltiger Blitz ihr so stark in die Augen, daß sie auf einen Augenblick erwachte, ihre Lage erkannte und mit dem Ausruf: „Ach Gott im Himmel, das will ich nicht!" wieder zurücksprang. Jetzt erwischt sie einen Strick, den sie in der Nacht so geschickt und künstlich an dem Gebälke anbrachte, daß sie sich nachher nicht genug verwundern konnte. Auch eine gute Schlaufe brachte sie zustande; und schon streckte sie den Kopf darein und war bemüht, ihn über das Kinn vollends herunterzudrücken, als durch das offene Fenster herein sie abermals ein heftiger Blitzstrahl aufweckte. Nun schlich sie – halb bei sich, aber äußerst erschöpft von dem ungeheuren Blutverlust – dem Hause ihrer Freunde zu, wo sie schnell zu Bett in einer Dachkammer gebracht wurde und alsbald das Bewußtsein verlor, aber unaufhörlich schrie: „Ich muß eben sterben."

Von all dem wußte ich nichts, als man mich rief. Ich kam um 10 Uhr; aber wie entsetzte ich mich! Da lag sie wie geschlachtet; der ganze Oberleib war nur ein Blutguß, der mitten durch die Brustkleider hervorquoll. Was ich da sprach, weiß ich nicht mehr; aber es drang durch. Nach einer halben Stunde waren die Vampire weg; dann regten sich die Geister und sprachen – Worte, bei denen ich noch erschüttert werde, wenn ich daran denke. Sie gaben sich als überwunden, nannten mich den Sieger, sagten namentlich: „Unser sind 1067; und derer, die noch leben, sind's auch viele; aber wehe den Lebenden, die sich mit uns verbunden haben: sie gehen einem schrecklichen Gericht entgegen!" („Du verstörst uns alle", lautete es ein andermal u.s.f.).[30] Bald fingen die Geister an auszufahren; und die Szene – das Geheul der Geister, das Rollen der Donner, das Zucken der Blitze, das Plätschern des Regenschauers, der Ernst der Anwesenden – ist wahrhaft unbeschreiblich. Gegen 3 Uhr morgens war's zu Ende.

30 Dass Blumhardt den aus Gottliebin Dittus redenden angeblichen Geistern nicht nur zuhört, sondern ein Gespräch mit ihnen führt, geht aus *Krankheitsgeschichte*, 47 f. hervor. – Einige Jahre später lehnt er dies strikt ab (Brief Nr. 29). Vgl. Blumhardt an Dieterlen 12.12.1850 (*Briefe* 3, 501 f.): „Grundregel ist, daß man keinen Dämon reden lasse, wie die evangelische Geschichte deutlich lehrt [Lk 4,35]; und wenn bei mir eine Ausnahme vorkommen durfte, so galt diese nur so lange, bis ich einiges Licht in die Sache hatte und überhaupt einen Schritt weiter gekommen war. Jezt lasse ich keinen Dämon mehr reden; ich heiße ihn schweigen, und wenn er nicht schweigt, gehe ich." Im Hintergrund steht das biblische Verbot des Totenbefragens (Jes 8,19; Blumhardt an Dr. Sch. 22.12.1851 [*Briefe* 3, 563]; Blumhardt an Hermann Zeller 24.–25.11.1878 [*Briefe* 5, 705]).

Indessen erschien nachher Gottliebin am linken Auge blind; das Blut floß täglich, ja immer stärker fort, ohne neue Angriffe, und an den Schläfen war ein Reißen: lauter Zeichen, daß Geister zurückgeblieben seien. Am 15. September mittags wurde ich wieder gerufen – merkwürdige vier Stunden, deren Inhalt ich noch nicht ganz erzählen darf.[31] Abermals zeigten sich die Geister überwunden; der letzte ging auf meine ernstliche Aufforderung freiwillig aus. Den Tag darauf, also vorgestern, war Gottliebin in ihrer Wohnung – es kam wieder an sie, man brachte sie noch in fremde Wohnung. Ich kam, begleitet von treuen Freunden aus der Gemeinde, die ich immer mitrufen ließ und außer welchen auch niemand den Hergang der Sache weiß. Kein Geist sprach (wenige Worte ausgenommen). Es nahm aber auch kein rechtes Ende von abends 5 Uhr bis morgens 3 Uhr. Ich schied unbefriedigt, erfuhr aber gestern, daß sie sagte, nach unserer Entfernung sei es ihr gewesen, als komme ein Feuerstrom ihr durch den Mund. Das könnte ich günstig deuten, sogar auf einen völligen Ausgang der Sache. Das Auge ist wieder sehend, das Bluten hat aufgehört. Was es noch werden will, steht dahin.

Wenn es länger dauert, bin ich in der peinlichsten Verlegenheit. Doch hoffe ich, mein HErr und Heiland, JEsus Christus, der so viel getan hat, werde vollends durchhelfen!

Soviel, verehrter Herr Doktor, einstweilen. Eine Menge Einzelnheiten sind freilich hier übergangen, mitunter auch sehr wichtige, die ich eben noch nicht schreiben kann. Die ganze Geschichte des zweiten Teils ist noch geheimgehalten; und selbst mein liebster Freund Barth[32] weiß sie noch nicht im Detail. Haben Sie die

---

31 Vgl. *Krankheitsgeschichte*, 49 f.

32 Christian Gottlob Barth (1799–1862), 1824/1825 Pfarrer in Möttlingen, 1838 auf sein Ansuchen entlassen, um sich dem von ihm gegründeten Cal-

Güte, mit der Mitteilung an andere vorsichtig zu sein!

Indem ich mich hiemit Ihrer Liebe und Gewogenheit herzlichst empfehle, verbleibe ich

Ihr

aufrichtiger [Johann] Christoph Blumhardt.

Möttlingen, den 17. September 1842.

4. Blumhardt an Karl und Maria Köllner.[33] Calw 30.3.1843

LKA Stuttgart, D 50, Kapsel I A 2/I
Druck: Blumhardt, *Briefe* 3, 164 f.

Gottliebin Dittus hat ein Messer, Nadelstücke und ein großes Eisen erbrochen.

Innigst geliebte Eltern!

[...] Von meiner Geschichte kann ich in keinem Briefe ganz schweigen, und am wenigsten gegen Sie, nachdem Sie im lezten Brief so herzlich väterlichen Antheil genommen haben. Erschrecken Sie nicht, wenn ich Ihnen schreibe, daß wir alle – ich am wenigsten, denn mein Glaube ist gewachsen – vorgestern Abend eine Todes-

---

wer Verlagsverein und seiner Tätigkeit als Jugend- und Missionsschriftsteller widmen zu können. Blumhardt, seit der Zeit als Missionslehrer in Basel mit ihm befreundet, wird sein Nachfolger. – Zu Barth: Karl Werner, *Christian Gottlob Barth, Doktor der Theologie, nach seinem Leben und Wirken gezeichnet.* 3 Bde., Calw/Stuttgart 1865–1869; Werner Raupp, *Christian Gottlob Barth. Studien zu Leben und Werk.* Stuttgart 1998 (kritische Anmerkungen und Ergänzungen zu Raupp von Michael Kannenberg in BWKG 101. 2001, 321–335); Wolfgang Schöllkopf, *Tu der Völker Türen auf. Christian Gottlob Barth. Pfarrer, Pietist und Publizist.* Stuttgart 2011; Ders., *Johann Christoph Blumhardt und Christian Gottlob Barth in ihren Briefen,* 157–184.

33 Blumhardts Schwiegereltern Karl Köllner (1790–1853) und Maria Köllner geb. Schumann verw. Keerl (1777–1845). Seit 1822 bewirtschaften sie das Klostergut Sitzenkirch im Südschwarzwald und führen ein Mädchenpensionat. Als Freund der Mission hat Karl Köllner Verbindungen zur Basler Christentumsgesellschaft; 1842 gründet er den Missionshilfsverein im badischen Oberlande.

angst ausgestanden haben. Nachdem die Gottliebin den Tag vorher ein Messer, unzählige Nadelstücke u.s.w. unter heftigen Schmerzen erbrochen hatte, kam das Herbste, ein Stück Eisen, 3 Zoll breit und etwa 4–5 Zoll lang und an den Kanten etwas scharf (halbmondförmig mit einem Stiel). Das kostete eine Arbeit. Ich hielt ihr den Kopf, und 10 Minuten lang lag sie starr und bewegungslos, ohne Athem, bereits als halb oder ganz erstickt in meinen Armen. Die ganze Familie flehte mit mir brünstig, und endlich siegte der Name des HErrn und das Eisen fuhr in die Schüssel.[34] Die Erschöpfung war aber so groß, daß sie nachher noch lange in Ohnmacht war.[35] Doch ging's vorüber, aber der Hals ist übel mitgenommen. Das Ganze gab mir zu erkennen, daß ich am Ziele bin; denn so oft ich auch den Namen des

34 In der *Krankheitsgeschichte* (58–62) berichtet Blumhardt, Gottliebin Dittus habe anfangs Sand und kleine Glasstücke erbrochen, dann „alte und verbogene Bretternägel", Schuhschnallen, ein großes Eisenstück und Nadeln. Ferner seien Nadeln und Drahtstücke aus ihrer Haut, aus Ohren, Mund, Augen und Nase hervorgetreten, sogar „mitten aus der Herzgrube". Lebendige Heuschrecken, Fledermäuse, ein Frosch und eine Schlange, „welche ich jedoch selbst zu sehen nicht Gelegenheit bekam", seien aus ihrem Mund gekommen (60). Blumhardt fügt hinzu (59 f.): „Ich kann es wahrlich niemand übelnehmen, der mißtrauisch gegen obige Mitteilungen wird; denn es geht zu sehr über alles Denken und Begreifen. Aber die fast ein ganzes Jahr hindurch fortgesetzten Beobachtungen und Erfahrungen, bei welchen ich immer mehrere Augenzeugen hatte [...], lassen mich kühn und frei die Sachen erzählen [...]. Alles aber wurde bloß durch das Gebet herausgebracht." Er kommt zu dem Schluss, diese Dinge seien in Gottliebin Dittus „hineingezaubert" worden (vgl. unten Nr. 7). 1850 gibt er an, viele dieser Gegenstände aufbewahrt zu haben (*Verteidigungsschrift*, 158). – 1880 rät Friedrich Zündel, „in Bad Boll sich nach jener kleinen Sammlung eben so merkwürdiger als häßlicher Andenken an jene Zeit [zu] erkundigen" (*Lebensbild*, 1. Aufl. 1880, 136).

35 Mit dem Hervortreten der Gegenstände sind starke Blutungen verbunden, etwa im November/Dezember 1843 (*Krankheitsgeschichte*, 61 f.): „Sie saß in der Mitte der kleinen Stube, hatte vor sich einen Kübel, der wohl zur Hälfte mit Blut und Wasser gefüllt war, und die ganze Länge der Stube vor ihr und hinter ihr floß eine breite Blutlache [...]. Das Blut rieselte lebhaft aus beiden Ohren, aus beiden Augen, aus der Nase und sogar oben auf dem Kopfe in die Höhe [...]. Ein kurzer und ernster Seufzer brachte vorerst das Bluten zum Stillstande [...]. Auf dem Vorderkopfe oberhalb der Stirn gewahrte ich bald etwas, und ein kleiner, aber verbogener Nagel bohrte sich empor."

HErrn JEsu anrief, so zeigte sich doch nicht das Geringste dämonischer Art. Das Leztere ist vollkommen beseitigt. Machtholf,[36] ob er's war oder nicht, lasse ich, hat sie, ehe er half vor 3 Wochen, das Verslein gelehrt:

JEsu, wenn die finstre Nacht
Aller Noth sich um gefunden,
So find' ich in Deinen Wunden,
Was mich stark und muthig macht.

Man könnte glauben, daß es jezt aus wäre. Aber noch habe ich eine Ahnung, daß eine noch grössere Glaubensprobe übrig ist,[37] für mich hauptsächlich. Mir bangt's ein wenig davor; vielleicht, wenn Sie diesen Brief lesen, ist's schon vorbei. Für mich ist nur Glaube nöthig, und um den bitten Sie für mich. Aber wie wollen wir loben und danken, wenn die finstere Nacht vollens ganz um ist! Ja, es wird wieder hell werden und vielleicht, vielleicht dann eine neue Gnadensonne über meinem Möttlingen leuchten.[38] – Der HErr gebe Ihnen Gnade zum Abschied!

Ihr innigst dankbarer Sohn [Johann] Christoph.

5. Blumhardt an Karl und Maria Köllner. (Möttlingen) (um den 30.3.1843)

LKA Stuttgart, D 50, Kapsel I A 2/I
Druck: Blumhardt, *Briefe* 3, 165–167

Blumhardt nennt Grundsätze für sein Verhalten in der Geistergeschichte.

---

36 Der verstorbene Möttlinger Pfarrer Gottlieb Friedrich Machtholf (1735–1800), dessen Glaubenszuversicht und Hilfsbereitschaft im Ort unvergessen sind. Vgl. Karl Friedrich Ledderhose, *Leben und Schriften des Gottlieb Friedrich Machtholf, Pfarrers von Möttlingen*. Heidelberg 1862.

37 An den Weihnachtsfeiertagen 1843 (siehe unten Nr. 8).

38 In der Tat kommt es Anfang 1844 zu einer Erweckung des ganzen Dorfes (Briefe Nr. 9 ff.).

Theuerste Eltern!

[…] Die Geschichte mit der Gottliebin hat Ihnen noch einmal Sorge gemacht. Das begreife ich wohl, weil meine lezte Mittheilung so kurz war. Aber haben Sie keine Sorge. Es geht Alles gut und aufs Beste. Disputiren könnte man freilich viel darüber, aber was nüzt es? Wenn man darüber sagt und denkt, was man will, so kann's geschehen; aber die Erfahrung und der Erfolg sind erst der rechte Lehrmeister. Vor etlichen Monaten hätte ich Vieles nicht geglaubt, was ich jezt glauben muß. Um Sie aber ein für allemal zu beruhigen und eben darum, wenn ich Sie als beruhigt denken darf, nicht in Zukunft den Schweigsamen machen zu müssen, was man gegen Vater und Mutter nicht gerne ist, so will ich Ihnen in der Kürze meine Maximen schreiben.

1) Ich thue nichts als Beten und etwa auch Fasten,[39] Lezteres sehr mäßig und ganz ohne Schaden des Leibes.

2) Ich halte mich ganz allein ans Wort, wobei ich aber nicht gewisse Fingerzeige unbeachtet lasse, die Andere nicht achten. So ist mir auch Samuel, selbst Moses und Elias auf Thabor[40] nicht unwichtig.

3) Ich glaube nichts und ich verwerfe nichts, oder ich stelle mich im Gemüth und in Gedanken so, daß es für mich ganz gleichgültig ist, ob sich's bestätige oder nicht.

4) Ich habe ein wachsames Auge darauf, ob Gottliebin oder ich betrogen werde, und finde den sichersten Maßstab darin, ob man versucht werde, etwas zu thun, was die Schrift nicht angibt.

---

39 Blumhardt folgt dem Wort Jesu bei der Heilung eines Besessenen: „Diese Art fährt nicht aus denn durch Beten und Fasten“ (Mt 17,21; vgl. Mk 9,29). Er sieht das Fasten als „fortgesetztes Gebet auch ohne Worte“ und macht die Erfahrung, in Gegenwart von Gottliebin Dittus „viel ruhiger, bestimmter und fester reden“ zu können (*Krankheitsgeschichte*, 49). – Christian Gottlob Barth kritisiert Blumhardts Verhalten auf dem Hintergrund eigener negativer Erfahrung mit einem Fall von Besessenheit (siehe unten Nr. 9, Anm. 76).

40 Vgl. Mt 17,1–4; Mk 9,2–5; Lk 9,28–33.

5) Vornehmlich achte ich auf etwaige Regungen des Fleisches und des Hochmuths bei mir und Gottliebin, wovon bis jezt keine Spur.

Ich meine, das könnte Sie beruhigen. Sonst aber könnte ich Manches Schlagende anführen, wie es doch möglich ist, daß ehmalige Seelsorger, vom HErrn gesendet, den endlichen Ausschlag geben (Nota Bene die Heiligen werden die Welt richten).[41] Aber ich müßte zu viel erzählen. Sie kamen zur Hülfe, und was sie sprachen, ist merkwürdig. Das Meiste aber darf ich nicht wissen oder will ich nicht wissen. Die Zauberei[42] hier ist gänzlich aufgelöst, selbst nach Aussagen einer solchen Person. Die Gottliebin ist von allem Dämonischen seitdem ganz frei, hört und sieht nichts Ungewöhnliches mehr und hat nur noch den Magen oder vielmehr den Körper zu leeren. Denn in allen Gliedern stecken die Sachen, daß man sie theilweise äußerlich anfühlen kann. Den 12 Nägeln ging den Tag vorher ein grausenhafter Mist voraus mit Scherben, Haar, Nadelspitze, Knochen, Eisen, Fensterblei, kurz alles Erdenkliche untereinander. Genug, liebe Eltern, glauben Sie mit mir und trauen Sie meiner Nüchternheit.

Zum Schlusse noch die herzlichsten Grüße von Ihrem kindlich liebenden Sohne

[Johann] Christoph.

---

41 1Kor 6,2. Gemeint ist der frühere Möttlinger Pfarrer Machtholf (Brief Nr. 4, Anm. 36).

42 Der Versuch, mit Hilfe „zauberischer“ Mittel wie Wahrsagen, Totenbefragen und Gebrauch von Segensformeln künftige Ereignisse vorherzusagen oder Krankheiten zu heilen. Vgl. Nr. 7, Anm. 56–58.

6. Blumhardt an Karl (und Maria) Köllner. Möttlingen 8.7.1843

LKA Stuttgart, D 50, Kapsel I A 2/I
Druck: Blumhardt, *Briefe* 3, 172–174

Der kleine Theophil Blumhardt erholt sich von einer lebensbedrohenden Erkrankung.

Möttlingen, den 8. Jul[i] 1843.

Herzlich geliebte Eltern!

[…] Wir haben […] unterdessen eine nicht geringe Angst ausgestanden, denn das Leben unsres kleinen Theophil[43] stand auf der Waage. Die liebe Louise wird sich noch erinnern können, daß er einmal in einer Nacht so ausserordentlich heftig geschrieen hat. Seit damals ist er nicht mehr, wie er seyn sollte. Er war zwar still und schlief fast den ganzen Tag und die ganze Nacht. Man konnte ihn nur auf Augenblicke wach bekommen, und es wollte uns oft unheimelig werden, wiewohl Alles sonst in der besten Ordnung war. Indessen nahm täglich sein Appetit ab wie seine Schlafsucht zunahm, und wir begriffen nicht, was das seyn solle. Zum Arzt zu schicken kam uns sonderbar vor, da sonst gar keine Symptome einer Krankheit sich zeigten. Freilich wurde er auch immer magerer und schwächer und lebloser. Wir schriebens zunächst der Veränderung zu, daß er keine Muttermilch mehr erhielt. Lezten Montag nun reiste ich Barth entgegen[44] nach Karlsruhe, ohne etwas

---

43 Theophil Blumhardt (1843–1918), dritter Sohn des Ehepaars Blumhardt. Der Bericht über seine Erkrankung und Heilung ist ein Vorläufer der Schilderungen, welche wie die *Verteidigungsschrift* (211) den Beginn der Heilungen später ansetzen (vgl. unten Anm. 51). – Zu Theophil Blumhardt siehe unten Brief Nr. 63 mit Anm. 435.

44 Christian Gottlob Barth hat das Jahresfest der Christentumsgesellschaft vom 26.–30.6.1843 in Basel besucht. Die Veranstaltung umfasst die Jahresfeste mehrerer Institutionen, u. a. der Basler Bibelgesellschaft, des Ver-

Besonderes zu ahnen; und am Dienstag Morgen, also in meiner Abwesenheit, kam jenes Schreien im Bad wieder an ihn, und so heftig, daß er auf einmal am ganzen Leibchen erstarrte. Schnell sandte die gute Doris nach Merklingen, und dieser Arzt[45] war selber krank und sandte nur ein Mixturchen, das aber weiter nicht viel ausrichtete. Indessen erholte sich das Kleine wieder in etwas; und als ich an jenem Tag noch heimkam, sah es so aus, daß wir wohl denken konnten, bis zum andern Morgen das Weitere abwarten zu dürfen. Allein die Nacht durch auf den Mittwoch wurde das Kind immer schwächer; wie vorher, so brach es auch jezt Alles wieder heraus; die Oeffnungen[46] waren ganz schlecht, und die Hebamme wollte das Ganze als einen Nachlaß der Natur erklären. Jezt war keine Zeit zu verlieren, und in aller Frühe sandten wir zum Oberamtsarzt,[47] der es auch gleich bedenklich fand und schon mit Moschus[48] herbeikam. Er nahm sich der Sache sehr an und wußte Vieles zu rathen, das dienlich war. Er verschrieb Kräuter zum Klystieren[49] und zum Auflegen auf das Bäuchlein, zum Trinken Eichelkaffee, Mandelmilch und Arznei u.s.w. Allein Schreien und Gichter[50] nahmen zu, Alles wurde wieder herausgebrochen, die Oeffnung war ganz grün und kam entweder so, daß es einem Ruhranfall glich, oder nur nach den schmerzhaftesten Blähungen. Der bedenkliche Zustand wuchs bis gegen 4 Uhr, und da war allem Ansehen nach keine Hoffnung mehr

---

eins der Freunde Israels und der Basler Missionsgesellschaft („Basler Missionsfest").

45 Dr. Johann Friedrich Späth in Merklingen.

46 Stuhlgang.

47 Dr. Friedrich Wilhelm Kaiser in Calw.

48 Ein Riechstoff, welcher das Nervensystem und die Schweißsekretion anregt, Krämpfe stillt und Puls und Atem beschleunigt.

49 Einen Einlauf machen.

50 Krämpfe, etwa als Folge heftigen Durchfalls.

da. Die dürren Füßchen waren schon steif, ebenso der Unterkiefer, die Nase spitzig, die Augen innliegend, die ganze Gestalt eine Todtengestalt; und da die Gichter auch im Hälschen viel zu schaffen hatten, so sah es bereits aus, als könne man das Ende erwarten. Die alte Frau Kraushaar, die da war, ging mit den Worten: „Ich muß heim, daß die Schultheißin ihn auch noch einmal sieht." Indessen konnte ich mich bis daher nie darein finden, daß uns dieses Kindlein sollte genommen werden; und jezt ging ich auf meine Stube und harrte dort eine Zeitlang im Gebet aus. Was Alles in mir vorging, kann ich nicht beschreiben; aber kurz, ich konnte meinen Theophil noch nicht hergeben, warum? mag ich hier nicht hersetzen; aber wie ich's meinte, war [es] nicht um meinetwillen. Ich ging wieder herunter, betete in der Kürze still und laut, segnete das Kindlein u.s.w. Bis gegen 6 Uhr war die Krise vorüber; die Farbe änderte sich, und man sah es deutlich, daß eine bedeutende Veränderung zum Guten vorgegangen war.[51] Die Arzneien, die nicht im Kinde blieben, liessen wir weg, und so tröpfelte man ihm oben Erwähntes, auch Kamillenthee u.s.w. ein, und das blieb. Aber die Schwäche blieb in ausserordentlichem Grade und die Oeffnung grün. Kaum war am Donnerstag der Fortgang der Besserung fühlbar, denn die Krämpfe und das Schreien dabei verdeckten ihn. Der Arzt kam wieder und war etwas betroffen, daß gerade die Arznei, auf die er Alles hielt und die er noch geben lassen wollte (denn er fürch-

---

51 Die Erkrankung und Heilung des kleinen Theophil im Juli 1843 erwähnt Blumhardt nur in den Briefen. Dagegen nennt er in der *Verteidigungsschrift*, 211 als erstmals praktizierte Handauflegung die Heilung eines dreijährigen Kindes Anfang 1844. Das Kind hat Brandverletzungen am ganzen Leib; einige Leute wollen einen Segensprecher (vgl. Nr. 5, Anm. 42) holen. „Hiegegen stemmte ich mich an, den Leuten sprach ich Mut zu, hieß sie im Stillen beten, schloß das Kind in meine Arme, seufzte – und stille wurde es. Obwohl überall Brandblattern aufgefahren waren, die erst nach etlichen Tagen ganz vergingen, so hatte das Kind doch nicht den [!] geringsten Schmerzen mehr."

tete Magenerweichung), nicht bleiben sollte. Wir befolgten seine Räthe, liessen aber bald wieder mit der Medicin nach und suchten nur durch Eintröpfeln anderer Getränke das Leben zu fristen, was der Arzt selbst als den größten Gewinn ansah. So kam der Freitag, der das Aussehen des Kindes wieder besser zeigte. Aber zum zweiten Male hatte die Mundfäule so stark angesezt, daß fast nichts mehr ohne grosse Bewegung hinunterzubringen war. Gegen Abend kam auch ein Wimmern und Gilfen,[52] das herbe anzuhören war und der lieben Doris ziemlich zusezte. Doch ging die Nacht auf heute (Samstag) gut vorüber, und jezt (Mittags 3 Uhr) stehts recht brav; die Mundfäule ist gehoben, die Gichter lassen immer mehr nach, Gesicht und Blick gewinnen wieder, das Trinken geht ordentlich, die Oeffnung, bis daher nur durch Klystier bewirkt, kam wieder von selber, und zwar ganz in der Ordnung, auch hat sich schon einige Male ein glückwünschendes Niesen eingestellt. Kurz, ich habe ihn eben Deuterodor (zweimal geschenkt) genannt. Die Gefahr scheint ganz vorüber zu seyn; und da merkwürdigerweise doch keine eigentliche Krankheit dabei war, namentlich niemals Fieber, so können wir hoffen, daß ihm keine wesentliche Schwäche bleiben wird und er sich unter dem Beistande des HErrn wacker wieder erholen werde. Der Name des HErrn aber sei hochgelobt, der uns unter der Angst auch durch die Losungen[53] und Lieder mächtig gestärkt hat und aufs Neue zeigt, daß auch Sein Betrüben Liebe sei. […]

52 Wimmern in hohen Tönen (Fischer, *Schwäbisches Wörterbuch* 3, 258).

53 Die seit 1731 bis heute jährlich erscheinenden *Täglichen Losungen und Lehrtexte der Brüdergemeine,* hg. von der Direktion der Evangelischen Brüder-Unität Herrnhut und Bad Boll, enthalten für jeden Tag des Jahres einen ausgelosten alttestamentlichen und einen dazu ausgewählten neutestamentlichen Text. In Blumhardts Möttlinger Pfarrhaus und seit 1852 im Kurhaus Bad Boll werden sie täglich gelesen und liegen den Andachten zugrunde. Der Herrnhuter Diasporaarbeiter Johann Conrad Weiz (Brief Nr. 3, Anm. 27) ist das Bindeglied zur Brüdergemeine, deren über-

7. Blumhardt, Krankheitsgeschichte der G(ottliebin) D(ittus) in Möttlingen

LKA Stuttgart, D 34.5 (Lithographie 1850,[54] Auszug)
Druck: Blumhardt, *Schriften* 1, 63–67

Zur Deutung der Ereignisse entwickelt Blumhardt eine detaillierte Dämonologie: Die Sünde der Abgötterei führt zu dämonischer Gebundenheit. Zur dämonischen Hierarchie im Reich Satans. Blumhardts Waffe ist allein das Gebet. Der Kampf um Gottliebin Dittus hat weltweite Bedeutung für den Sieg Jesu Christi über die Mächte der Finsternis.

[…] Dies alles führt darauf, daß gewisse Personen die Kunst besitzen, im Geiste außer dem Leibe zu sein und so die Zaubereien vorzunehmen, wohl nicht immer mit völligem Bewußtsein. Allein die Gegenstände in den

---

konfessionelles Denken Blumhardt teilt: Nicht die Konfession, sondern die Stellung des „inneren Menschen" zum Heiland ist entscheidend. Nach dem Tod Christoph Blumhardts im Jahr 1919 entscheidet man sich, das Kurhaus Bad Boll der Brüdergemeine zu übergeben. Vgl. Horst Weigelt, *Die Diasporaarbeit der Herrnhuter Brüdergemeine und die Wirksamkeit der Deutschen Christentumsgesellschaft im 19. Jahrhundert*. In: *Geschichte des Pietismus* 3, 113–149; Ising, *Blumhardt Leben und Werk*, 344.

54 Mit Erlass vom 28.6.1844 fordert das Stuttgarter Konsistorium, Blumhardts vorgesetzte Kirchenbehörde, einen Bericht über Entstehung, Umfang und Bedeutung der inzwischen in Möttlingen entstandenen Erweckung. Am 11.8.1844 schickt Blumhardt einen ersten Teil mit der Bitte um vertrauliche Behandlung an das Konsistorium; er möchte angesichts der ungeheuerlichen Vorgänge Spöttereien in der Öffentlichkeit vermeiden. Dies ist die Urfassung der *Krankheitsgeschichte*. Ein zweiter Teil, der über die Entstehung der Möttlinger Bewegung und Blumhardts Verhalten Rechenschaft gibt, erreicht das Konsistorium am 7.9.1844. Beide Berichte sind verloren. – In der Folgezeit richtet sich das öffentliche Interesse auf die geheimnisumwitterten Vorgänge des ersten Teils. Unrechtmäßige Abschriften tauchen auf, die sich auf Blumhardts Urfassung von 1844 stützen. Um diese zu verdrängen und die Vorgänge zumindest in einer autorisierten Fassung zu verbreiten, formuliert Blumhardt 1850 eine Zweitfassung, die er als Lithographie in 100 Exemplaren für den Freundeskreis herstellt (maßgeblicher Druck: *Krankheitsgeschichte;* in: Blumhardt, *Schriften* 1, 32–78). Nachdrucke der Lithographie: Blumhardt, *Schriften* 2, 52–56.

Leib praktizieren,[55] wie soll das zugehen? Auch darüber gewährt das einigen Aufschluß, daß bei allen den Gegenständen, die eingezaubert wurden, immer noch ein verstorbener Mensch oder Dämon mitwirkte, der allein die Kunst ausübte und mit dem Gegenstand in den Menschen fuhr. So stellte sich's vielfältig dar; und so kommt es, daß die Besitzung eigentlich nur um der Zauberei willen da war und es sich nicht sowohl um die Heilung einer Besessenen als um die Befreiung einer bezauberten Person handelte. Daß aber die Gegenstände nicht wirklich töteten, wie die Finsternis beabsichtigte, daran war eine besondere Bewahrung Gottes Einschuld, die sich auf eine auffallende Weise mit dem Eintritt des Zaubers schon damit zu erkennen gab, daß Gottliebin fortan zunächst wenig Empfindung von den Gegenständen, die in ihr waren, hatte, bis die Zeit kam (manches muß über zwei Jahre in ihr gelegen sein), daß diese wieder entfernt werden sollten. Daher ferner, daß ein Dämon immer sozusagen der Wächter der Gegenstände war, kam es, daß der Zauber oft erst durch meine Anwesenheit und besonders, wenn ich mich, auch abwesend, für mich zum Beten bewogen fühlte, in Bewegung gebracht wurde und daß in der Regel vor oder nach Entfernung des Zaubers ein Dämon ausfuhr. Das aber bin ich fest überzeugt, daß, wenn ich einmal einem Unglauben mich hingegeben hätte, als wäre es nicht möglich, durch das alleinige Gebet auch das unmöglich Scheinende vollbringen zu können, Gottliebin verloren

---

Ein Exemplar der bisher verloren geglaubten unrechtmäßigen Abschriften, die einen Eindruck der Urfassung von 1844 geben, tauchte 2013 auf (zitiert als *Krankheitsgeschichte Abschrift*); wichtige Abweichungen sind in den Fußnoten vermerkt. – Die in der vorliegenden Passage der *Krankheitsgeschichte* geschilderte Dämonologie Blumhardts bezieht die aus Gottliebin Dittus seit März 1843 hervorgetretenen Gegenstände (Brief Nr. 4) ein. Sie ist damit im Laufe des Jahres 1843 entstanden und wird in Blumhardts Augen durch die Ereignisse Ende 1843 (Nr. 8) bekräftigt.

55 Vgl. Brief Nr. 4, Anm. 34.

gewesen wäre. Ich fühlte mich jedoch immer so gestärkt, daß ich alles meinem Heilande zutraute; und der Gedanke, den ich mit jedem Tage zuversichtlicher fassen durfte, daß durch diesen Kampf der schwarzen Kunst der Zauberei[56] ein empfindlicher Stoß gebracht werden müsse, ließ mich auch bis aufs Äußerste hinaus ausdauern.

Das eben Gesagte war Ergebnis vieler Erfahrungen und Beobachtungen und beständigen Nachdenkens über die seltsamen Erscheinungen. Ich kann mich aber nicht enthalten, die allmählich gewonnenen Schlüsse, die mich mit ziemlicher Sicherheit in das Wesen der Zauberei hineinblicken[57] ließen, noch weiter auseinanderzusetzen. Nach dem obigen wirkte zur Ausübung der Zauberei ein verstorbener und ein lebender Mensch zusammen. Durch die früher geschilderten Abgöttereien[58]

---

56 Blumhardt ist der Meinung, sein Kampf gegen die bei Gottliebin Dittus zu Tage tretenden finsteren Mächte habe weltweite Auswirkungen auf die im Volksaberglauben praktizierte Zauberei, die sich auf eben diese Mächte stütze. Es geht um „jene Männer und Frauen, welche vor jedermanns Augen unheimliche Künste trieben mit Wahrsagen, Zaubern, Sympathie, Segensprechen, Totenfragen" (Blumhardt, *Blätter aus Bad Boll* 1877, 184).

57 Blumhardts Blick in das „Wesen der Zauberei" versteht sich als Beitrag zum Verständnis der „Geisterwelt", allerdings nicht durch das romantische Interesse an ihrer Erkundung veranlasst wie etwa Jung-Stillings *Theorie der Geisterkunde, in einer natur-, vernunft- und bibelmäsigen Beantwortung der Frage: Was von Ahnungen, Gesichten und Geistererscheinungen geglaubt und nicht geglaubt werden müße* (Nürnberg 1808) oder die Schriften von Justinus Kerner (Brief Nr. 3, Anm. 13; zum Umfeld vgl. Blumhardt, *Schriften* 2, 13 f.). Vgl. Ising, *Dämonologie,* 164.

58 Einige Seiten zuvor bemerkt Blumhardt zu dieser Vorstufe einer dämonischen Bindung (*Krankheitsgeschichte,* 55): „Unter Abgötterei mag jedes Vertrauen auf eine übernatürliche unsichtbare Kraft verstanden sein, auf welche gestützt ein Mensch entweder Gesundheit oder Ehre oder Gewinn oder Genuß sich zu verschaffen bemüht ist, sofern sie nicht eine rein göttliche ist." Hierzu rechnet er den abergläubischen Gebrauch scheinbar frommer Worte, der den lebendigen Glauben an Gott „in eine Karikatur verwandelt", ferner jede Art von „Sympathiezauber", das häufig unschuldig praktizierte Heilen von Krankheiten durch „Besprechen" oder Tragen von Amuletten. Man vertraut nicht auf Gott, sondern versucht, auf abergläubische Weise zum Erfolg zu kommen. Damit, so Blumhardt, begibt man sich in die Gewalt finsterer Mächte und verstößt gegen das Erste Gebot.

nämlich kann es geschehen und geschieht es auch leider bis zu einer schauderhaften Ausdehnung, daß ein Mensch, ohne es zu wissen und zu merken, im Geiste vom Satan gebunden wird, so daß der Geist (freilich ein psychologisches Rätsel) vom Leibe abwesend sein kann, selbst wenn die Seele, wie es scheint, im Leibe gegenwärtig bleibt. Im Geiste wird er in Verkehr und Gemeinschaft mit andern auf gleiche Weise gebundenen Menschen gebracht sowie mit Verstorbenen, die auch mehr oder weniger im Leben sich gebunden hatten. Die letzteren sind es eigentlich, die die Zauberei ausüben, während die ersteren zur Herbeischaffung der Materialien angehalten werden. Wider ihren Willen müssen die Lebenden (so konnte es aus mancherlei Äußerungen der Dämonen[59] geschlossen werden), die durch Sympathie usw. wie auch durch freche Flüche, durch grobe Fleischessünden usw. an den Satan gebunden sind, im Geiste diesem zu Dienst sein, wiewohl dieser Zwang nach dem Grad der Vergehungen in Abgöttereisünden verschieden ist. Ich wurde zuletzt von selbst darauf hingeleitet, mir ein gewisses satanisches Komplott zu denken, durch welches allmählich nach dem Plane Satans alle Menschen heimlich und mit List sollten von Gott abgezogen werden, damit so Satans Reich allgemeiner und Christi Reich zernichtet würde. Hier hatte die finstere Macht um so mehr Glück, weil alles in der tiefsten Verborgenheit vor sich ging, und wo sich etwas kund tat und bemerklich machte, niemand auch nur im geringsten darauf bedacht war, mit Mut und Glauben ihr entgegenzutreten. Die meisten sogenannten Hexen und

59 Blumhardt geht unkritisch auf Bewegungen und Äußerungen der Gottliebin Dittus ein. Was sie in den anfallsartigen Zuständen von sich gibt, wird als Reden realer Dämonen betrachtet. Darüber hinaus antwortet er den „nach Befreiung schmachtenden Dämonen“ (*Krankheitsgeschichte*, 49–54, bes. 52).

Hexenmeister, denen man allerlei Unglück, Krankheit, Plagen an Menschen und Vieh zuschreibt, sind, was sie etwa in dieser Art sind, ohne ihr Wissen und haben höchstens je und je ein Gefühl davon, was sie im Geiste tun, ohne dieses Gefühl sich erklären zu können. Es sind also jedenfalls höchst unglückliche Menschen, und es folgt daraus, daß die Beschuldigung eines lebenden Menschen in der Regel eine Unbarmherzigkeit ist und von vornherein völlig verworfen werden muß, weil sie zu keinem Resultate führen kann, indem die Beschuldigten oft völlig unschuldig sind,[60] und wenn nicht, doch in der Regel – wie man sie auch, wie in Hexenprozessen geschehen ist, mit Marterwerkzeugen zum Geständnis bringen will – sich als unschuldig betrachten. Ich danke Gott, daß ich von Anfang an von dem Grundsatz ausgegangen bin, keine Beschuldigung, zu der ich oft Veranlassung hatte, bei mir aufkommen zu lassen und niemand für das anzusehen, wofür ich ihn hätte vielleicht ansehen können. Ich wäre dadurch in eine schauerliche Verwirrung geraten, in welcher Satan mit mir und meiner Sache gewonnenes Spiel gehabt hätte. – Wenn übrigens der gebundene Mensch von dem, was er im Geiste tut oder zu tun gezwungen ist, kein Bewußtsein im gewöhnlichen Leben hat, so folgt daraus nicht, daß er dafür nicht zurechnungsfähig ist. Er ist es schon darum, weil die Sünde der Abgötterei seiner Gebun-

---

60 „Indem … oft völlig unschuldig sind" fehlt in *Krankheitsgeschichte Abschrift*, 69. – Später unterscheidet Blumhardt die seiner Meinung nach besessenen Menschen noch deutlicher von sogenannten „Hexen" (*Blätter aus Bad Boll* 1877, 184): „Unter Hexen verstand man ganz andere Personen, nämlich solche, die – nach Vorstellungen, die aus dem alten Heidentum der Deutschen stammten – ganz im Verborgenen, ohne daß es in äußere Wahrnehmung fiel, verderbliche Einflüsse auf Menschen und Tiere haben sollten. Die als Hexen verklagten Personen mußten daher durch Foltern zu Geständnissen gezwungen werden […]. Andere Beweise hatte man nicht gegen sie. Die Vorstellungen […] haben nicht den geringsten Anhalt in der Schrift und sind nur von unsern Vätern her ererbt."

denheit zum Grunde liegt, sodann, weil auch im Geiste ihnen der freie Wille bleibt, dem Satan sich völliger hinzugeben oder nicht. Alle Zurechnung und Folge aber mag verschwinden, wenn nur die getriebene Abgötterei erkannt und bereut wird als eine der schwersten Sünden, weil sie direkt wider das Erste Gebot geschieht und den eigentlichen Abfall von Gott ausmacht. Weil aber die Abgöttereisünden im Leben sollen bereut werden – indem man entweder keine Gefahr daraus fürchtet oder wenigstens, wenn man auch ein unerklärliches Grauen davor hat, die Gefahr nicht erkennt und hoch genug anschlägt, so dauert meist die Gebundenheit nach dem Tode fort. Jetzt gehen dem betrogenen und durch des Teufels List gefangenen Menschen die Augen auf. Jetzt bleibt es ihm aber auch noch freigestellt, ob er sich dem Dienste Satans völlig hingeben wolle oder nicht. Im ersten Falle wird er förmlicher Zaubergeist, der nun vom Satan angehalten wird, vermittelst anderer lebender Zauberer auf verschiedene Weise die Menschen zu plagen, entweder an ihrem Leibe oder an ihrem Viehbesitz oder sonst. Der Zweck dieser Plagen ist kein anderer, als die Menschen so in die Enge zu treiben, daß sie wiederum zu abergläubischen und abgöttischen Mitteln greifen, um selbst wieder verstrickt zu werden. So erscheinen viele Unglücksfälle, die den Menschen treffen, als eigentliche Hiobsprüfungen,[61] von Gott zugelassen, weil sich ergeben soll, ob der Mensch darüber Gott gesegnen wolle oder nicht. Ach, wie leben und handeln doch die Menschen so sicher in den Tag hinein!

Die Zauberei der Lebenden hat übrigens viele Stufen. Auf der niedrigsten Stufe stehen diejenigen, welche nur etwa, wie man sagt, sich, d. h. *an* und *für* sich, brauchen lassen und dadurch sich verstricken, ohne fortan ein Be-

61 Vgl. Hiob 1,8–12: Gott lässt zu, dass der Satan den gottesfürchtigen Hiob mit Plagen überhäuft, um dessen Glauben zu prüfen.

wußtsein davon zu haben. Die höchste Stufe ist die eigentliche Schwarzkunst, bei welcher der Mensch mit vollkommenem Bewußtsein dem Satan dient, der ihm die Kräfte verleiht. In der Mitte zwischen beiden Klassen stehen diejenigen, die aus dem Gebrauch von Zaubermitteln ein Gewerbe machen und sich von den Leuten gebrauchen und holen lassen, wobei sie gewöhnlich nach gedruckten Büchlein, deren viele unter dem Volke verbreitet sind und die eigentliche Offenbarungen des Satans sind, oder nach Traditionen ihr Wesen treiben. Diese dritte Gattung von Zauberern kann lange Zeit mit dem scheinbaren Bewußtsein, Wohltäter der Menschen zu sein, ja mit dem Rufe großer Frömmigkeit, ihre Formeln sprechen und Manipulationen vornehmen, obwohl stets mit bösem Gewissen, wird aber durch dieses Heidenwerk immer tiefer verstrickt und tritt der Gefahr, eigentlicher Schwarzkünstler zu werden, immer näher. Am nächsten davon, wiewohl vielleicht immer noch betrogen, sind diejenigen, welche vom Teufel, daß ich so sage, geradezu Geister zu Ratgebern erhalten und die den Namen und das Alter von den hilfesuchenden Leuten verlangen, vermittelst deren sie sich bei den Geistern befragen. Diese Dämonen erscheinen ihnen durch gewisse Mittel, die sie anwenden, auch vermittelst eines Spiegels entweder sichtbar oder unsichtbar, und beantworten die an sie gemachten Fragen, natürlich nicht ohne Interesse für das Reich der Finsternis. So kommen Christen dazu, sich bei Baal Zebub Rats zu erholen (2. Kön. 1).

Eigentliche Schwarzkünstler sind die, welche sozusagen einen förmlichen Bund mit dem Teufel geschlossen haben, was entweder einzeln oder durch Anschluß an gewisse Gesellschaften, denen solcher Bund insgeheim zugrund liegt, geschehen mag. In beiden Fällen finden Unterschreibungen mit Blut statt, indem man sich in die Finger oder sonst wohin ritzt und das ausfließende

Blut zur Namensunterschrift benützt. Geschieht eine Verschreibung einzeln, so kann es entweder durch eine förmliche satanische Verschreibung, von welcher aber der Mensch nicht immer das Bewußtsein behält, oder im Geiste geschehen, da dem Menschen abermals kein Bewußtsein davon bleibt. Was die Schwarzkünstler suchen, ist hauptsächlich Glück, Wollust, Geld und Schutz wider die Gefahren des Leibes, und die Künste, die sie besitzen, sind sehr mannigfaltig. Sie können sich Geld verschaffen, unsichtbar machen, gerade wie nach dem obigen materielle Gegenstände unsichtbar gemacht werden können, in wenigen Augenblicken Hunderte von Meilen sich entfernen, und zwar mit ihrer ganzen Persönlichkeit. Namentlich können sie Hunderte von Stunden weit Menschen töten; und auch Schlagflüsse, an denen oft die gesündesten Menschen unerwartet hinsterben, können Folgen eines Zauberschlags aus näherer oder fernerer Entfernung sein. Auch Brandstiftungen verüben sie unsichtbar. Ich muß es natürlich jedermann freigestellt sein lassen, von diesen Dingen zu glauben, was er will; aber ach! der schauerlichen Gewißheit, die mir von dem Vorhandensein derselben geworden ist! Aber ein im Glauben an den, der der Schlange den Kopf zertreten,[62] unternommener Kampf wider diese finstern Kräfte konnte unmöglich des Sieges verfehlen. Größer noch ist unser HErr! […]

62 Gen 3,15.

8. Blumhardt, Krankheitsgeschichte der G(ottliebin) D(ittus) in Möttlingen

LKA Stuttgart, D 34.5 (Lithographie 1850,[63] Auszug)
Druck: Blumhardt, *Schriften* 1, 74–78

Der Sieg über das Reich der Finsternis äußert sich im Schrei eines „vornehmen Satansengels“: „Jesus ist Sieger!“

[...] Der ersehnte Schluß der Geschichte erfolgte in den letzt verflossenen Weihnachtsfeiertagen (24. bis 28. Dezember 1843), da sich alles, was nur je früher vorgekommen war, noch einmal zusammenzudrängen schien. Das Mißlichste war, daß sich in diesen Tagen die finsteren Einwirkungen auch auf den halbblinden Bruder und eine andere Schwester, Katharina,[64] ausdehnten, ich also mit dreien zumal den verzweifeltsten Kampf durchzumachen hatte, wobei deutlich der innere Zusammenhang zu erkennen war. Den Verlauf des einzelnen kann ich nicht mehr erzählen. Es war viel zu mannigfaltig, als daß ich es hätte im Gedächtnis behalten können. Aber Tage waren es, wie ich keine mehr zu erleben hoffe; denn es war so weit gekommen, daß ich sozusagen alles aufs Spiel zu setzen wagen mußte, wie wenn es hieße: Siegen oder sterben![65] So groß übrigens auch meine Anstrengung war, so fühlbar war mir ein göttlicher Schutz, indem ich nicht die geringste Ermüdung und Angegriffenheit fühlte, selbst nicht nach vierzigstündigem Wachen, Fasten und Ringen.

---

63 Zur Zweitfassung der Krankheitsgeschichte siehe oben Nr. 7, Anm. 54.
64 Johann Georg (Hansjörg) und Katharina Dittus.
65 Der Passus: „denn es war [...] Siegen oder sterben!“ (Z. 23–25) fehlt in der Abschrift fremder Hand, die sich auf Blumhardts Urfassung der Krankheitsgeschichte von 1844 stützt (*Krankheitsgeschichte Abschrift*, 93).

Der Bruder war am schnellsten wieder frei, und zwar so, daß er sogleich tätige Hilfe im Nachfolgenden leisten konnte. Die Hauptsache kam aber diesmal nicht an Gottliebin, welche im letzten Akt nach vorausgegangenen Kämpfen gleichfalls völlig frei zu sein schien, sondern an ihre Schwester Katharina, welche früher nicht das mindeste der Art erfahren hatte, nun aber so rasend wurde, daß sie nur mit Mühe festgehalten werden konnte. Sie drohte, mich in tausend Stücke zu zerreißen, und ich durfte es nicht wagen, ihr nahe zu treten. Sie machte unaufhörliche Versuche, mit eigener Hand, wie sie sagte, sich den Leib aufzureißen,[66] oder lauerte sie listig umher, als wollte sie irgend etwas Gräßliches an denen, die sie hielten, verüben. Dabei raffelte und plärrte sie so fürchterlich, daß man Tausende von Lästermäulern in ihr vereinigt sich denken konnte. Am auffallendsten war, daß sie ganz bei Besinnung blieb, indem man mit ihr reden konnte, sie auch bei scharfen Ermahnungen sagte, sie könne nicht anders reden und handeln; man möchte sie doch nur recht fest halten, daß nichts durch sie geschehe. Auch nachher hatte sie noch von allem, selbst von den gräßlichen Mordversuchen, bestimmte Erinnerungen; und diese wirkten so niederschlagend auf sie, daß ich mich mehrere Tage ihrer besonders annehmen mußte, bis nach fleißigem und ernstlichem Beten ihr die Erinnerungen allmählich schwanden.

Daneben ließ sich dennoch der Dämon aus ihr ebenso bestimmt vernehmen,[67] der sich diesmal nicht als einen abgeschiedenen Menschengeist, sondern als einen vor-

66 „Und ich durfte […] sich den Leib aufzureißen“ (Z. 9–12) fehlt in *Krankheitsgeschichte Abschrift*, 94.

67 Vgl. *Krankheitsgeschichte Abschrift*, 95: „Daneben konnte aber auch zugleich mit dem Dämon in ihr gesprochen werden“. Blumhardts Zweitfassung von 1850 erwähnt zwar an anderer Stelle (*Krankheitsgeschichte*, 47 f.) sein Reden mit den „Geistern“, ist aber offensichtlich bemüht, dies in den Hintergrund treten zu lassen. Später lehnt Blumhardt jegliches Gespräch mit Dämonen strikt ab (Brief Nr. 3, Anm. 30).

nehmen Satansengel ausgab, als das oberste Haupt aller Zauberei,[68] dem vom Satan die Macht dazu erteilt worden sei und durch den dieses Höllenwerk nach den verschiedensten Seiten hin zur Förderung des satanischen Reichs sich verzweigt hätte, mit dem aber nun, da er in den Abgrund fahren müsse, der Zauberei der Todesstoß gegeben werde, an dem sie allmählich verbluten müsse.

Plötzlich, gegen 12 Uhr um Mitternacht, war es, als erblickte er den geöffneten Feuerschlund. Da dröhnte aus der Kehle des Mädchens zu mehreren Malen, ja wohl eine Viertelstunde andauernd, nur Ein Schrei der Verzweiflung, mit einer erschütternden Stärke, als müßte das Haus zusammenstürzen. Grausenerregenderes läßt sich nichts denken, und es konnte nicht fehlen, daß nicht die Hälfte der Bewohner des Orts, nicht ohne besonderen Schrecken, Kenntnis von dem Kampfe bekam. Dabei befiel die Katharine ein so starkes Zittern, daß es war, als wollten sich alle ihre Glieder voneinander abschütteln. Schien so der Dämon lauter Angst und Verzweiflung zu sein, so war nicht minder riesenhaft sein Trotz, indem er Gott herausforderte, ein Zeichen zu tun, und nicht eher auszufahren vorgab, als bis ein den ganzen Ort erschütterndes Zeichen vom Himmel erfolgt wäre, damit er nicht so gemein wie andere Sünder seine Rolle niederlegen, sondern gewissermaßen unter Ehren in die Hölle fahren müsse. Solches schauerliche Gemisch von Verzweiflung, Bosheit, Trotz und Hochmut ist wohl schwerlich je irgendwo erblickt worden.

Unterdessen schien in der unsichtbaren Welt immer rascher sein erwarteter Untergang vorbereitet zu werden. Endlich kam der ergreifendste Augenblick, welchen unmöglich jemand genügend sich vorstellen kann, der nicht Augen- und Ohrenzeuge war. Um 2 Uhr morgens brüllte der angebliche Satansengel, wobei das Mädchen

68 Vgl. Blumhardts Dämonologie (Nr. 7).

den Kopf und Oberleib weit über die Lehne des Stuhls zurückbog, mit einer Stimme, die man kaum bei einer menschlichen Kehle für möglich halten sollte, die Worte heraus: „Jesus ist Sieger! Jesus ist Sieger!“[69] – Worte, die, so weit sie ertönten, auch verstanden wurden und auf viele Personen einen unauslöschlichen Eindruck machten. Nun schien die Macht und Kraft des Dämons mit jedem Augenblicke mehr gebrochen zu werden. Er wurde immer stiller und ruhiger, konnte immer weniger Bewegungen machen und verschwand zuletzt ganz unmerklich, wie das Lebenslicht eines Sterbenden erlischt, jedoch erst gegen 8 Uhr morgens.

Das war der Zeitpunkt, da der zweijährige Kampf zu Ende ging. Daß dem so sei, fühlte ich so sicher und bestimmt, daß ich nicht umhin konnte, am Sonntag, tags darauf, da ich über den Lobgesang der Maria[70] zu predigen hatte, meine triumphierende Freude merken zu lassen.

---

69 „Jesus ist Sieger!“ wird zum Motto für das künftige Wirken Blumhardts und seines Sohnes Christoph. Es prägt Mitstreiter wie Gottliebin Dittus (vgl. Brief Nr. 64 mit Anm. 439 f.) und bis heute die von Möttlingen und Bad Boll ausgehende Bewegung. Auch neuere Dissertationen entfalten es unter verschiedenen Perspektiven: Christian T. Collins Winn untersucht die Bedeutung des „Jesus ist Sieger!“ beider Blumhardt für die Theologie Karl Barths (*„Jesus is Victor!“ The Significance of the Blumhardts for the Theology of Karl Barth.* Eugene/Oregon 2009). Sung-Min Yoon hebt dieses Bekenntnis als Überwindung einer falschen Alternative von Erwecklichkeit und sozialem Engagement hervor, die er u.a. in Südkorea feststellt (*Die Botschaft „Jesus ist Sieger!“ Auf dem Weg von Blumhardt Vater zu Blumhardt Sohn.* Diss. theol. Heidelberg 2012). Blumhardts bekannte Lieder nehmen das Motto auf: „Dass Jesus siegt, bleibt ewig ausgemacht/ Sein wird die ganze Welt“ (EG 1996, Nr. 375) und: „Jesus ist der Siegesheld/Der all‘ seine Feind‘ besieget“ (*Bibellieder,* 273; vgl. Brief Nr. 34). Zu Blumhardt als Dichter und Komponist geistlicher Lieder: Ising, *Blumhardt Leben und Werk,* 218–225. 312 f.

70 Lk 1,46–55. – Der Lobgesang der Maria bleibt ein zentraler Text für Blumhardts Erwartung einer nahe bevorstehenden Heilszeit. Noch in der Weihnachtszeit 1879, zwei Monate vor seinem Tod, vertont er ihn in einer Form, die Arien und Chorgesang im Wechsel bietet und an ein Oratorium erinnert (handschriftliche Exemplare: LKA Stuttgart, D 50, Kapsel I A 5, Mappe „Noten“; Druck: *Der Lobgesang der Maria. Ein Wechselgesang für Soli, Chor und Orgel.* Neudietendorf 1921).

Es gab freilich hintennach noch mancherlei aufzuräumen, aber es war nur der Schutt eines zusammengestürzten Gebäudes. Mit dem halbbblinden Bruder, einem bescheidenen und demütigen, auch christlich sehr verständigen Menschen, der viel Glauben und Gebetskraft hat, hatte ich fast nichts mehr zu schaffen; und die an ihn gekommenen satanischen Angriffe sind andern Leuten kaum bemerklich geworden. Die Katharina hatte noch eine Zeitlang je und je krampfartige Bewegungen infolge der außerordentlichen Angegriffenheit des Gemüts, war aber auch bald wieder völlig hergestellt; und was mit ihr vorgefallen war, hat, möchte ich sagen, niemand erfahren.

Etwas Mehreres stellte sich noch in der nächsten Zeit[71] bei der Gottliebin ein; aber es waren mehr nur erneuerte, jedoch von selbst mißlingende Versuche der Finsternis mit Früherem, die mich weiter nicht viel in Anspruch nahmen. Ja, unter diesen Nachzüglern geschah es allmählich, daß sie zu einer vollkommenen Gesundheit gelangte.

Alle ihre früheren Gebrechen, die den Ärzten wohlbekannt waren, wurden ganz aufgehoben: die hohe Seite, der kurze Fuß, die Magenübel usw. Dabei wurde ihre Gesundheit immer fester und dauerhafter; und jetzt steht es seit geraumer Zeit mit ihr so, daß sie in jeder Hinsicht als vollkommen hergestellt, als ein wahres Wunder Gottes angesehen werden kann.

---

71 Der Passus: „Etwas Mehreres stellte sich […] Gesundheit gelangte" (Z. 14–20) fehlt in *Krankheitsgeschichte Abschrift* (99), die sich auf die Urfassung von 1844 stützt. Erst in der Zweitfassung von 1850 kann Blumhardt Erkrankungen von Gottliebin Dittus nach 1844 erwähnen. – Vgl. ihren Unfall im Januar 1845 (Brief Nr. 22), vor allem ihre schwere Erkrankung im August 1845 (Brief Nr. 26), die Blumhardt als Nachzügler des „Kampfes" von 1842/1843 versteht. Zu ihrem Magenleiden und Tod: Nr. 60, Anm. 423; Nr. 64.

Ihr christlicher Sinn hat auch auf eine erfreuliche Weise zugenommen, und ihre stille Demut, ihre gediegene und verständige Rede, mit Entschiedenheit und Bescheidenheit gepaart, macht sie zu einem gesegneten Werkzeug an vieler Herzen. Was den Wert ihres Charakters am deutlichsten zu erkennen gibt, ist das, daß mir keine weibliche Person bekannt ist, die mit so viel Einsicht, Liebe, Geduld und Schonung Kinder zu behandeln wüßte, weswegen ich ihr bei nötig werdender Aushilfe am liebsten meine Kinder anvertraue; und wie sie schon im ganzen vorigen Jahre Industrielehrerin[72] zu aller Zufriedenheit gewesen war, wobei ich nur mit dankbarem Erstaunen auf die bewahrende göttliche Vorsehung zurückblicken kann, infolge deren sie in der sonst so schweren Zeit auch nicht ein einziges Mal genötigt war, den Unterricht einzustellen, so konnte ich jetzt, da eine Kleinkinderschule[73] errichtet werden sollte, keine Person finden, die so geeignet wie sie gewesen wäre, dieselbe zu übernehmen.

Möttlingen, den 11. August 1844.
Pfarrer Blumhardt.[74]

---

72 Leiterin einer 1838 von Blumhardts Frau Doris angeregten Strick- und Nähschule, die von Möttlinger Mädchen, aber auch Jungen besucht wird.

73 Dem Beispiel Johann Friedrich Oberlins, der 1779 im elsässischen Steintal die erste „Kleinkinderschule“ (Kindergarten) gegründet hat, folgt Blumhardt 1844. Erste Kindergärtnerin in Möttlingen wird Gottliebin Dittus. Vgl. Evangelische Kirchengemeinde Möttlingen (Hg.), *150 Jahre evangelischer Kindergarten in Möttlingen.* Bad Liebenzell-Möttlingen 1994. – Johann Friedrich Oberlin (1740–1826), 1767–1826 Pfr. in Waldersbach (Steintal/Elsass), Sozialpädagoge und Sozialreformer, Initiator von Kindergarten und Diakonissenausbildung, Gründer von Leih- und Sparkassen (BBKL 6, 1074–1076).

74 In *Krankheitsgeschichte Abschrift,* 99 fehlt der Textabschnitt: „wobei ich nur [...] den 11. August 1844. Pfarrer Blumhardt“ (Z.12–22), außerdem die erst der Zweitfassung angefügte Nachschrift vom 31. Juli 1850 (S. 46, Z. 1–28).

Nachschrift

Da nach der Abfassung obigen Aufsatzes nun schon volle sechs Jahre verstrichen sind, so wird der Leser begierig sein zu hören, wie es jetzt mit der Gottliebin stehe. Ich bemerke einfach, daß dieselbe seit vier Jahren ganz in mein Haus eingekehrt ist, als die treueste und verständigste Stütze meiner Frau in der Haushaltung und Kindererziehung, der meine Frau alles ins Haushaltungswesen Einschlagendes, Kleines und Großes, unbedingt anvertrauen und nach Umständen überlassen darf. Was sie unsrem Hause und allen Personen, die bei uns ein- und ausgehen, ist, lasse ich andere bezeugen, da ich weiß, daß, wer sie kennenlernt, nicht versäumt, seine Achtung und Wertschätzung ihrer Person überall auszusprechen. Mir ist sie namentlich auch für Behandlung von geisteskranken Personen nahezu unentbehrlich geworden, da dieselben alsbald das ungemessenste Zutrauen zu ihr bekommen, so daß mein Umgang mit ihnen nur wenig Zeit erfordert. Übrigens ist sie nicht als eine Dienstperson bei uns, da ihre Dankbarkeit sich für das, was sie für uns tut, nicht will bezahlen lassen, sondern sie betrachtet und fühlt sich als von uns an Kindes Statt angenommen, was nun auch mit ihrer Schwester Katharina und dem erwähnten halbblinden Bruder der Fall geworden ist.

Möttlingen, den 31. Juli 1850.
Pfarrer Blumhardt.

9. Blumhardt an Christian Gottlob Barth.[75] Möttlingen 2.1.1844

LKA Stuttgart, D 50, Kapsel I A 2/III
Druck: Blumhardt, *Briefe* 3, 184–187

Antwort auf Barths Kritik am Verhalten Blumhardts in der Geistergeschichte. Blumhardts geistliche Nüchternheit. Es tut ihm weh, von den Freunden alleingelassen zu werden. Der Anfang der Möttlinger Erweckung.

Lieber Bruder!
Große Schmerzen hat es mir gemacht, dir durch meine unvorsichtigen Briefe so viel Leid und Kummer wegen meiner bereitet zu haben. Ich hätte nicht sollen mit der Thüre so ins Haus fallen, und durch Vorsicht oder vorläufiges Schweigen würde ich dich leichter zu einiger Ueberzeugung gebracht haben. Einstweilen jedoch auf deinen lieben Brief, so schwer mir die Antwort fällt, weil ich fast auf jedes Wort etwas zu sagen hätte, Folgendes.

Du hast dir bisher *absichtlich* nichts mehr sagen lassen.[76] Das habe ich wohl gemerkt, und es war mir in sofern lieb, weil ich dadurch noch besser wegkam, als

---

75 Christian Gottlob Barth: vgl. Brief Nr. 3 mit Anm. 32.

76 Im Hintergrund steht Barths Konfrontation mit einem ähnlichen Fall im Januar 1828. Die 11-jährige Margareta Bähr aus Möttlingen litt an Krampfanfällen, verbunden mit Bewusstlosigkeit; eine tiefe Baßstimme sprach aus ihr. Barth, zu dieser Zeit Möttlinger Pfarrer, deutete dies als „dämonische Einwirkung". Wie Blumhardt beschränkte er sich auf das Gebet; nach wenigen Wochen hörten die Zustände auf (Barth an das Dekanatamt Calw 14.2.1828; LKA Stuttgart, A 26, Bd. 485,6). Der Calwer Dekan leitete Barths Bericht an das Konsistorium weiter und lobte dessen „Gebetseifer". Dort wurde die „buchstäbliche Deutung solcher Gespräche von Dämonen" allerdings missbilligt; es handle sich um „Einfälle der kranken Menschen" (LKA Stuttgart, A 26, Bd. 485). – Im Rückblick bezeichnet Barth die Vorgänge von 1828 als „Elend" (Barth an Blumhardt 5.7.1842; Blumhardt, *Briefe* 3, 133). Nachwirkungen in der Gemeinde hat er nicht erfahren, von einem Tadel des Konsistoriums abgesehen. In der Folgezeit verstärken sich die Differenzen zwischen Blumhardt und Barth. Der bis Oktober 1845 lebhafte Briefwechsel schläft offensichtlich ein (Blumhardt, *Briefe* 4, 275 f.) und wird erst Ende 1848 regelmäßig weiter-

wenn du dir hättest etwas sagen lassen. Sonst aber war's kein Freundesdienst; und was es mir ausgemacht hat, in meinen fürchterlichen Kämpfen keine Seele in der Welt zu haben, die mir nur ein wenig die Hand bieten möchte, war für mich keine Kleinigkeit. Du hast's gethan, *weil ich für keinen Rath zugänglich war.* Das aber war immer deine unbrüderliche Voraussezung. Wenn ich nicht im Augenblick deiner Meinung zufiel, so war ich der Eigensinnige; und wenn du mir rathen wolltest, ohne dir den Sachgehalt vorlegen zu lassen, so wolltest du nur gleich Gehorsam. So aber behandelt man seine Freunde nicht. Man lässet sich die Sachen sagen, bespricht sich nach allen Seiten, betet wohl auch mit einander, wenn etwas herauskommen soll. Du aber wolltest nur dictiren, und zwar so, wie es schnurgerade der Sache zuwider war und es mein Verderben hätte werden müssen. Denn daß der verloren ist, der dem Feind, mit dem er einmal kämpft, den Rücken bietet, dürftest du wohl wissen. Du selbst sagst, der Feind habe es *auf meinen Ruin abgesehen.* Das ist wahr. Aber um JEsu Christi, meines Heilandes willen, bitte und beschwöre ich dich, mir zu sagen und zu bekennen: giebt es denn keine Kraft in der Welt als die des Teufels? Sollen wir denn Teufelsanbeter werden, d. h. den Teufel schonen und fein machen lassen, damit er uns nichts thut? Thue doch deine Augen auf, mein lieber Bruder, und sage mir: sucht der Teufel nicht *jedes* Menschen Ruin; oder glaubst du nicht, daß du dem Ruin näher bist, wenn du dich in ein Schneckenhaus verkriechst, als ich, wenn ich dem Teufel mit dem Worte Gottes die

---

geführt. Trotz weiterer Auseinandersetzungen u.a. im Juni 1851 (Brief Nr. 43) hat die Freundschaft Bestand bis zu Barths Tod 1862. Vgl. Schöllkopf, *Johann Christoph Blumhardt und Christian Gottlob Barth in ihren Briefen,* 157–184 (zu den Differenzen 173–179); Ising, *Blumhardt Leben und Werk,* 235 f.

Spitze biete? O Bruder, Bruder, du kennst den grausen Jammer nicht, der auf der armen Menschheit lastet; du weißst nicht oder überlegst es nicht, in welch gräßlichem Umfang Zaubereien und Teufelsverbindungen in der Welt und Christenheit sich befinden. Das aber allmählig erfahren und wissen, und wissen, *gewiß* wissen, und doch zurücktreten – wahrlich, ich müßte ärger als der Teufel seyn, wenn ich das hätte thun wollen. So wisse denn, ich habe es gewagt, ob denn nicht mit der Kraft JEsu dem Teufel das Genick gebrochen werden könne. Ich war dazu hingetrieben, das weißst du; und ich wollte sehen, wer am Ende müde wird oder verspielen sollte, der Teufel oder ich. Ich hab's gewagt; und was ich täglich zu Gott geschrieen habe seit anderthalb Jahren und im Geist an der Hand des Worts gekämpft, das konnte nicht verloren seyn. Das habe ich geglaubt; und das ist nach deiner Meinung meine Sünde, meine Thorheit, mein geistlicher Stolz, meine Selbsterhebung. Wohl denn, mache draus, was du willst, der Tag wirds klar machen; und JEsus, mein Erbarmer, wird mich rechtfertigen und hat mich gerechtfertigt.

Daß meine Briefe dir eine falsche Ansicht über mich beibrachten, bedaure ich sehr, indem du daraus folgertest, ich hätte Träumereien, Phantasieen, Schwärmereien u.s.w. Dieß schlossest du aus den erwähnten Schutzgeistern.[77] Diese aber waren nicht in und bei mir, sondern sprachen ganz objectiv aus den angefochtenen Personen. Das konnte ich dir nicht so geradezu sagen, weil dieß zu erklären viel Umstände erfordert. Mein Geist ist frei, und ich schlafe wie ein Kind in der Mutter Schooß. O du solltest es sehen, wie kindlich heiter ich nach jedem Kampfe bin, wie selig ich mich im Danke

77 Vgl. Blumhardts Anspielung auf das Eingreifen des verstorbenen ehemaligen Möttlinger Pfarrers Machtholf (Brief Nr. 4, Anm. 36).

gegen meinen Heiland fühle, wie ich beten gelernt habe, daß ich gar Vieles meinem Heiland nur sagen darf, und ich hab's. Das ist so auffallend, namentlich bei den Kindern, daß auch meine liebe Doris nur Eine Freude ist. Ein Seufzer nach oben: HErr, stärke mich, stellt alle meine Kräfte her; und nach den größsten Kampfnächten hat mir's gewiß noch niemand angesehen. Frage einmal nach, ob in dieser Woche, da ich 15 Mal vor meiner Gemeinde gestanden bin, mich jemand geschwächt oder angegriffen dachte. Von ruinirten Nerven, Hinaufschraubungen ist gar keine Rede; und davon könntest du dich leicht überzeugen.

Du sprichst vom *Aergerniß in meiner Gemeinde;* und das muß ich eben so bedauern, daß du wie darauf aus bist, in dieser Sache immer nur das Nachtheilige aufzuschnappen. Du bist betrogen und belogen, habe dir's gesagt, wer es wolle. In den Kirchen[78] erfahre ich mehr als je Regungen des Heiligen Geistes. Ich spüre es, wie mir das Wort abgenommen wird; die Schlafsucht der Gemeinde ist fast weg;[79] im Ort selbst wird wenig über die Sache gesprochen und herrscht jezt grosses Erstaunen und Zittern; und eins ums Andere kommt und beichtet mir, erst gestern ein gräulicher Sünder gräuliche Sünden unter Heulen und Schluchzen.[80] Die Schule ist mir ein Labsal geworden, der Confirmanden Unterricht eine

78 In den Gottesdiensten.

79 Vgl. Blumhardts Erinnerung in den *Predigtblättern aus Bad Boll* 2, 199: „Wenn ich früher gepredigt habe, da haben die Leute nach dem Verlesen des Evangeliums sich so bequem hingesetzt, haben die Köpfe gehängt und – haben geschlafen. Auf einmal haben die Köpfe alle sich aufgerichtet und sind aufrecht gestanden, und wie eine Posaune ist's unter sie gefahren! es hat Keins mehr geschlafen! und von zehn, zwölf Stunden her sind sie gelaufen, ja gesprungen!"

80 Gegenüber Barth nennt Blumhardt den Namen des Betreffenden: Schneider Johann Georg Fischer, „Erstling" der Möttlinger Erweckung (Brief Nr. 10).

Wonne, denn ungewöhnlich sind die Eindrücke.[81] Bruder, Bruder – die Nacht weicht um mich! [*Anmerkung am unteren Rand:*] Besonders rührend ist die Theilnahme der Gemeinde für die bedrängten Geschwister,[82] die sich durch allerlei Freundlichkeiten und Geschenke offenbart.

Ueber die Sache selbst will ich jezt nichts weiter schreiben. Aus aber ist's, denn die nächsten Urheber in der unsichtbaren Welt liegen alle im Abgrunde. Das – um Solches noch zu berühren – hat mir auch immer an dir so weh gethan, daß du mir es so hoch anrechnetest, wenn meine Hoffnungen immer wieder getäuscht waren. Konntest du denn daraus nicht sehen, wie sehnlich ich dem Ende entgegen sah! und sollte dir denn mein Jammer, wenn er wieder aufbrach, nicht tiefer zu Herzen gehen, als daß du mir so kalt antwortetest: „das hast du schon oft gesagt!" oder: „hab's wohl gewußt", oder: „'s geht nicht aus". O es schauderte mich oft, in meinen allerbesten Freunden so wenig reelle Liebe und Theilnahme und dabei so wenig Glauben an den HErrn wahrzunehmen. Doch es mußte also gehen; und auch das war vom Feinde, ja glaub's, glaub's nur, es war vom Feinde, wenn du und Andere sagten und dachten: „Er wird schon sehen, wie's ihm geht, wenn er fortmacht." Wenn die Wächter Israels[83] also reden! – Dessenungeachtet giltst du als Mitkämpfer, schon um deiner Missionsthätigkeit willen; denn die wird hoch angeschlagen.

81 Zündel, *Lebensbild,* 167 berichtet von vertraulichen Sündenbekenntnissen der Konfirmanden gegenüber Blumhardt. Ohne sein Wissen halten sie private Gebetsversammlungen.

82 Gottliebin, Hansjörg und Katharina Dittus.

83 Damit wird Barth das Wort Gottes zum Propheten Ezechiel (Ez 33,7) vorgehalten: „[…] ich habe dich zu einem Wächter gesetzt über das Haus Israel, wenn du etwas aus meinem Munde hörst, daß du sie von meinetwegen warnen sollst." Versäumt der Wächter seine Pflicht und warnt den Gottlosen nicht, dann gilt: „[…] sein Blut will ich von deiner Hand fordern" (Vers 8). Vgl. Jes 62,6.

Es hat mir wohl gethan in den lezten Tagen, daß aus der unsichtbaren Welt die Mission so wichtig gemacht wurde. Aber noch in anderer Hinsicht bist du und andere Mitkämpfer, was aber in ein psychologisches Geheimniß reicht, das ich jezt nicht weiter berühren kann. Zum Schlusse erinnere ich noch einmal an das *Erscheinungsfest*![84]

Wenn ich im ersten Briefe sagte, auch des Erzengels Michael sei gedacht worden, so berichtige ich nachträglich, daß auch das Teufelstrug war. Ueberhaupt will ich darin gar nicht eigensinnig seyn, die Sachen nach der einen oder andern Seite zu legen. Es war ein Zweierlei, und die Kunst zu unterscheiden mußte ich erst lernen. Doch sind derlei Dinge erst in der lezten Woche vorgekommen. Nur Eines wünschte ich, daß die ganze Welt gehört hätte, wie nämlich zulezt jener Teufel die Worte hinausbrüllte: *„JEsus ist Sieger, JEsus hats gewonnen!“* Der halbe Flecken[85] hats gehört.

Ja, JEsus ist Sieger! wirst auch du bald sagen.

Und du, lieber Zaremba,[86] kümmere dich nicht ab wegen meiner. Habt ihr auch schon mit einander gebetet, für mich?

Euer
euch in JEsu herzlich grüßender und wahrlich
nüchterner [Johann] Christoph.

Möttlingen, den 2. Januar 1844.

---

84 Das Fest der Erscheinung des Herrn (Epiphanias) am 6. Januar ist Anlass, in Gottesdiensten und auf Missionsfesten der Äußeren Mission zu gedenken.

85 Das halbe Dorf.

86 Dr. Felician Zaremba (1794–1874), eine der führenden Gestalten der Basler Mission im Kaukasus. Diplomat in Russland, 1818 Missionsschüler in Basel, 1822 Missionar in Astrachan, 1823 in Schuscha. Nach dem Verbot der Kaukasusmission 1835 wirkt Zaremba als Reiseprediger in Deutschland und der Schweiz; Anfang 1844 hält er sich zur Erholung bei Barth in Calw auf.

10. Blumhardt an (Christian Gottlob Barth). Möttlingen 30.1.1844

LKA Stuttgart, D 50, Kapsel I A 2/III
Druck: Blumhardt, *Briefe* 3, 192

Der Drang zur Beichte nimmt in Möttlingen zu. Versammlungen bilden sich.

Lieber Bruder!
Hier denn die Briefe. Der von Dr. King[87] hat mich ausnehmend gefreut. Was er hofft, fängt in Möttlingen an, sich zu erfüllen. Die Bewegung wird immer allgemeiner, und es scheint wahr zu werden, was schon Viele sagten, daß Niemand in Möttlingen sei, der nicht eine besondere Anregung fühle.[88] Den ganzen Samstag bis 10 Uhr Nachts war ich in Arbeit, am Sonntag gings fort nach und zwischen den Gottesdiensten, und gestern wechselten von Morgens 8 Uhr bis Nachts 11 Uhr Besuche auf Besuche, so daß ich keine Zeit fand, eine Kranke zu besuchen, zu der ich nun schon diesen Morgen um 5 Uhr gerufen wurde. Waren's am Samstag 16 Personen, so sinds bis gestern (Montag) Abend 35 geworden, die sämmtlich grosse Gewissensangst hatten und mit solchem Ringen und Weinen Ruhe suchten, daß in vielen Fällen ich gleich das erste Mal Absolution reichte, weil

---

87 Offensichtlich einer der an Barth gerichteten Briefe, die Blumhardt zur Einsicht erhält.

88 Vgl. Doris Blumhardt an die Eltern Köllner 30.1.1844 (Blumhardt, *Briefe* 3, 194): „Es ist eine ganz neue Zeit angebrochen, und es ist einem ganz festlich zu Muthe, und doch hat man auch zu allem äußern Geschäft, was sein muß, den rechten Muth und Freudigkeit; es ist keine Überspannung – nichts Übertriebenes, es ist alles solid und reell. Es ist ein Wehen des Geistes Gottes – ein Gnadenregen von oben, der den innern und äußern Menschen in allen Adern erquickt und belebt und beseelt und mit der Liebe Christi erfüllt. Es ist wie zu der Apostel Zeiten, da sich die ersten Christengemeinen bildeten."

ihr Herz zu zerspringen schien.[89] Andere jedoch müssen wieder kommen. Allein 24 haben Frieden erlangt. Der Schneider Fischer (ich verschwieg bisher gerne noch seinen Namen) ist mein Erstling; und der steht so im Feuer und in der Liebe, daß er mir Einen um den Andern herführt, und zwar gerade und am meisten seine alten Kameraden. In seinem Hause ist schon jeden Abend Männerversammlung von lauter jung Erweckten (6–8 warens vorgestern). Gestern war auch Manuel[90] dort. Sonst kommt man da und dort zusammen, besonders bei der Gottliebin, zu deren Haus Alles mit Vertrauen läuft. Es wogt und gährt immer stärker. Heute nach Haugstett,[91] wo ich auch anklopfe; der HErr wolle aufthun! Aber am Freitag nach Calw zu kommen, ist rein unmöglich. Bete für mich um *Kraft!*

Herzlich grüssend

Dein [Johann] Christoph Blumhardt

Möttlingen, den 30. Januar 1844.

---

89 Im gleichen Brief vom 30.1.1844 berichtet Blumhardts Frau Doris (Blumhardt, *Briefe* 3, 193): „Oft kommen 3, 4, 5 hintereinander, gebeugt – zerknirscht – oft in Thränen zerfließend; da sitzen sie oft stunden und 2 stunden lang bei mir im Wohnzimmer, bis Eines nach dem Andern Zutritt zu seinem Seelsorger bekommt. Gestern wurde es gar nie leer bis Nachts 11 Uhr!"

90 Stundenhalter in Möttlingen. Einige Mitglieder der pietistischen Erbauungsversammlung (Stunde) wollen Blumhardts Einladung, sich der allgemeinen Bußbewegung anzuschließen, nicht folgen. Vgl. den Reisebericht des Basler Ratsherren Adolf Christ-Sarasin vom 1.–2.5.1844 (UB Basel, Nachlass Adolf Christ; Blumhardt, *Briefe* 4, 217): Widerstand leiste vor allem der Stundenhalter Manuel, „den Barth selber für einen gediegenen Christen hält und ihn ermuntert, *nicht* in Blumhardts Verlangen zu willigen". – Schließlich geht die Möttlinger Stunde in den von Blumhardt gegründeten „Konferenzen" auf (Brief Nr. 12).

91 Unterhaugstett, als Filialgemeinde von Möttlingen zu Blumhardts Amtsbezirk gehörend.

11. Blumhardt an (Christian Gottlob Barth). Möttlingen 25.2.1844

LKA Stuttgart, D 50, Kapsel I A 2/III
Druck: Blumhardt, *Briefe* 3, 203 f.

Blumhardt erwartet eine neue Ausgießung des Heiligen Geistes.

Lieber Bruder!
[....] Aber kaum kann ich schreiben. Denn es lauft schon den ganzen Morgen fort. Die Leute wollen noch vor dem heiligen Abendmahl ganz abladen. Eben Einer von Haugstett, der vor 8 Tagen noch sein Weib verschimpft hat, weil sie zu mir kam, jezt mit heißen Thränen, daß er fast nichts vorbringen konnte. Gestern war ich in der Männerstunde beim Schultheiß.[92] Welche Stube voll Männer und Buben! Die Buben sind alle (bis auf 2 oder 3) bei mir gewesen und sind so ernstlich und entschieden, daß es eine helle Freude ist. Was ich in der Stunde gesprochen, mag gewirkt haben; und *unter uns gesagt*, ich erwarte noch eine *Ausgießung des heiligen Geistes.*[93] Diese muß kommen, wenn es mit unsrer Christenheit anders werden soll. Ich spüre es, so ärmlich darfs nicht fortgehen. Die ersten *Gaben und Kräfte,* ach! die sollten wieder kommen! und ich glaube, der liebe Heiland war-

---

92 Die Möttlinger pietistische Versammlung (Brief Nr. 10, Anm. 90) findet im Haus des Schultheißen Christian Friedrich Kraushaar statt. Ihr Übergang in die von Blumhardt geleiteten „Konferenzen“ ist offensichtlich bereits vollzogen (vgl. Brief Nr. 12).

93 In den Möttlinger Anfangsjahren hört Blumhardt von Erweckungen in anderen Teilen der Welt, etwa auf den „Freundschafts- und Sandwichs- und Schifferinseln“, in denen sich „eine besondere Kraft des Heiligen Geistes“ manifestiert habe. Dies wünscht er auch seiner eigenen Gemeinde (Blumhardt an die Eltern Köllner 28.8.1843; *Briefe* 3, 178). Als er diese Bitte 1844 erhört sieht, dehnt er sie auf die ganze Welt und alle Menschen aus. Das in Möttlingen und später in Bad Boll Erlebte versteht er als Vorspiel einer nahe bevorstehenden Geistausgießung, welche das Geschehene in unvorstellbaren Dimensionen fortführen werde (Blumhardt, *Mitteilungen,* 117). Vgl. die Briefe Nr. 34. 40; siehe unten Nachwort, 241–243.

tet nur drauf, daß wir drum bitten. Das und ein Flehen wider des Satans Toben sind 2 Punkte, die mir unausgesezt vor der Seele liegen. Aber mein Weiblein verstehts mitzukämpfen. Unser Theophil hatte heute Nacht Ruhe; überhaupt spüre ich, daß der Feind mehr und mehr untertreten wird. Merkwürdig aber, daß so viele Halbbesessene kommen; namentlich unter den Kindern ist da grosse Aufsicht nöthig,[94] auch und vornehmlich unter den kleineren. Mündlich wüßte ich Vieles; aber bete, bete und heiße auch den lieben Handel[95] cum uxore[96] und den Vikar beten.

Nun läutet's; ich freue mich wie ein Kind auf den heiligen Festtag.

JEsus Immanuel![97]

Dein [Johann] Christoph Blumhardt

Möttlingen, den 25. Februar 1844.

---

94 Die Erweckung der Möttlinger Kinder hält er dagegen nur unter „einfacher Beaufsichtigung". Ein Abgleiten der Kinderversammlungen in Schwärmerei findet nicht statt; sie lösen sich mit der Zeit auf (Brief Nr. 13, Anm. 103).

95 Johann Georg von Handel (1777–1856), 1820 Missionslehrer in Basel, 1826 Pfr. in Stammheim bei Calw.

96 Mit seiner Frau (Sophie Handel geb. Eidenbenz, 1774–1863).

97 Immanuel (hebr.); mit uns ist Gott.

12. Blumhardt an (Christian Gottlob Barth). Möttlingen 27.2.1844

LKA Stuttgart, D 50, Kapsel I A 2/III
Druck: Blumhardt, *Briefe* 3, 204 f.

„Förmliche Satansangriffe" auf die Beichtenden. Versammlung der Möttlinger in monatlichen „Conferenzen". Überlegungen zum Ursprung von Gerüchten. Wiederholte Bitte, um eine Ausgießung des Heiligen Geistes zu beten.

Lieber Bruder!

[...] Die Ueberlaufenheit ist freilich groß und geht fast über alle Grenzen. Mit neuen Leuten von hier gehts zwar langsamer, wiewohl täglich 1 oder 2; aber die bisherigen bringen immer wieder neue Anliegen, indem ihnen alte Sünden aufgedeckt werden, die sie eben nicht bei sich behalten können; und merkwürdig, daß oft das Gröbste vom Feind ihnen bisher ganz zugedeckt war. Förmliche Satansangriffe erfahren dazu noch viele Personen, mit mehr oder weniger auffallenden Umständen verknüpft. Kopfweh oder Magendruck oder Zittern in den Gliedern oder Zuckungen oder Alles zusammen, und dabei Kraft- und Muthlosigkeit zum Gebet, böse, wunderliche und lästerliche Gedanken, Mangel an Hörkraft fürs Wort, Neid, Zorn u.s.w. sind gewöhnliche Kennzeichen; und den auffallendsten Fall hatte ich vorgestern mit des M. Tochter, die noch um 10 Uhr der Vater herbrachte. Gestern aber hatte ich von 7 Uhr Morgens an den ganzen Tag solche Personen bei mir. In der Regel bin ich in ein Paar Minuten damit fertig, und der HErr läßt so Sein Werk immer siegreicher fortlaufen. In Haugstett aber wirds bald so lebhaft als hier. Um hier durch die Länge der Zeit nichts einzubüssen, habe ich jezt monatliche Conferenzen[98] eingerichtet, und gestern Abend hatte ich die ledigen Buben bei mir (31 an der Zahl, sämmtliche ledige Mannschaft meines Wissens, wie des Kopp Sohn, so der Stollin Jakob); und wir waren von 8 Uhr bis ½ 11 Uhr beieinander. Köstliche Stunden für mich; ich sprach mit jedem einzeln, und alle waren offen, fröhlich und dabei zarten Gewissens, daß ich nicht genug mich verwundern konnte. Heute und morgen die verheiratheten Männer in 2 Abtheilungen, die Weiber am Donnerstag und Freitag, und die Töchter[99] am Montag und Dienstag der nächsten Woche. – Der Teufel bringt allerlei auf; bald hieß es unter denen, die sich sperrten, meine Mägde horchen die Bekenntnisse an der Thüre ab; bald, wie in Haugstett, *du* habest mir gerathen, niemand mehr zu mir zu lassen. Lezteres ist theilweise Folge davon, daß man deine früheren Ansichten wußte über die Geister Geschichte,[100] theils und hauptsächlich eines Gesprächs des *Bezner* bei einem Taufschmauß auf dem Puderhof, da der Hirschwirth von Haugstett dabei war, kurz nach den Feiertagen, und der gute Bezner eben auch nicht vorsichtig genug war, sondern mehr als zu erkennen gab, daß meine Handlungsweise nicht Jedermanns Beifall finde.[101] Das lasse ich; aber dem Bezner sage doch bei

98 Um zu verhindern, dass die Erweckung als Strohfeuer erlischt, wird diese in Form der Konferenzen (später „Versammlungen“ in Möttlingen und Unterhaugstett) institutionalisiert. Hier gibt Blumhardt Ratschläge für das künftige Zusammentreffen. Der Versammlungsort soll wechseln; alle Teilnehmer sollen reden; er warnt vor „Auswüchsen schwärmerischer Art“, vor Eigenliebe und geistlichem Stolz (*Mitteilungen,* 113).

99 Die ledigen Frauen im Unterschied zu den verheirateten „Weibern“.

100 Zu Barths Kritik an Blumhardts Verhalten: Brief Nr. 9 mit Anm. 76.

101 Ludwig Friedrich Bezner (1788–1850), 1820 Missionar in Russland, 1831 Pfr. in Altburg bei Calw. Er gehört zu denjenigen in der Möttlinger Umgebung, die Blumhardts Deutung des „Kampfes“ und sein Verhalten in der Erweckung kritisieren. Aus Blumhardts Sicht lässt Bezner eine sachliche Diskussion nicht zu (an Barth 14.6.1845; *Briefe* 3, 290): „Er opponirt aber so hitzig, scharf, schreiig und in den Tag hinein, dabei auch so, ohne eine Möglichkeit zu lassen, an ihn zu kommen, daß es mich jedes Mal in den Nerven angreift, der ich ohnehin immer im Gedränge bin.“ – Die Einwände des Althengstetter Pfarrers Ludwig Friedrich Schmid (1798–1860) sind dagegen diskussionswürdig und decken Schwachstellen der Blum-

Gelegenheit, wie viel davon abhängen könne, was man in solchen Gesellschaften rede. Sonst hats nichts zu sagen. Die Kraft des HErrn geht durch Alles siegreich durch; und wie ich bisher in der alten Geschichte ausgehalten, so thue ichs auch jezt, daß ich, so viel an mir ist, dem Teufel keinen Raum mehr lasse und dazu nicht nachlasse, um das *lezt Berührte*[102] zu bitten, weil ich fest überzeugt bin, daß es kommen *muß*. Das wie viel überlasse ich freilich dem HErrn; aber erbeten muß es seyn. Und nun, lieber Bruder, hilf doch dazu, daß man in diesem Stücke mich nicht abermals stecken lasse. Meine Schultern wollen mir fast zu schwach seyn, wenn ichs allein tragen soll; und die hiesige Bewegung ist nichts Gewöhnliches, man darf also noch mehr hoffen. – Das Heilige Abendmahl war köstlich.

[…] Herzlichst grüßend

Dein [Johann] Christoph Blumhardt.

Möttlingen, den 27. Februar 1844. […]

---

hardtschen Argumentation auf (LKA Stuttgart, D 51; zitiert in Blumhardt, *Briefe* 4, 257): Die „Orakelsprüche" der Gottliebin Dittus würden von Blumhardt als „neue Offenbarungen" angenommen. Dessen so entstandene Dämonologie wird als „unbiblische übertriebene Ausdehnung dämonischer und diabolischer Wirksamkeit" bezeichnet; auch die Erwartung einer nahe bevorstehenden neuen Geistausgießung sei unbiblisch. Schmids Schlussfolgerungen sind allerdings an Schroffheit nicht zu überbieten: Blumhardt habe sich in einen „geistlichen Hochmut" hineingesteigert; es sei nötig, „sich im Interesse der Sache des Reichs Gottes von seiner Gemeinschaft loszusagen."

102 Eine neue Ausgießung des Heiligen Geistes (Brief Nr. 11).

13. Blumhardt an Christian Gottlob Barth. Möttlingen 7.3.1844

LKA Stuttgart, D 50, Kapsel I A 2/III
Druck: Blumhardt, *Briefe* 3, 207 f.

Auch Erweckungen von Kindern ereignen sich.

Möttlingen, den 7. März 1844.

Lieber Bruder!

[…] Was soll ich aber auch schreiben? Es geht über alles Denken und Verstehen; daß ich nur die Kindererweckungen[103] berühre. Alle Kinder kamen gruppenweise aus eigenem Antrieb und wollten gesegnet seyn; selbst 3jährige Kinder laufen ins Haus und mir zu. Nun sieht man überall Kinderversammlungen, die singen und knieend beten, eins nach dem andern. Dabei aber alles einfach, herzlich und bis zu Thränen rührend, mitunter auch drollig. So hörte ich gestern, z. B. habe ein Kind gebetet: „Sag' em Teufel ganz a, lieber Heiland; jag' e ganz aus em Flecka naus." Dann hörte man eins rufen: „jezt thun mir aber meine Knui[104] wai; aber nein, Teufel, jezt bleib' e erst liege, du derfsts net gwinna" u.s.f. Sonst Schade, daß ich die vielen Anecdoten alle vergesse, die auch sonst vorkamen, […?] zu viel höre. Besonders vom Geist Gottes erfüllt als eine andere Hanna[105] ist die alte Volle, von der ich nicht genug hören

103 Vgl. Blumhardt, *Mitteilungen*, 112: „Ich konnte und wollte übrigens auf diese Kinderversammlung nicht besonders einwirken, verbot das auch außer einer einfachen Beaufsichtigung anderen Personen, weil sie nur Wert haben, wenn sie natürlich und kindlich bleiben. Es wird auch niemand befremden zu hören, daß sie nicht in die Länge bestanden. Die Gebete erhielten bald etwas Mechanisches, und die Zusammenkünfte verloren sich allmählich […]."

104 Knie.

105 Die Prophetin Hanna in Jerusalem erkennt Jesus als den Messias; „sie redete von ihm zu allen, die da auf die Erlösung zu Jerusalem warteten" (Lk 2, 36. 38).

kann, was ihr Ernst und ihre Wort- und Gebetskraft in den Spinnstuben etc. eindringt u.s.w. u.s.w. Ach, daß ich dir *Alles* sagen könnte! Doch ich muß warten; die Zeit wird alles machen.

Heute das Monatsblatt, wofür ich mir besonders Zeit ausbat. Haugstett lauft auch gewaltig.

Herzlich den lieben Zaremba grüßend und dankend

Dein [Johann] Christoph Blumhardt [...]

14. Blumhardt an (Christian Gottlob Barth). Möttlingen 6.4.1844

LKA Stuttgart, D 50, Kapsel I A 2/III
Druck: Blumhardt, *Briefe* 3, 216 f.

Blumhardt hat keine Ruhe mehr zu „äußerlichen" Arbeiten. Gottesdienstbesucher kommen auch von außerhalb. Die Möttlinger Kirche kann die Predigthörer nicht fassen.

Lieber Bruder!
Die Briefe habe ich gestern noch lesen können. Herzlichen Dank dafür. Antworten oder schreiben kann ich nicht. Denn ich bin im ärgsten Gedränge. Ueberhaupt sehe ich jezt nicht mehr hinaus. Alles stockt, was ich äußerlich zu thun habe. Denn ich habe keine Ruhe mehr, keinen AusruheAugenblick, daß ich wirklich kaum mehr Besinnung behalte für andere Arbeiten. Gestern! was war das für ein Tag; und morgen – wahrlich, der ganze Raum um die Kirche her reicht nicht mehr hin.[106]

---

106 Am Karfreitag (5. April, „gestern") und am Ostersonntag (7. April, „morgen") hält Blumhardt jeweils zwei Gottesdienste (PfA Möttlingen; Amtskalender). Wegen des großen Andrangs vereinbart er mit der Möttlinger Gemeinde, dass sie Ortsfremden den Platz in der Kirche überlassen und sich um die Kirche her versammeln solle, „weil sie sich doch nicht ohne großen inneren Schaden durch die Massen hindurchdrängen könnte" (*Mitteilungen*, 114). Vgl. Ising, *Blumhardt Leben und Werk*, 181 f.

Ein Beweis, wie noth es thut, daß auch die andern Brüder die Thore öffnen. – Das Monatsblatt[107] heute nicht mehr, wiewohl es heute noch fertig werden *muß*.

Herzlich grüßend

Dein [Johann Christoph] Blumhardt

Möttlingen, den 6. April 1844.

15. Blumhardt an (Christian Gottlob Barth). Möttlingen 10.4.1844 (II)

LKA Stuttgart, D 50, Kapsel I A 2/III
Druck: Blumhardt, *Briefe* 3, 217 f.

Konsistorialdirektor Knapp ist von der Möttlinger Erweckung beeindruckt.

Lieber Bruder!

[...] Am Ostermontag war Knapp[108] da und brachte die Karli.[109] Ich machte mich gleich ans Hauptgeschäft und declarirte meine Satansgeschichte. Er schauderte, und auf meine Aeusserung: „Diese Dinge kann ich doch wohl nicht schriftlich machen!“ sagte er: „Nein, das können Sie nicht!“ Somit bin ich einer schriftlichen Erklärung darüber gegen das Consistorium überhoben, wie ich denke.[110] Noch mehr! Er sah das Gedränge und Gelaufe,

107 Für Barths Calwer Verlagsverein verfasst Blumhardt in den Jahren 1839–1853 die *Monathsblätter für öffentliche Missions-Stunden,* eine Handreichung für Pfarrer, die ihren Gemeinden aktuelle Informationen aus den Missionsgebieten zukommen lassen wollen. Dies bringt ihn wiederholt in Zeitnot; vgl. Ising, Einführung Möttlingen (Blumhardt, *Briefe* 4, 15 f.).

108 Dr. jur. Hermann von Knapp (1801–1859), 1839–1850 weltliches Mitglied des Stuttgarter Konsistoriums, 1843 Direktor des Königlichen Studienrats.

109 Adoptivtochter Hermann von Knapps, 1844 als „Haustochter“ im Möttlinger Pfarrhaus.

110 Dennoch fordert das Konsistorium am 28.6.1844 einen Bericht über die Entstehung der Möttlinger Erweckung (Brief Nr. 7, Anm. 54).

namentlich der Fremden, daß ich immer wieder von ihm wegspringen mußte und kaum eine ganze Viertelstunde einmal ungenirt bei ihm seyn konnte. Das gab Anlaß zu einer festen Erklärung über meine Praxis und die Gebrechen der Kirche in solcher Hinsicht. Er wollte Anfangs nicht recht dran, denn das katholische Absolviren[111] oder das Päpsteln fürchtet er natürlich auch. Indessen merkte er, was bei mir herauskam, und was geschah! von freien Stücken bot er sich an, mich zur Brüderconferenz zu begleiten. Da sprach ich nun auch in seiner Gegenwart, die Möttlinger gaben Zeugniß – und kurz und gut, Knapp wurde befriedigt und schied auf eine Weise, daß ich an ihm gewiß eine Stütze habe. Das hat der HErr gethan!

Eilendst Dein [Johann] Christoph Blumhardt
Möttlingen, den 10. April 1844.

---

111 Blumhardts während der Möttlinger Erweckung geübte Privatbeichte und Privatabsolution ist von Amtskollegen in die Nähe der katholischen Beichtpraxis gerückt worden. Im Hintergrund steht die Kritik an der anglikanischen Oxfordbewegung (u. a. Edward Bouverie Pusey; vgl. Blumhardt, *Briefe* 3, 218), die nach katholischem Vorbild einen reich ausgestalteten Kultus pflegt. Hier gerät Blumhardt in die Schusslinie. Man unterstellt ihm Beichtzwang, das in Martin Luthers *Kurzer Vermahnung zu der Beicht* abgelehnte Martern der Gewissen, das zum Produzieren unendlicher Bekenntnisse führen kann. Blumhardt widerspricht, eine „katholisierende Nötigung" liege ihm fern, ebenso die Vergebung einzelner Sünden, ohne auf eine umfassende Bußgesinnung abzuheben. Zur Rechtfertigung von Privatbeichte und Privatabsolution stützt er sich auf die Testamentsworte Jesu (Mt 16,19; Joh 20,23 u. ö.), die *Confessio Augustana* (Artikel 11; BSLK, 66) und den Katechismus Martin Luthers (*Großer und Kleiner Katechismus:* „Eine kurze Vermahnung zu der Beicht"; BSLK, 725–733 und „Wie man die Einfältigen soll lehren beichten"; BSLK, 517–519). Vgl. Blumhardt, *Mitteilungen*, 98; *Verteidigungsschrift*, 230–232.

16. Blumhardt an Karl (und Maria) Köllner. Möttlingen 12.6.1844

LKA Stuttgart, D 50, Kapsel I A 2/I
Druck: Blumhardt, *Briefe* 3, 233

Blumhardts Rückreise vom Basler Jahresfest. Doris Blumhardt vertritt ihren Mann in der Gemeinde. Sie wird durch Gebet geheilt.

Herzlichst geliebte Eltern!
Obwohl meine Zeit kaum es gestattet, kann ich's doch nicht unterlassen, eiligst zu schreiben. Vorerst nochmals den herzlichsten Dank für alle Liebe; es war mir so wohl bei Ihnen, daß es mir doch schwer wurde fortzukommen, obgleich Sie bald auch uns besuchen. Unsre Reise[112] ging gut von Statten; nur kamen wir erst gestern morgen um 5 Uhr an. Sämmtliche Möttlinger warteten bis Nachts 2 Uhr, die Einen mitten auf dem Wege nach Merklingen, Andere in dem Wirthshaus von Kraushaar, und hatten Laternen, Gesänge u.s.w. bereit; aber sie konnten dann nicht länger warten. Auch die Nachbarschaft wollte Antheil nehmen, und von Merklingen bekamen wir einen schönen Kranz ins Haus.

Wie gut ich Alles angetroffen, kann ich nicht beschreiben. Die liebe Doris hat unbeschreiblich viel gethan durch Haus- und Krankenbesuche, durch ihr Ringen und Kämpfen in den Gebetsversammlungen, und hat auch in Haugstett Besuche gemacht, wo sie nun

---

112 Zusammen mit Barth hat Blumhardt an den Jahresfesten der Christentumsgesellschaft in Basel vom 3.–7.6.1844 teilgenommen (vgl. Brief Nr. 6, Anm. 44). Als ehemaliger Missionslehrer trifft er alte und neue Bekannte und nutzt die Gelegenheit zu öffentlichen Auftritten, um von den Möttlinger Erfahrungen zu berichten, etwa auf der Generalkonferenz der Missionsgesellschaft am 6.6.1844 (Basel, *Komitee-Protokoll* 17, 130 f.; vgl. Blumhardt, *Briefe* 4, 222 f.). Er besucht die Schwiegereltern Karl und Maria Köllner im nahegelegenen Sitzenkirch (Südschwarzwald); am 11.6. kehrt er nach Möttlingen zurück.

die Frau Seelsorger[113] heißt. Sie selbst mußte aber fest hinstehen, denn angefochten wurde sie so sehr, daß sie am lezten Dienstag fast aufgegeben war. Sie hatte längere Zeit keinen Athem mehr;[114] die Mägde sandten nach Hülfe, und die Getreuen kamen, Mose Stanger, der Schneider Fischer und Andere, und durch ihre Gebete und der Doris starken Glauben wurde es so schnell besser, daß sie am andern Morgen in die Kirche konnte, fröhlich und vergnügt. Da fing aber auch Alles zu weinen an, als man sie sah. Was wird aber jezt wieder geredet in der Nachbarschaft! Alles ist voll von dem, was hier vorgeht! O liebe Eltern, kommet doch bald! Ich kann's unmöglich Alles beschreiben, namentlich auch, was im Geiste bei den lieben Leuten durch des HErrn Gnade vorging. Sehen, sehen muß man's! Arbeit aber habe ich so viel, daß ich kaum weiß, wo heraus. Doch der HErr wird die Thüre öffnen.

Herzlichst grüßend, aber höchst sehr eilend, auch meiner Mina[115] freundlichst gedenkend

Euer [Johann] Christoph und Doris.

Möttlingen, den 12. Juni 1844.

---

113 Blumhardt legt Wert darauf, seine Frau an seelsorgerlichen Aufgaben zu beteiligen. Er bereitet die Verlobte darauf vor, „unseres Berufes als Seelsorger […] eingedenk" zu sein (an Doris Köllner 25.8.1837; *Briefe* 1, 451). Als Ehefrau nimmt sie das Angebot an und entwickelt darüber hinaus Eigeninitiative, etwa bei der Gründung einer Strick- und Nähschule in Möttlingen. 1848 stellt Blumhardt fest (Brief Nr. 36): „Wo sie hinkommt, ist's, wie wenn ich käme, nur daß sie subtiler das Nöthige anzubringen weiß als ich." Die hohen Ziele müssen letztlich den gesellschaftlichen Bedingungen Tribut zahlen und enden in der damals üblichen Rollenverteilung zwischen Mann und Frau. Das Selbstverständnis des Ehepaares Blumhardt kann die Gendermodelle des 19. Jahrhunderts auf interessante Weise ergänzen. Vgl. Ising, *Blumhardt Leben und Werk,* 323 f.

114 Einen weiteren Fall von Atemnot schildert Brief Nr. 20 vom Dezember 1844.

115 Wilhelmine (Mina) Keerl (1803–1897), eine Tochter von Maria Köllner verw. Keerl und damit Doris Blumhardts Halbschwester.

17. Blumhardt an Christian Gottlob Barth. Möttlingen 4.7.1844

LKA Stuttgart, D 50, Kapsel I A 2/III
Druck: Blumhardt, *Briefe* 3, 237

Anschläge auf Gottliebin Dittus.

[...] Lieber Bruder! Jezt kommt's ernsthaft. Auf die Gottliebin fallen jezt Mordanschläge. Ein fremder Mann, anscheinend von Stand, schlich gestern Morgen, den Augenblick auspassend, in ihre Küche und schlug ihr so derb ins Gesicht, daß sie unmächtig[116] niederstürzte. Etliche Stunden darauf kamen 2 andere in die Stube, die gleichfalls Böses im Schilde führten, aber, weil auch Hans Jerg[117] da war, ohne ein Wort zu sagen wieder fortgingen, etc. Anderes, was auf mich gemünzt scheint, mündlich. Das ist denkwürdig!![118] *Behalt's für dich und antworte nicht drauf!*

Herzlich grüßend
Dein [Johann] Christoph Blumhardt.
Möttlingen, den 4. Juli 1844.

116 Ohnmächtig.
117 Gottliebins Bruder Johann Georg (Hansjörg) Dittus.
118 Blumhardt versteht die Vorgänge als Widerstand der finsteren Kräfte gegen ihre endgültige Zerstörung (vgl. Brief Nr. 18).

18. Blumhardt an Karl (und Maria) Köllner. Möttlingen 16.7.1844

LKA Stuttgart, D 50, Kapsel I A 2/I
Druck: Blumhardt, *Briefe* 3, 239–241

Brandstiftung im Stall des Möttlinger Pfarrhauses. Der Brief eines Mannes mit Mordgedanken.

[*Doris Blumhardt:*] Möttlingen, 16. Juli 1844 – Christophs Geburtstag

[*Johann Christoph Blumhardt:*] Theuerste Eltern! [...] Sie haben etwas gemerkt und gehört von der Gefahr, in der die Gottliebin steht. In derselben Gefahr steht auch unser Haus; und während Sie hier und in Kornthal waren, blieb ich oft bis 2 oder 3 Uhr Morgens auf, weil ich Böses ahnete, auch öfters trotz meiner speziellen Wachsamkeit die Hinterthüre Morgens offen angetroffen wurde. Lezten Freitag Nachts 12 Uhr hörten wir oben etwas hereinfallen (es ist nämlich die Wand des oberen Gastzimmers durchgebrochen). Wir untersuchten das ganze Haus, schlossen Alles fest zu; und indessen hörte die Magd Leute über den Kirchhof springen. Um 2 oder 3 Uhr legten wir uns zur Ruhe. Danach kamen nachher wieder Leute herein, denn unsre Waschkammer neben der Studirstube war aufgebrochen und die Waschstange zu Boden geworfen. Um 5 Uhr darauf weckte Gottlieb, weil die Mutter abfahren wollte.[119] Ich stand auf und weckte die Magd und ging hinab, fand aber die Hausthüren wohl verschlossen. Schon legte ich mich wieder nieder, als plötzlich die Mägde mit entsezlichem Geschrei riefen: „Herr Pfarrer, in den Stall!“ Ich sprang auf; und das Stroh im Stall brannte lichterloh in

119 Der Kutscher Gottlieb steht bereit, um Blumhardts Mutter Johanna Luise geb. Deckinger von einem Besuch in Möttlingen heim nach Stuttgart zu fahren (Blumhardt an Barth 13.7.1844; Blumhardt, *Briefe* 4, 227).

die Höhe, und die Hinterthüre war jezt offen. Die gute Karli[120] war schon ins Ort[121] hineingesprungen und schrie: „Feuer und Wasser!" So kam schnelle Hülfe. Der Rauch war schreckhaft, doch verbrannte nichts als Stroh, und nur etliche Bretter wurden etwas verderbt. Die Sensation in der ganzen Umgegend ist jezt groß. [...] Im Nebenstall unten fand man Schwefelhölzchen; der Mordbrenner aber muß die ganze Nacht dort gewesen sein, aber kein Feuer zuwege gebracht haben. In der Nacht auf den Sonntag wachten Mose und Christian (Schreiner),[122] und doch war in der Kammer, wo Gottliebin schlief, einer, der Schrecken verursachte, aber davon sprang und nirgends gefunden werden konnte. Des Morgens war abermals die Hinterthüre offen. Auf den Montag wurde noch genauer visitirt, denn man hatte Spuren, daß wieder etwas im Hause sei. Man fand nichts, aber die Hinterthüre war wieder offen. Auf heute war's wieder so. Solches Alles ist ein Beweis, daß Großes vorgeht. Was es für Leute sind, begreife ich. Sie kommen vielleicht weit her; der HErr sizt im Regimente.[123] [...] Der Name des HErrn ist ein festes Schloß, der Gerechte läuft dahin und wird beschirmet.[124] Seit 2 Jahren haben wir's gelernt, dem HErrn zu vertrauen. Wenn wir uns zu Bett legen, so schlafen wir so ruhig wie kleine Kinder. Ach! das ist ein Glück, das ich Niemandem zu beschreiben vermag. Lassen Sie sich's darum nicht anfechten, daß ich ehrlich Alles geschrieben habe, und kommen Sie ja nicht in Furcht. Freuen Sie sich mit

120 Karli Knapp; vgl. Nr. 15, Anm. 109.
121 Ins Dorf.
122 Mose Stanger und sein Bruder Christian.
123 Vgl. Paul Gerhardts Lied „Befiehl du deine Wege" (EG Nr. 361), Strophe 7: „Auf, auf gib deinem Schmerze/ und Sorgen gute Nacht,/ laß fahren, was das Herze/ betrübt und traurig macht;/ bist du doch nicht Regente,/ der alles führen soll,/ Gott sitzt im Regimente/ und führet alles wohl."
124 Spr 18,10.

uns, daß wir so viel Feinde haben,[125] denn um so gewisser sind wir Gottes Freunde. Im Glauben aber unerschütterlich auszuharren, das ist unsre Aufgabe! – Ich schließe, der lieben Doris noch Platz lassend, mit den herzlichsten Grüßen an Sie und die l[iebe] Mina und bleibe

Ihr dankbarer Sohn [Johann] Christoph. […]

[*Am Rand der ersten Seite:*]

N[ota]B[ene]. Gestern fand ich noch einen mit Bleistift geschriebenen Brief im Hausöhrn,[126] der von einem Manne herkam, der bis 4 Uhr Morgens im Haus gewesen war, mit Mördersgedanken, und nun schreibt, daß er zahm geworden sei, aber so in Verzweiflung, daß er nahe daran sei, das Messer sich selbst in die Brust zu stoßen, das er in unser Herz stoßen wollte etc. Ein merkwürdiges Actenstück.[127] Auch den Namen habe ich herausgebracht. Das nächste Mal mehr!

---

125 Anspielung auf den Artikel der Stuttgarter liberalen Tageszeitung *Der Beobachter*, Nr. 134 vom 12.7.1844 (vgl. Blumhardt, *Schriften* 2, 33 f.). Unter der Überschrift „Wallfahrten der Protestanten" macht man sich über den Zulauf zu Blumhardts Predigten und Seelsorge lustig. Blumhardt erscheint als „der Löwe des Tages", als einer, „der den Beichtenden ihre Sünden vergibt" und „Orakel, das den Frommen die letzten Zeiten verkündet". Man bezeichnet ihn als „Gebetshelden" und „Wundertäter, welcher Teufel austreiben kann". Die Angriffe des *Beobachters* steigern sich zu einer Kampagne, die 1846 ihren Höhepunkt erreicht; vgl. Ising, *Blumhardt Leben und Werk*, 228–231.

126 Hausflur.

127 Der Brief ist erhalten (Blumhardt, *Briefe* 3, 239). Den Text gibt Blumhardt im Schreiben an Barth vom 16.–17.7.1844 wieder (*Briefe* 3, 242).

19. Blumhardt an (Christian Gottlob Barth). Möttlingen 26.10.1844

LKA Stuttgart, D 50, Kapsel I A 2/III
Druck: Blumhardt, *Briefe* 3, 261 f.

Blumhardts Sohn Christoph war todkrank.

Lieber Bruder!
Ich bedaure nur, daß ich die freien Stunden, die ich habe, nicht zusammenflicken kann. So brächte ich schon Zeit zu einem Besuche heraus. Aber einen ganzen oder auch nur halben Tag bin ich nie frei. Darunter wird mir ein Besuch immer schwer. Gestern aber kam auch noch eine Heimsuchung. Unser Christoph[128] [...] war beim Aufwachen krank; der Doris träumet's von einem Todtenhemde, mir vom Vater Abraham[129] und Anderem. Betete ich mit dem Kind, so sagte es: „Ja, daß ich auch in Himmel komm'" u.s.w. Gestern Abend warteten wir auf sein Ende, aber das starre, eiskalte Todtengesicht bekam allmälig wieder Wärme, und diesen Morgen tragen sie ihn schon wieder herum. Ich hatte ihn schon hergegeben, denn es wäre eine Krankheit, wie ich noch keine bei Kindern gesehen. Vollkommenes Bewußtseyn, stille Ergebung, liebliches Benehmen durch

---

128 *Christoph* Friedrich Blumhardt („Blumhardt der Jüngere", 1842–1919), 1857 Gymnasiast in Stuttgart, 1859 Seminarist in Urach (Gastschüler), 1862 Theologiestudium in Tübingen, September 1866 Vikar in Spöck/Baden, Dezember 1866 in Gernsbach/Baden, 1867 in Dürnau bei Boll, 1868 Pfarrverweser in Hohenstaufen, 1869 Gehilfe des Vaters in Bad Boll, 1870 Pfarrverweser in Dürnau, 1870 Hochzeit mit Emilie Pauline geb. Bräuninger, 1871 Pfarrverweser in Dürnau und Gruibingen, 1880 Nachfolger des Vaters in der Leitung Bad Bolls, 1885 Verleihung des Pfarrertitels, 1894 Verzicht auf die Rechte eines Gemeindepfarrers für Bad Boll, 1899 Eintreten für die Sozialdemokratie, Niederlegung des Pfarrertitels, 1900–1906 Abgeordneter für Göppingen im Stuttgarter Landtag (SPD) und Hausvater in Bad Boll, 1906 Rückzug von der aktiven Politik, Reise nach Palästina, Malariaerkrankung, 1907 in Jebenhausen (Villa Wieseneck). Schwerkrank hält er bis 1917 gelegentlich Predigten in Bad Boll.

129 Vgl. Gen 22 (Abraham wird die Opferung seines Sohnes Isaak befohlen).

Alles durch, Willigkeit zum Anhören eines Gebets, sonst nur Hitze und kurzer Athem – ich hatte nicht den Muth, ihn herauszubeten, sondern es war mir: „Wie's Ihm gefällt". Doch jezt haben wir ihn wieder! Dem HErrn sei Dank! […]

20. Blumhardt an Christian Gottlob Barth. Möttlingen 4.12.1844

LKA Stuttgart, D 50, Kapsel I A 2/III
Druck: Blumhardt, *Briefe* 3, 270 f.

Blumhardts Gebete für das Leben seiner Frau.

Lieber Bruder!
[…] Als Nachtrag zum gestrigen Brief[130] will ich dir noch Einiges mittheilen. Das Schwierigste, was sich erst nachher herausstellte, war, daß sich die liebe Doris durch den Fall die Brust außerordentlich stark innerlich verfallen haben muß. Nach etlichen Stunden, namentlich gegen Abend, und nachdem sie, freilich gegen meinen Rath, viel gesprochen hatte, ging ihr Athem immer schwerer; und gegen Mitternacht auf Montag, da auch das Fieber und wer weiß was Alles noch dazukam, stiegen Krämpfe, Schmerzen, Beklemmungen in so hohem Grade, daß endlich eine Art Todesröcheln sich einstellte. Sie athmete immer langsamer, Gesicht und Glieder erstarrte, der Mund klaffte weit auf, das Au-

130 Am 3.12.1844 hat Blumhardt Barth mitgeteilt (*Briefe* 3, 269 f.), dass seine Frau Doris am Sonntag, dem 1. Dezember, im Schnee ausgerutscht ist und sich den Arm gebrochen hat. Man ruft keinen Arzt, sondern nimmt „unter Gebet und stetem Aufblicken zum Herrn" das Schienen des Arms selbst vor. „Wenn ein Mann den armen Menschen den Glauben an die Gebetskraft wieder herausretten will, so muß er sich selbst in der Stunde der Anfechtung bewähren." Die sich in der Nacht zum Montag einstellenden Komplikationen schildert erst der vorliegende Brief vom 4.12.1844.

genlicht schwand, und endlich war's wie bei Sterbenden, deren lezter Athem mir wohl bekannt ist. Da lag sie ohne Puls und Athem.[131] Es kam mir ganz unerwartet, und ich wollte zagen. Doch faßte ich mich im Blick auf das, was mir meine Doris im Dienste des HErrn ist und noch werden muß, und wagte ein großes Wort im Namen JEsu und hauchte ihr etliche Mal in den Todesmund. Dann schöpfte sie plötzlich aus tiefster Tiefe Athem, schlug die Augen auf, und ich hatte sie wieder. O wie waren wir jezt so dankbar und so heiter! Die übrige Nacht ging sodann recht leidlich vorüber, auch der Montag. Allein in der zweiten Nacht ging's noch zweimal so, doch mit minder schreckhaften Zufällen und so, daß eben allmälig, still und unvermerkt der Athem ausblieb. Der HErr half auf dieselbe Weise. Indessen gestern Morgen um 10 Uhr und Nachmittags um 2 Uhr wollte es wieder so werden; aber ich wurde noch bei Zeiten geholt. Von da an ging's immer besser mit der Brust; und in der Nacht auf heute hat das liebe Weibchen leicht und vortrefflich geschlafen und macht mir jezt die liebsten Guckäugelchen. Auf der Brust fühlt sie fast nichts mehr, und die Hand heilt außerordentlich schnell, und Schmerzen sind schon seit gestern keine mehr dran.[132] Solches Alles erzähle ich sonst eben gerade nicht viel; dir aber wollte ichs doch nicht verschweigen.

---

131 Bereits im Juni 1844 hatte Doris mit Atemnot zu kämpfen (Brief Nr. 16).

132 Am 5.12. kommt es nochmals zu einer Zuspitzung der Krankheit (Blumhardt an die Eltern Köllner 11.12.1844; *Briefe* 4, 251): „Allmählig merkten wir, daß eben auch ein Anflug von Nervenfieber dabei war, das hier ausgebrochen ist und an uns beiden leicht angesezt hatte. Folge dieser Krankheit war es, daß am 5ten Tag Abends 8 Uhr abermals eine beunruhigende Stunde war, in der sie sich förmlich zum Sterben fertig machte, mit Thränen Abschied von mir nahm und sichtbar als zum Sterben erschöpft wurde. Jezt fühlte ich, daß auch ich mich ergeben müßte, während Andere still betend umherknieten." Nach einer Stunde stellt sich eine nachhaltige Besserung ein. – „Nervenfieber" (Typhus), eine Infektionskrankheit mit hohem Fieber, Bauchschmerzen und Verstopfung.

Am Nervenfieber, wie ich glaube, liegen schon 6 Personen, die ich gestern alle besuchte. Aber was meinst du, wenn's auch an mich käme? Ich fühle etwas davon seit einem Besuche beim Tabakspinner und könnte es wohl in die Sache des Herrn allhier reimen.[133] Doch bleibe ich getrost und denke, es muß Alles recht werden; denn der HErr kann sein Werk nicht liegen lassen.

[...] Doch ich schließe eiligst und grüße herzlich als

Dein getreuer [Johann] Christoph Blumhardt

Möttlingen, den 4. Dezember 1844.

21. Blumhardt an (Christian Gottlob Barth). (Möttlingen) (7.12.1844)

LKA Stuttgart, D 50, Kapsel I A 2/III
Druck: Blumhardt, *Briefe* 3, 271 f.

Zum Ursprung von Krankheit. Gründe für das Nichthinzuziehen eines Arztes. Blumhardts biblische Hermeneutik. Doris Blumhardt erholt sich zusehends.

Lieber Bruder!

[...] Meine Theorie über die Krankheiten ist rein biblisch,[134] schon von Kind auf durch Lesen der Bibel, worin ich es als Kind jedermann voraus that, in mir gewurzelt, später immer wieder von mir geahnt und allerdings durch die bekannten Erfahrungen, nicht durch Geistergerede in mir bestätigt und zur Gewißheit erho-

---

133 Das Nervenfieber (Anm. 132) sieht Blumhardt als Folge eigener Versäumnisse gegenüber der Gemeinde (an Eltern Köllner 11.12.1844; *Briefe* 4, 251): „Eine Bußpredigt vor 14 Tagen, in der ich meine früheren Versäumnisse vorzutragen gedrungen wurde, nach Ezech. 34, hat allgemein wieder geweckt." Eine neue Bußbewegung in Möttlingen entsteht, vor allem über Weihnachten 1844 und in der Karwoche 1845 (Blumhardt, *Mitteilungen*, 117).

134 Siehe unten Nachwort, 234–237.

ben. Der oberste Satz ist: Es kommt Alles von Gott etc.; und wenn ich Zeit hätte, so wollte ich dich durch die Bibel so führen, daß du auf 10 nicht einen Spruch deines Systems und Anderer nur auch vorzeigen könntest. Da du aber die Bibel so gut kennst als ich, so laß ich's ohnehin seyn; denn du willst eben nicht sehen, wie so Viele in noch viel Anderem.

Der Glaube ist Pflicht; und alles, was nicht aus Glauben geschiehet, ist Sünde. Wenn nun jemand merkt, dieses oder jenes Uebel sendet mir Gott um dieser oder jener Ursache willen, und merkt, hier sei *Glauben* seine Schuldigkeit, und er ist zu faul, glaubig beten zu wollen (denn Faulheit ist's, warum man nicht glaubt; man läuft eher 10 Stunden weit, denn daß man in sich ginge und mit Ernst die Kniee beugte), so ist solches Nichtglauben Sünde, weils doch mit bösem Gewissen geschieht. Wenn ich solches Gewissen schärfe, so ist dieß Kraft des Worts, die du nicht in Mechanik verwandeln mußst; das Wort Gottes ist eine Kraft, und was es im Gewissen wirkt, ist nichts Erzwungenes und Gemachtes oder Erkünsteltes, du müßtest mich denn anders kennen, als du mich doch kennen solltest. (Solches will ich nicht so hart gesagt haben, als in der Eile es hinkam.)

Es steht nirgends geschrieben, daß man die Hülfe Gottes auf ungeradem Wege, durch einen Winkel hindurch, suchen müsse. Soll mir Gott helfen, so soll er's allein haben und thun (natürlich mit Unterschied), und wer ist Sein Rathgeber gewesen?[135] Das Rathen und Schwindeln der Doctoren und Gott dazu ist doch gewiß nicht ganz richtig,[136] wenn das ein vom Glauben Lebender zusammenfügen will. Solches in der größten Kürze,

---

135 Röm 11,34b.

136 Sein seelsorgerliches Verständnis von Heilung führt Blumhardt im ersten Überschwang der Heilungserfahrungen zur Ablehnung der ärztlichen Kunst; vgl. unten Nachwort, 241.

nur auch zu zeigen, daß ich weiß, was ich will. Ich will nur Biblisches und hange an der Bibel wie keiner von euch allen, indem ich rein die Worte nehme, wie sie lauten.[137]

Gottlob! daß ichs dabei nicht verliere! Bei der lieben Doris gehts Gott sei Dank vortrefflich. Die Finger sehen ganz ordentlich aus und bewegen sich leicht etc. Auch sonst stehts gut.

[…] Herzlichst grüßt
Dein [Johann] Christoph und Doris. […]

22. Blumhardt an (Christian Gottlob Barth). (Möttlingen) (30.1./2.2.1845)

LKA Stuttgart, D 50, Kapsel I A 2/I
Druck: Blumhardt, *Briefe* 3, 278–280

Gottliebin Dittus hatte einen Unfall im Pfarrhaus.

[…] Abends 9 Uhr saßen wir sodann ruhig noch am Essen, als ein Fall uns zu Ohren kam und ein entsezliches Stöhnen. Was war's? Gottliebin ging ohne Licht vom Abtritt heraus, rutscht an Eisstellen bei der Schwelle und fällt so überzwerch[138] hin, daß ihr linker Fuß, eingeklemmt, ihre ganze Schwere fühlen mußte. Sie lag wie ein Sack da, litt furchtbare Schmerzen an

137 Allerdings liest Blumhardt die Bibel nicht unkritisch. „Christus, wie ihn die Apostel geben" ist für ihn die Norm, an der sich entscheidet, ob man ein biblisches Wort jetzt annehmen kann oder auf eine spätere, von Gott gegebene Erkenntnis warten muss. Letzteres gelte etwa für die Offenbarung des Johannes (Blumhardt an Dieterlen 29.1.1858; *Briefe* 5, 154). Andererseits wendet er sich gegen eine historische Bibelkritik, die Teile der Schrift für unecht erklärt (Blumhardt an den Sohn Christoph 15.11.1864; *Briefe* 5, 393): „Die Kritik hat wohl ein Recht, aber ihr Fehler ist, daß sie ausdrücklich Sachen sucht, um gegen die Schrift aufzutreten, nie mit dem Bestreben, zu Gunsten der Schrift auszugleichen. Mit Einem Wort: Feindschaft gegen das Wort ist ihr Hebel."

138 Quer herüber (Fischer, *Schwäbisches Wörterbuch* 6, 74 f.).

dem Fuß und mußte von Vieren in die hintere Stube getragen werden, ohne sich Hülfe geben zu können. Wir konnten sie nicht zu Bett legen, denn der Fuß war schrecklich verlezt. Den Oberleib auf den Sopha gestüzt, visitirten wir den Fuß. Da sah es getreu aus.[139] Um die Kniescheibe her war Alles zerfallen, und das obere Schenkelbein war entweder gebrochen oder geschlizt oder beides zugleich. Denn ich fühlte ein dünnes Bein ungefähr eine Hand breit abwärts gedrückt, das ich kaum für das Schenkelbein halten konnte und doch Bein war, nachher jedoch sich wieder völlig heraufdrücken ließ. Wir mußten uns zusammenraffen und thaten eben wieder das Unsre,[140] Angesichts der Mägde, die alle im Stillen beteten, während sie selbst schrie, daß man's im halben Dorfe hören konnte. Bald war's so, daß wir sie herauflegen konnten, und kurz und gut – der HErr hat's so gelingen lassen, daß nach einer starken Viertelstunde der Fuß wieder gerichtet war und die Schmerzen gewichen; ja, am andren Morgen konnte sie schon wieder in die Schlafstube hereinlaufen, wo sie jezt den Tag über liegt, etwas geschwächt, doch in den Gliedern recht, obwohl Schonung nöthig ist. Wir sagen's weiter nicht viel aus; und doch möchte ich vor Erstaunen über das, was der HErr gelingen läßt, nur Tag und Nacht auf den Knieen liegen! […]

139 Ironische Redewendung im Sinne von: „Da sah es aber schön aus!" Vgl. Fischer, *Schwäbisches Wörterbuch* 3, 579.

140 Wie bei Doris Blumhardts Armbruch im Dezember 1844 holt Blumhardt keinen Arzt, sondern betet und nimmt das Richten und Schienen des verletzten Beins selber vor.

23. Blumhardt an Christian Gottlob Barth. Möttlingen 22.2.1845

LKA Stuttgart, D 50, Kapsel I A 2/I
Druck: Blumhardt, *Briefe* 3, 281

Die Aufnahme von Menschen, die seelische Not leiden, wird von Blumhardt und seiner Frau als „eine Art Beruf" erkannt.

Lieber Bruder!
Weiß weiter nichts Besonderes zu schreiben, als daß gestern meine Frau den George[141] zu einem Besuch in Ostelsheim dahin begleitete. Kaum aber näherte er sich dem Hause, so fing er zu toben an; und wie er seine Mutter in deren Stube erblickte, brüllte er wie ein Ochse mit solcher schrecklichen Gewalt, daß kein Rath mehr übrig blieb, als wieder retour zu fahren. Man trug ihn zum Schlitten herunter, wo er sich ruhig verhielt, bis man abfuhr. So haben wir ihn eben; was es noch werden will, weiß der liebe Gott. Aber ein Ernst ist's. Bei ähnlichen Szenen, die hier schon vorkamen, ist Singen das Beste. Ich hoffe, der HErr werde sich erbarmen und die Gebete erhören. Den Seinen mag die Szene auch gedient haben.

Jezt sieht's merkwürdig aus bei uns; aber wir können nicht anders als hierinnen eine Art Beruf[142] erkennen, dem wir uns nicht entziehen dürfen.

Herzlich mit Doris grüßend

Dein [Johann] Christoph Blumhardt.

Möttl[ingen], den 22. Febr[uar] [18]45.

---

141 Der 16-jährige George Münsinger aus dem benachbarten Ostelsheim hält sich im Möttlinger Pfarrhaus auf. Die Vorstellung quält ihn, alles, was er berühre, werde durch ihn vergiftet. Allmählich wird er unter Blumhardts Gebet, Zuspruch und Handauflegung davon befreit und erholt sich im Juni 1845 „auf eine sehr erfreuliche Weise an Seele und Leib" (Blumhardt an Dekan Fischer 5.6.1845; veröffentlicht in *Akten*, 361).

142 An die damit verbundenen Belastungen der Familie erinnert sich der Sohn Christoph Blumhardt (*Erinnerung an Doris Blumhardt*, 21 f.): „Da waren

24. Blumhardt an (Christian Gottlob Barth). Möttlingen 20.6.1845

LKA Stuttgart, D 50, Kapsel I A 2/I
Druck: Blumhardt, *Briefe* 3, 291 f.

Wilhelm Hofacker zeigt sich als verständnisvoller Freund. Doris Blumhardt hat eine Frühgeburt; ihr Leben ist wiederum in Gefahr. Das Kind Rahel stirbt noch am gleichen Tag.

Lieber Bruder!

[…] Nach einer ganz guten Nacht stand meine Frau gesund auf, und ich ging frohen Muths nach Haugstett und von da nach Liebenzell zu Hoffacker,[143] wo ich um 2 Uhr eintraf. Kaum war ich da, so fuhr meine Chaise an und rief mich wegen meiner Frau nach Hause, die kurz vor 12 Uhr, nachdem sie eben auf dem Bette ein wenig ausgeruht hatte, einen ähnlichen Anfall erhalten habe wie vor 8 Tagen. Das war mir eine herbe Nachricht, denn ich hatte viel mit Hoffacker vor; und diesem selbst kam's so queer, daß er nichts Besseres wußte, als mit mir heraufzufahren. Um 3 Uhr war ich schon hier und traf meine Frau abermals so dem Sterben nahe, daß ich den Augenblick nur durch Einhauchen in den Mund helfen konnte. Das gelang, und die Schwäche nebst den

---

Epileptische, Geisteskranke, Verkrüppelte, Besessene oft tagelang im Hause zu hüten und mußten getragen werden oft unter den schauerlichsten Begebenheiten. Da war z. B. einmal ein Mädchen ins Haus gekommen und unter uns Kinder gegeben, das schauerlich besessen auf allen vieren ging und längere Zeit unsere Gesellschaft war; und in unserem Kinderzimmer stand ein Bett, in welchem eine Wahnsinnige lag, welche dauernd in unsere Familie aufgenommen war."

143 *Wilhelm* Friedrich Immanuel Hofacker (1805–1848), seit 1823 im Tübinger Stift, 1829–1832 Repetent und Stiftsbibliothekar, 1833 Ehe mit Luise geb. Weckherlin, 1833 2. Pfr. in Waiblingen, 1835 2. Pfr. an St. Leonhard in Stuttgart. Wilhelm ist ein Bruder des Predigers der württembergischen Erweckungsbewegung Ludwig Hofacker (1798–1828).

Schmerzen nahm ab. Dießmal war kein Blutverlust da, und der Angriff schien vornehmlich auf die Leibesfrucht gerichtet zu seyn. Sie selbst hatte gar keine Symptome einer Krankheit, weder Hitze noch Fieber, sondern nur Kampf und Schmerz um das Kind. Unterdessen hatte ich doch den lieben Hoffacker ganz bei mir; und der ehrliche Bruder zeigte sich mir in einer Weise, daß ich mehr als einmal mitten unter dem Gespräch weinend ihm um den Hals fallen mußte, endlich nach drei Jahren bangen Harrens einen Mann gefunden zu haben, der mit sich reden ließ, mich verstehen *wollte* und verstand. Er schied gegen 6 Uhr.

Von meiner Frau durfte ich nicht mehr weg. Die Kämpfe im Leib erneuerten sich, zwar nicht so heftig Anfangs wie früher und mit Pausen, aber doch stark genug. Wir mußten uns abermals ergeben und thaten's. Die Schmerzen legten nach Mitternacht auf eine furchtbare Weise zu; und endlich war's nur Ein Geschrei, ja Brüllen, das einem durch Mark und Bein ging. Sie war vollkommen bei sich. Es nahm zu bis zu einem fast unerträglichen Grad für sie und mich. Endlich um 5 Uhr merkte sie, daß es einer Geburt zueile. Wir sandten zur Hebamme; aber noch ehe diese kam, hatte sie das Kindlein geboren. Es kam mit der ganzen Hülle, die Kindlein sonst im Mutterleib haben, als ein Sack, ohne allen Blutverlust, der nur nachher in geringem Grade Statt fand. Das Säckchen wurde geöffnet, und ein Paar Athemzüge waren noch sichtbar. Es ist ein Töchterchen, eine Miniature von einem Menschen, das die Hebamme und alle in Erstaunen sezte. Ein kleines, zum übrigen Leibchen verhältnißmäßiges Köpfchen, was sonst nicht der Fall ist. Die Gesichtszüge und alle Gliedmaaßen vollkommen ausgebildet. Es hat ein schönes weißes Härchen, Augenbrauen, Nägel an den Fingerchen, und ist doch erst eben 6 Monate alt. Wir sind nicht traurig, so unerwartet es uns kam. Aber wir fühlen, der HErr hat's gut gemacht. Viele verwundern sich drob, ich muß mir auch das gefallen lassen. Morgen Abend um 6 Uhr wirds begraben. Wir lassen die Kinder dabei singen und gedenken des Kindleins in der Zukunft unter dem Namen *Rahel.*[144]

Die liebe Doris ist nicht sehr erschöpft und giebt Hoffnung, daß sie bald wieder erholt ist. Der HErr aber sei gepriesen und angebetet für Alles, was Er thut!

Herzlich grüßend

Dein [Johann] Christoph Blumhardt.

Möttlingen, den 20. Juni 1845. […]

25. Doris Blumhardt an Christian Gottlob Barth. Möttlingen 25.7.1845

LKA Stuttgart, D 50, Kapsel I A 2/I
Druck: Blumhardt, *Briefe* 3, 295 f.

Blumhardts Anwesenheit in Sitzenkirch kann Maria Köllners Leiden nur lindern. Die Kranke hört eine innere Stimme; die Anwesenden ergeben sich in den Willen Gottes.

Möttlingen, 25. Juli 1845

Lieber Bruder!

Mein lieber Christoph ist heute Abend zwischen 6 und 7 Uhr recht glücklich und wohl zurückgekehrt.[145] Da er nun gleich diesen Abend mancherlei zu thun fand und seit Mittwoch nicht mehr aus den Kleidern kam, so

---

144 Auch der am 30.7.1846 geborene Nathanael I. Blumhardt stirbt noch am gleichen Tag.

145 Karl Köllners Frau Maria (Brief Nr. 4, Anm. 33) ist an einem Magenleiden erkrankt; die Ärzte haben keine Hoffnung mehr. Köllner bittet seinen Schwiegersohn Blumhardt, nach Sitzenkirch zu kommen; es könne nur noch „durch ein eigentliches göttliche[s] Wunder" geholfen werden (Köllner an Blumhardt 13.7.1845; Blumhardt, *Briefe* 3, 293 f.). Dieser reist am 21.7. ab; Doris Blumhardt kann ihn wegen Gehbeschwerden nicht begleiten.

übertrug er mir, dir in Kürze zu sagen, wie's bei unsrer lieben Mutter steht. Er traf sie sehr, sehr krank und bekam auch gleich den Eindruck, daß es wohl zum Sterben abgesehen sei.[146] Doch vereinigten sie sich Alle, Nathanael und Fritz,[147] die auch da waren, zu ernstlichem Bitten; Christoph blieb die beiden Nächte bei der theuern Kranken und konnte ihr durch Handauflegung viel Gutes thun, indem die heftigen Schmerzen im Magen und Unterleib, die oft eintraten, schnell nachließen, doch wards nicht so, daß man eine Wendung zur eigentlichen Besserung wahrnehmen konnte. Während dem sie nun alle mit einander zu Ende der letzten Nacht ernstlich beteten, mit Ergebung, aber doch, wenns möglich oder in Gottes Willen läge, um ihre Wiedergenesung, da hörte die liebe Kranke ganz deutlich eine Stimme in ihr, die dreimal die Worte aussprach: „Wenn ich's aber anders machen will?" – und als sie dieses mitgetheilt hatte, wurde es einem Jeden deutlich, was sie nun zu thun hätten; es war gestern morgen 4 Uhr. Von dort an trat stille, freudige Ergebung in aller Herzen in den Vordergrund, und gestern Abend 4 Uhr schied mein lieber Christoph getrost und freudig von allen, auch von der theuern Kranken, die allen Anzeichen nach schnell ihrer Auflösung entgegeneilt. Ihre Natur ist schon ganz ohne Wirkung; Schmerzen fühlte sie fast keine mehr. – – Ach, so darf ich denn die Theure hienieden nimmer an mein Herz drücken! – Der Herr wolle sie vollends im Frieden auflösen! [...]

Herzlich grüßt dich hiemit deine
treuliebende Schwester Doris.

146 Maria Köllner stirbt am 30.7.1845, in der Zeit des geplanten Umzugs der Eheleute Köllner von Sitzenkirch nach Korntal. Karl Köllner hat das Angebot Gottlieb Wilhelm Hoffmanns angenommen, Vorsteher der Armenhäuser der Brüdergemeinde in Korntal, Schlotwiese und Wilhelmsdorf zu werden. Nach dem Tod seiner Frau tritt er das neue Amt an.

147 Marias Söhne Nathanael Köllner und Friedrich Keerl, ein Sohn aus erster Ehe.

26. Blumhardt an (Christian Gottlob Barth).
Möttlingen 9.8.1845
LKA Stuttgart, D 50, Kapsel I A 2/I
Druck: Blumhardt, *Briefe* 3, 298

Gottliebin Dittus war schwer erkrankt. Das Gebet Blumhardts für ihre Heilung wurde erhört.

Möttlingen, den 9. August 1845.

Lieber Bruder!
Hab' auch wenig Zeit, mitunter auch viel durchzumachen, dasmal auch mit der Gottliebin, die am Donnerstag Morgen, seit einigen Wochen etwas leidend an einer Art Wassersucht, damit plözlich heftig erkrankte, daß ein Erbrechen sich stockte und etwas sich aufs Herz warf, vermuthlich Wasser. Es wurde gleich so, daß Alles zusammenlief und ihren Tod erwartete. Doch erholte sie sich wieder, wiewohl ähnliche Anfälle bei immer größer werdender Schwäche sich wiederholten. Ihre Stimme veränderte sich; ihre eigene Hoffnung schwand ganz dahin. Die Nacht ging leidlich durch auf den Freitag. Dann kam's immer heftiger, Todeszüge immer deutlicher, bis Erbrechen von geronnenem Blut in sehr häufiger Menge kam. Da sie aber schon 24 Stunden nichts mehr gegessen hatte, fehlte es an Kraft. Das ganze Haus stand um ihr Bett, wir beteten, sangen ein Sterblied, ich selbst hatte keinen Muth mehr zu beten, weil sie mich jedesmal unterbrach: „Es ist keine Hoffnung", ja endlich uns bat: „O saget: Ja!" Plözlich aber, da ich fühlte, daß sie eigentlich ersticken müsse, änderte sich meine Stimmung, und ich dachte, soll sie sterben, so soll sie wenigstens nicht ersticken; ich flehte um Kraft, und sie merkte, daß es wirkte. Ich wurde kühner, und – in weniger als 5 Minuten war alle Gefahr vorüber; selbst was erbrochen werden sollte, fühlte sie abwärts sich wenden, ja sie war

vollkommen gesund, daß sie sogar Träublein essen konnte, und nur Mattigkeit war noch da, die sie aber nicht einmal bei vielen Besuchen und allem Kindertumult weiter angriff. Es war ¾ auf 10 Uhr Morgens, und ich schlug durchs Loos für den Bußtag etwas auf.[148] Es war das Wort der Hanna 1. Sam. 2[149] – der 15. Januar. – Daß am Leben der Gottliebin mir gegenwärtig viel liegt,[150] wirst du begreifen. Aber wie hat mich doch diese Erfahrung nach 24stündiger Sorge und Angst wieder gestärkt! oh! der HErr sei gelobet und gepriesen!

[…] Herzlichst grüßend Dein
[Johann] Christoph Blumhardt.

27. Blumhardt an (Ludwig Friedrich Fischer).[151]
(Möttlingen) (vor 29.10.1845)

LKA Stuttgart, D 50, Kapsel I A 1 (Entwurf)
Druck: Blumhardt, *Briefe* 3, 303–306

Aufzählung der Krankheiten, bei denen man Blumhardt um Hilfe bittet. Sündenbekenntnis und Handauflegung. Religiöse Bewegungen andernorts. In einigen Fällen

---

148 Blumhardt benutzt die *Täglichen Losungen und Lehrtexte der Brüdergemeine* (Brief Nr. 6, Anm. 53).

149 Der Lobgesang der Hanna 1Sam 2,1–10. Darin heißt es: „[3] Laßt euer großes Rühmen und Trotzen, noch gehe freches Reden aus eurem Munde [vgl. unten Anm. 150]; denn der Herr ist ein Gott, der es merkt, und läßt solch Vornehmen nicht gelingen […] [6] Der Herr tötet und macht lebendig, führt in die Hölle und wieder heraus."

150 Nach Gottliebin Dittus' Heilung Ende 1843 haben viele „es nicht glauben wollen, daß sie gesund sei, und konnten den Gedanken nicht von sich wegbringen, daß ihre Gesundheit nur scheinbar sei" (Blumhardt an die Eltern Köllner 18.10.1844; *Briefe* 3, 259). Wäre sie an der Erkrankung im August 1845 gestorben, so wäre in den Augen der Kritiker auch die Bedeutung des Möttlinger „Kampfes" (1842 – Ende 1843) geschmälert worden, der dann nicht zu einer tatsächlichen Heilung, sondern nur zu einer vorübergehenden Besserung geführt hätte.

151 Ludwig Friedrich Fischer (1780–1857), 1810 Pfr. in Winzerhausen, 1817 2. Pfr. in Göppingen, 1824 Dekan in Calw und damit unmittelbarer Vorgesetzter Blumhardts.

wird keine Besserung erzielt, in anderen kommt es zu erstaunlichen Heilungen. Blumhardts Stellung zu Ärzten und Arzneimitteln.

Euren Hochwürden

beeile ich mich, auf das Schreiben vom 25. dieses Monats mit Bezug auf den Erlaß des Königlichen Consistoriums vom 17.[152] Folgendes amtlich zu erwiedern:

Es ist allerdings wahr, daß sehr viele Kranke der verschiedensten Art zu mir kommen in der Absicht, Hülfe von ihren Leiden zu finden. Vorerst aber ist die Angabe zu berichtigen, daß es Kranke seien, die „theils gleich Anfangs oder doch bald, nachdem ihren Aerzten nicht schnell genug die Beseitigung ihrer Leiden gelungen ist“,[153] hieher kommen. Es sind vielmehr lauter Kranke, die in gar keiner ärztlichen Behandlung mehr stehen, sondern die Jahre lang ihre Leiden schon an sich haben und mit der Bemerkung kommen, sie seien schon bei allen Aerzten herumgekommen, und Keiner habe ihnen helfen können, es sei vielmehr je länger je schlimmer mit ihnen geworden. Viele derselben sind auch schon öfters in Bädern gewesen, und alle – ich sage schwerlich zu viel – bekennen es, in ihrer Noth auch bei Quacksalbern [*gestrichen:* und Zauberern] gewesen zu seyn, deren gar viele einen großen Ruf haben und die sich mit ihren sympathetischen d. h. zauberischen Mitteln an ihnen versuchten.[154] Demgemäß sind es meist desperate

---

152 Am 17.10.1845 geht ein Erlass des Konsistoriums auf dem üblichen Dienstweg über den Calwer Dekan Ludwig Friedrich Fischer an Blumhardt. Der Dekan fügt ein Begleitschreiben vom 25.10. bei und bittet Blumhardt, die im Erlass formulierten Fragen zu beantworten. Blumhardts vorliegende Erklärung – nur sein Entwurf ist erhalten – geht in Reinschrift an den Dekan, der sie mit einem neuen Begleitschreiben vom 29.10.1845 an das Konsistorium weiterleitet (*Akten*, 366), stammt demnach aus der Zeit vor dem 29.10.1845.

153 Zitat aus dem verlorenen Konsistorialerlass vom 17.10.1845.

154 Versuche, Krankheiten zu heilen unter Verwendung von „Geheimmitteln“ wie Totengebeinen, Zetteln mit abergläubischen Figuren und Buchstaben

Kranken, oft ausdrücklich von den Aerzten selbst aufgegeben, die wenigen Fälle ausgenommen, da eine gefährlich kranke Person zu mir schickt mit der Bitte, dieselbe in die Fürbitte zu nehmen. Die Kranken sind vorzugsweise Geisteskranke und Epileptische[155] so verschiedener Art, daß ich mich nicht genug über die Mannigfaltigkeit derselben verwundern kann. Sodann sind es solche, die ein Uebel an sich haben, das sie irgendwie für das gewöhnliche Leben unfähig macht; insbesondere leiden sie am Gliederweh, Reißen in den Gliedern, Rheumatismen in Armen und Füßen oder im Rücken, ferner an Brustbeklemmungen, kurzem Athem, Magenbeschwerden, Unterleibskrankheiten, Nervenleiden, Krämpfen aller Art, besonders im Kopf, an Spannen oder Drücken um den Leib, je und je auch an unheilbaren Wunden, besonders an Füßen, an Hautkrankheiten u.s.f. Es kommen Blinde oder Halbblinde, Taube, Stumme, besonders viele Kinder der lezten Arten, so wie die gichterische Beschwerden[156] haben, an partieller Lahmheit leiden oder auch mit der Krankheit des Bettwässerns behaftet sind oder Urinbeschwerde haben. Viele haben Brüche; auch gegen manche eigenthümlich weibliche Krankheiten wird Hülfe begehrt von schwer Gebärenden. Diese Kranken kommen gewöhnlich am Samstag Abend oder am Sonntag, allerdings in ziemlich großer, aber nicht gerade in steigender Anzahl, besuchen mich und die Gottesdienste und gehen meist nach den lezteren wieder nach Hause. Seltener sind Besuche die Woche über. Im Frühjahr blieben ihre[r] manche längere Zeit hier; aber seit geraumer Zeit lasse ich das nur noch ausnahmsweise, bei geisteskranken be-

---

u. a., wobei der Name Gottes zitiert wird, finden Blumhardts entschiedene Ablehnung. Vgl. Brief Nr. 7, Anm. 56–58.

155 Zu den seltenen Heilungen von Epilepsie: Brief Nr. 28, Anm. 172.

156 Krämpfe.

sonderer Art, geschehen, deren auch gegenwärtig nur 4 außer meinem Hause sich hier befinden.

Was nun meine Weise mit den Kranken betrifft, so war ich zu Anfang dieses merkwürdigen Zulaufs gewohnt, nur den Geisteskranken, wenn ich es für gut fand, unter stillem Gebete die Hände aufzulegen.[157] Später that ich dieses auch bei andern und zulezt bei allen, von denen mich nicht ein individuelles Gefühl zurückhielt. Noch später und jezt schon seit etwa 2 Monaten machte ich mir's zum Gesez, an Samstagen und Sonntagen[158] niemandem mehr, außer den Kindern, die Hände aufzulegen; sondern ich ließ es nur bei geistlichen Ermahnungen besonders zur Buße bewenden[159] und der Versicherung, die Fürbitte ihnen zukommen zu lassen; und nur noch in der Woche, da ich die Personen einzeln vor mir habe, lege ich ihnen je nach Umständen die Hände auf. Im Allgemeinen suche ich ihnen aufzudecken und deutlich zu machen, warum sie Trotz der Verheißungen der Schrift mit ihrem eigenen Gebete bisher nichts zuwege gebracht hätten, indem ich sie auf frühere Sünden aufmerksam mache, von welchen ihre

---

157 Aufgrund des Wortes Jesu Mk 16,18 hat Blumhardt anfangs zahlreichen Kranken die Hände aufgelegt und „die unzweideutigsten Beweise" der Wirksamkeit erhalten (Blumhardt an das Dekanatamt Calw 3.2.1846; in *Akten*, 374 f.). 1845 beschränkt er sich selbst in dieser Praxis, wie der vorliegende Bericht zeigt. Mit Konsistorialerlass vom 23.1.1846 wird ihm schließlich das Handauflegen generell verboten (*Akten*, 369). Darauf wendet er dies nur noch in Ausnahmefällen an, auch wegen des biblischen Gebots: „Lege niemand bald die Hände auf" (1Tim 5,22). Ferner will er das Missverständnis, es handle sich um Magnetismus (hypnotisches Bestreichen), vermeiden. Zu den Ausnahmen gehören Kinder und Säuglinge, die für geistliche Ermahnungen noch nicht zugänglich sind (vgl. Brief Nr. 28).

158 D. h. bei den vor allem an Wochenenden nach Möttlingen kommenden Ortsfremden.

159 Dass Heilung und geistlicher Neuanfang des Betreffenden miteinander zusammenhängen, hat Blumhardt während der Möttlinger Erweckung erfahren. Dabei legt er, wie auch später in Bad Boll, das Hauptgewicht auf die Bekehrung; Heilungen sieht er als deren Nebenprodukt an. Vgl. Brief Nr. 29; Blumhardt an Dieterlen 7.4.1858 (*Briefe* 5, 166 f.); Ising, *Blumhardt Leben und Werk*, 189. 277–279.

Leiden entweder unmittelbare Folgen seien oder für die sie von Gott gestraft werden.[160] Wenn sie diese erkennen und ernstlich bereuen, so könnte ihr Gebet wieder hindurchdringen. Ueberhaupt könne Gott nicht erhören, wenn nicht der Mensch sich ganz für Gott hergebe, also umkehre und sich bekehre. Auch erkläre ich ihnen, wie nothwendig ein Zusammenhalten der einzelnen Glieder, namentlich der Eheleute, sei und wie ohne gemeinschaftliches Gebet der familiell zusammengehörigen Personen Gott nicht geneigt seyn könne, dem Wunsche des Einzelnen zu genügen, um den die nächsten Angehörigen sich nicht mit Anliegen vor Gott bekümmern. Hie und da finde ich auch ein Bekenntniß der Sünden für nothwendig, wiewohl nicht gerade gegen mich,[161] was ich, wie sonst immer, so auch hier möglichst zu vermeiden suche. Ich kann es nur mit Dank gegen Gott anerkennen, wie schnell diese Ermahnungen von den Leuten gefaßt werden und wie namentlich auch die Angehörigen es so gut einsehen, wie wichtig ihre eigene Mitwirkung sei. Von besonderem Werth und Einfluß sind nach Umständen auch Ermahnungen über ehliches Verhalten,[162] welche allezeit von Hohen und Niederen nur mit Dank angenommen werden. Ueberhaupt mache ich die Erfahrung, daß die Hilfesuchenden bereits weich und für christliche Ermahnungen empfänglich geworden sind, daß sie ferner wohl zu unterscheiden wissen,

160 Zum Zusammenhang von Krankheit und Sünde vgl. Brief Nr. 20, Anm. 133; Nachwort, 234–237.

161 Hat Blumhardt 1844 zu Beginn der Erweckung seinen eigenen Gemeindegliedern ein Sündenbekenntnis abgenommen (*Mitteilungen*, 99 f.), so reduziert er nun bei den Ortsfremden das seelsorgerliche Gespräch auf geistliche Ermahnungen und Einladung zu den Möttlinger Gottesdiensten. Dies geschieht zum einen aus Zeitmangel, zum andern um in die Seelsorge der Amtskollegen nicht einzugreifen. Zu Blumhardts späterer generellen Kürze in der Einzelseelsorge: Brief Nr. 52 mit Anm. 366; Nachwort, 244.

162 Zur Sexualität in der Ehe: Brief Nr. 57. Siehe auch Blumhardt, *Mitteilungen*, 102–106; Blumhardt, *Über die Ehe*, 119–123.

wie nicht von mir, sondern von Gott die Hülfe kommen müsse, und wie ihr eigenes Gebet und Betragen am Ende den Ausschlag geben müsse. Ich bemerke bei Allen bereits ein richtiges Gottvertrauen und kann versichert seyn, daß nur in ganz wenigen Fällen, die sich mir augenblicklich kenntlich machen – es mögen kaum 10 bis jezt gewesen seyn – ein abergläubisches Vertrauen Statt gefunden hat. Am meisten kann ich es daran beurtheilen, daß sie sichs so leicht gefallen lassen, ohne alles Weitere sogleich wieder fortgeschickt zu werden, auch wenn sie mit dem Vorsatze gekommen waren, längere Zeit hier zu verweilen und öfters 10–12 Stunden weit hieherfuhren. Auch spricht der Umstand günstig für die Bittsteller, daß in 3 Orten, von welchen sie zahlreicher sich einfinden, dem Vernehmen nach mehr oder weniger religiöse Bewegungen guter Art entstanden sind.

Soll ich nun von dem Erfolge[163] noch etwas berühren, so kommt mich das etwas sauer an, weil ich hierüber lieber die Kranken selbst sprechen liesse. Es ist auch so, daß bei Weitem das Wenigste darüber mir zu Ohren kommt; und nur zufällig erfahre ich es, oft ohne mich nur wieder an die Personen zu erinnern, wie dankbar sie für die erhaltene Linderung oder Genesung seien, auch wo ich ihnen niemals die Hände etc. Viele kommen nicht mehr zum zweiten Mal, weil sie es nicht mehr nöthig haben, viele nur, um mir die erhaltene Hülfe anzuzeigen; Andere kehren mit der Bemerkung zurück, es sei ihnen um Vieles leichter geworden; wieder Andere kommen oft wieder, theils weil die Krankheit so verwickelt ist, daß sie nothwendig längere Zeit zur Heilung erfordert, was namentlich bei Geisteskranken der Fall

163 Neben den in den Briefen, in Blumhardts *Mitteilungen* und der *Verteidigungsschrift* geschilderten Heilungen gibt der Augenzeuge Friedrich Zündel weitere Heilungsberichte (*Lebensbild*, 213 ff. 496 ff.). Vgl. Ising, *Blumhardt Leben und Werk,* 183 ff. 280 ff.

ist, theils weil Mangel an Ernst die Genesung nur langsam vorschreiten läßt; indessen zeugt ihr Wiederkommen von selbst von einer verspürten Wirkung. Nur selten wollen sie gar nichts empfunden haben, was ich ihnen jedoch in der Regel zum Voraus in die Rechnung mitgegeben hatte. Zu den lezteren gehören Personen mit dem schwarzen Staar[164] [*Ein hierhin gehöriger Einschub Blumhardts lässt sich nicht entziffern*] oder sonst geborne oder frühe gewordene Blinde und Taube u.s.w., wenn sie etwa [?] das 10te Jahr überschritten [?] haben [?] oder [...?]. Bei körperlich Gebrechlichen wird häufig zwar nicht das Uebel, aber doch der Schmerz und das Umsichgreifen des Uebels gehoben. Wenn ich Einzelnes nennen darf, so wurden mir dankenswerth die Heilungen mancher Geisteskranken und Besessenen – ich kann nach gemachten Erfahrungen unmöglich dieses Wort vermeiden –, ferner eines erblindeten Kindes mit weißen Tupfen in den Augen, das nur Einmal mich besuchte, nachdem es den Aussagen der Eltern zufolge von ansehnlichen Aerzten als unheilbar erklärt worden war, eines 15jährigen Mädchens mit einem Halsschwamm, eines Mannes mit einer bösen Hand, die schon Tags darauf wie die andere arbeitsfähig war, mancher Halbblinden und Halbtauben, auch Augenkranken, Gliederwehkranken.

164 Schwarzer Star, in der damaligen Terminologie eine Erblindung ohne Linsentrübung, etwa infolge von Sehnerven- oder Netzhauterkrankungen. Auch von Geburt an blinde oder früh erblindete Menschen finden in Möttlingen keine Heilung (siehe unten Z. 9). 1851 stellt Blumhardt fest, beim grauen Star (Linsentrübung) gehe es „besser [...] als beim schwarzen" (an E. Schmidt 30.12.1851; *Briefe* 3, 582). Auch ein erblindetes Kind „mit weißen Tupfen in den Augen" sei geheilt worden (siehe unten Z. 17 f.). Zur Besserung weiterer Augenleiden in Möttlingen und Bad Boll: Brief Nr. 37; Nr. 54, Anm. 391. 393.

Was endlich Aerzte und Arzneimittel[165] betrifft, so ist es wahr, daß ich weder einen Arzt zu Rathe ziehe noch Arzneimittel irgend einer Art anwende. Wenn ich mich hierauf auch nur im Geringsten einlassen wollte, so würde ich meine Stellung und meinen Beruf völlig verfehlen [?], da ich nicht als Arzt, wenn a[uch?] durch Gebet geheilt wird, sondern als Seelsorger zu wirken Beruf habe und ich mir nicht anmaßen [?] wollte, irgendwie in das Amt eines Arztes einzugreifen. Bei all dem ist es keineswegs meine Ansicht, daß Aerzte und Arzneimittel entbehrliche Sachen seien. (Ich will weder die Kenntnisse und Erfahrungen der Aerzte noch Arzneimittel an und für sich angreifen.) Es ist auch ganz und gar nicht meine Weise, förmlich von den Aerzten abzurathen[166] [...] [*Die letzte halbe Seite des in Blumhardts Kurzschrift verfassten Entwurfs ist schwer entzifferbar.*]

---

165 Blumhardt legt der vorgesetzten Behörde seine „Privatansicht" dar, dass „viele Dinge zu Arzneimitteln gebraucht werden, die es nimmermehr werden sollten", und dass „er selbst für seinen Teil wenig Vertrauen mehr zur gegenwärtigen Praxis der Ärzte fassen kann", dies aber „nicht offen vor den Leuten darlegt", um nicht dem „Kredit eines ehrenwerten und von dem Staate und der Gesellschaft geachteten Standes" zu schaden. Blumhardts Kritik, im vorliegenden Entwurf schwer entzifferbar, geht aus dem Konsistorialerlass vom 7.11.1845 hervor, der die Reinschrift des Entwurfs referiert (*Akten*, 366).

166 Im Vergleich zu seinen Briefen an Barth (Nr. 21) und Hermann (Nr. 28) äußert sich Blumhardt hier vorsichtiger zu Ärzten und Arzneimitteln. Jedoch lastet das Konsistorium ihm an, dass er bei der Behandlung von Kranken nie einen Arzt zu Rate ziehe und auch nicht dazu ermuntere. Im Erlass vom 23.1.1846 wird ihm „verboten, die Heilung jeder Art von körperlichen Krankheiten, welchen Entstehungsgrund derselben er auch annehmen mag, in das seelsorgerliche Gebiet hinüberzuziehen, statt die Kranken an den ordentlichen Arzt zu verweisen" (*Akten*, 366. 368), obwohl ein Bericht von Innenminister Dr. Schlayer an den König vom 12.1.1846 feststellt, Blumhardts „Heilversuche" seien „gesetzlich nicht zu verbieten", und auch der König sich am 16.1.1846 dieser Ansicht anschließt (HStA Stuttgart, E 11, Bü. 141). Zum weiteren Verlauf der Auseinandersetzung siehe unten Briefe Nr. 30 und 31; *Akten*, 370–394.

28. Blumhardt an (Otto Hermann).[167] Möttlingen 22.12.1845

LKA Stuttgart, D 50, Kapsel I A 2/I
Druck: Blumhardt, *Briefe* 3, 306–309

Zum Handauflegen bei Kindern. Blumhardts Stellung zu den von Ärzten verordneten Arzneimitteln. Sein Kampf gegen die Epilepsie. Er bemerkt Fortschritte im Reich Gottes.

Lieber Freund!
[…] 4) Dein Händeauflegen namentlich bei Kindern ist recht und freut mich sehr. Warum solltest du nicht dran? Den armen Kindlein hilft in der Regel sonst nichts, denn ihre Uebel sind meist dämonisch. Im Vertrauen einstweilen gesagt, wenn Kinder Luftrohrentzündung oder Halsbräune bekommen, da sie in 2 Tagen gesund und todt sind, ist sehr häufig eine Onanssünde der Eltern nach 1. Mose 38[168] Schuld daran, welche Tod fordert; unter vielen Beispielen habe ich in der vorigen Woche das schlagendste erfahren, da ein bildschöner Knabe von 3½ Jahr das Opfer wurde; die Eltern bekannten ihre Sünden von selbst, aber all mein Beten und Handauflegen war umsonst, während mir sonst kein Kind so leicht mehr stirbt. Aber hier nimmts Gott

---

167 Christian Ludwig *Otto* Albrecht Fürchtegott Hermann (1812–1880), 1843 Pfarrverweser in Gellmersbach, 1846 Pfr. in Unterheinriet, 1847 Ehe mit Karoline geb. Röhm, 1852 Pfr. in Freudental, 1863 in Eberdingen, 1873 in Nussdorf. Otto Hermann hat Blumhardt in Möttlingen besucht und dort offensichtlich die Heilung seiner Krankheit erfahren (Blumhardt, *Briefe* 3, 306 f.).

168 Gen 38,8–10. Juda befiehlt seinem Sohn Onan, die Witwe des Bruders Ger zur Frau zu nehmen, um dem Bruder „Samen" (Nachkommen) zu erwecken: „[9] Aber da Onan wußte, daß der Same nicht sein eigen sein sollte, wenn er einging zu seines Bruders Weib, ließ er's auf die Erde fallen und verderbte es […]. [10] Da gefiel dem Herrn übel, was er tat, und er tötete ihn auch." Vgl. Blumhardt, *Mitteilungen,* 104 f. – Zur Sexualität in der Ehe: Brief Nr. 57.

um so genauer, weil's die Leute wissen. Auch sonst kommen Kinderkrankheiten von fleischlicher Unreinigkeit der Eltern her; und dieses bei Eltern nicht ganz unberührt zu lassen und nach und nach als Ermahnungspunkt überhaupt eintreten zu lassen, ist von der allergrößsten Wichtigkeit.

5) Medicin verwerfe ich nicht, so lange sie naturgemäß ist. Aber a) wird sie gewöhnlich abgöttisch genommen und als eigentliches Heilmittel angesehen, und das stimmt nicht zum Gebet; Gott will allein die Ehre haben; und b) sind die Aerzte wider die Natur, so lange sie Mineralien, Gift und eckelhafte Thierstoffe geben. Diese Dinge alle wirken psychisch und ruiniren am Menschen viel mehr, als sie Gutes schaffen, auch wenn sie scheinbar helfen. Daß nun Gott zu solchen Mitteln Segen gebe, kann ich unmöglich erbitten.[169] Wenn aber Kranke Nahrungsstoffe gewöhnlicher Art als heilend oder erquickend nehmen, die sie auch im gesunden Zustande nehmen dürften und wollten, z. B. Säfte verschiedener Art von Himbeeren, Quitten, Zwetschen u.s.w., ferner Rindschmalz zu Wunden, Zucker, auch Thee von unschuldigen Pflanzen, z. B. Lindenblüthe, Camillen u.s.w., das kann unter Danksagung applicirt werden und gut thun, wenn man nur die eigentliche Hilfe von oben sucht. Die andern Dinge schaden *immer.* Das sage ich jezt nur dir. Darum kann ich dir heiß Wasser in deinem Fall empfehlen. Den Leuten darfst du's freilich nicht so expliciren; sonst kriegst du die Aerzte über den Hals. Hab' mich jüngst verantworten müssen, fein geantwortet, aber offen,[170] aber auch einen feinen, doch nicht unguten Receß[171] erhalten.

---

169 Vgl. Brief Nr. 27.

170 Der Konsistorialerlass vom 17.10.1845 und Blumhardts Antwort vor dem 29.10.1845 (Brief Nr. 27).

171 Der Konsistorialerlass vom 7.11.1845 (*Akten,* 366–368). – Allerdings wird

6) Den Glanz deiner Augen verstehe ich. Er gehört auch zu deiner Realität. Laß dich nur durch nichts mehr blenden.

Und 7) schreibe ich dir, daß ich gegenwärtig in einem schweren Kampfe stehe (ich schreibs für dich allein), welcher die Epileptischen angeht.[172] Das schauerlichste Beispiel habe ich 10 Tage lang in Dettingers Kind von Stuttgart bei mir gehabt, und hier habe ich noch 4 Personen. Der innere Zusammenhang zwischen diesen allen ist mir bemerklich geworden, und die Größe des Kampfs habe ich auch an mir selbst in Einwirkungen auf mich empfunden. O Bruder, bete auch für mich, daß es vollens gelingt. Dazu schreibe ichs dir.

Blumhardt kurz darauf vom Konsistorium die Heilung körperlicher Krankheiten ausdrücklich untersagt (Erlass vom 23.1.1846; vgl. Brief Nr. 27, Anm. 166).

172 An Blumhardts Schilderung eines der wenigen Fälle von Epilepsie, in denen eine Heilung erfolgt ist, erinnert sich Julie Krauß (1825–1910), die erstmals im Spätsommer 1855 Bad Boll aufgesucht hat (an Christoph Blumhardt 21.3.1880; LKA Stuttgart, D 50, Kapsel I A 1 c): „Er erzählte einmal, wie ein dem Handwerkerstande angehörender junger Mensch zu ihm gekommen sei und in seinem Zimmer seine schweren epileptischen Krämpfe bekommen habe. Er habe ernstlich für ihn gebetet und noch für ihn um Hülfe geseufzt, als er ihn schwankend und unsicher über den Hof habe fortgehen sehen. Nach 7 Jahren habe er einen Brief bekommen von einem Mann, der ihm schrieb, er sei jener Mensch gewesen; und von Stund an, seit er den Hof des Bades verlassen, haben sich jene Krämpfe nie mehr bei ihm eingestellt." Eine weitere Heilung von Epilepsie berichtet Julie Ribes (über Johann Christoph Blumhardt [1880?]; LKA Stuttgart, D 50, Kapsel I A 1 c, Mappe Gedenkblätter): „Von einem Geistlichen (Pf. Balke [?] aus Rheydt) wurde mir Folgendes mitgetheilt. Auf dem Wege von Göppingen nach Boll fuhr derselbe in der Post mit einem Herrn, welcher sich ihm als einen Freund des Hauses Boll vorstellte; er sei Katholik, Franzose und seinem Beruf nach ein Kaufmann. Seit seiner Jugend bis zu seinem ersten Besuch in Boll habe er an Fallsucht gelitten." In der Sprechstunde schildert er Blumhardt sein Leiden: „‚Sie gesund zu machen, geht über meine Kraft', erwidert Herr Pfarrer ganz ruhig, ‚aber wir wollen mit einander zu Einem gehen, der's kann'; und ohne alle Umstände habe jetzt Herr Pfarrer dem Heiland das Leid des Kranken geklagt und um seine volle Heilung gebeten. Obgleich das Gebet nicht einfacher, ja nicht menschlicher habe gedacht werden können, sei wie ein Schauer durch seine Glieder gerieselt, der ihn auf die Kniee nieder geworfen habe vor der Majestät des gegenwärtigen Gottes, den er zum erstenmal in seinem Leben als einen persönlich gegenwärtigen Gott erfahren habe. Gesund sei er von den Knieen aufgestanden."

Sonst geht das Reich Gottes vorwärts, und viele Erweckungen geschehen aller Orts. Komm doch bald wieder. Wir haben noch viel, mächtig viel zu reden. Unterdessen empfehle ich dich der Gnade Gottes, daß sie dich weiter leite. Lerne nur deiner Gemeinde, zuerst Einzelnen, wie sichs trifft, nahe treten. Solitarier[173] tragen nicht viel. Unser Herz muß weit seyn und ins Weite, und darauf siehts das Evangelium ab. [...]

Mit den herzlichsten Grüßen

Dein [Johann] Christoph Blumhardt.

Möttlingen, den 22. Dezember 1845.

In Beziehung auf die Epilepsie habe ich endlich eine äußerst wichtige Entdeckung gemacht. Vielleicht gelingt mir's jezt besser, schneller und gründlicher.

29. Blumhardt an (Johann Martin Mayer).[174]
Möttlingen 29.12.1845

Familienarchiv Schweikle, Weinstadt-Strümpfelbach (Abschrift); Kopie: LKA Stuttgart, D 51
Druck: Blumhardt, *Briefe* 3, 309–311

Blumhardt will keine Wunder tun, sondern sich nur an die Verheißungen der Schrift halten. Trotz ihrer vorläufigen Unvollkommenheit sind die Heilungen Geschenke Gottes. Zur Heilung von Besessenen. Hauptziele sind die Bekehrung der Menschen und das „Ringen nach dem Reich Gottes".

---

173 Von solitarius (lat.): alleinstehend, einsam, ungesellig.

174 Johann Martin Mayer (1813–1887), Stadtpfleger und Bierbrauer, anfangs auch Lammwirt, in Nagold. Mayer führt den Anstoß zu seiner Bekehrung auf Blumhardt zurück; dessen Predigten in Möttlingen bewegen ihn dazu, die Gastwirtschaft abzugeben und Mitglied der Hahnschen Gemeinschaft zu werden. Siehe Hahnsche Gemeinschaft (Hg.), *Die Hahnsche Gemeinschaft. Ihre Entstehung und seitherige Entwicklung.* Stuttgart 2. Aufl. 1951, Bd. 2, 354.

Lieber Bruder

Für Ihren Brief vom 14. December danke ich herzlich.

Meine Anweisung auf das Kirchenblatt,[175] in welchem ich mich umständlicher ausgesprochen habe, werden Sie erhalten haben. Vielleicht haben Sie daraus schon manches ersehen, was als Antwort auf Ihren Brief dienen kann. Wunderthun zu wollen, ist mir noch nie eingefallen. Ich will mich nur an die Verheißungen, namentlich des Gebets, halten und so auch lehren, wie die Leute Erhörung finden können. Daneben denke ich auch des Worts: „Auf die Kranken werden sie die Hände auflegen, so wirds besser mit ihnen werden."[176] Das thue ich je und je im Glauben und mit Hinweisungen auf Buße und eigenes Mitwirken im Gebet. Dieses Wort des Herrn geht in Erfüllung, und zwar, wie es da steht. Es wird bey vielen beßer. Wenn das eine Flikerei ist, so meyne ich, mit geflickten Schuhen umlaufen sey doch beßer als mit ungeflickten, und wer fliken kann und nicht flickt oder wer zu seinem Bruder sagen wollte: Ich könnte dir zwar ein wenig Erleichterung verschaffen; weil mir aber das zu wenig ist und ich vor der Hand nicht ganz helfen kann, so lasse ich es lieber ganz bleiben, dem ist es gewiß Sünde. Da aber diese geringe Hilfe doch von Gott kommt, so darf und muß man sie auch mit Dank annehmen.

Übrigens hilft Gott in vielen Fällen nach und nach ganz, wenn die Leidenden auf ihrer Seite es nicht fehlen lassen. Jedenfalls aber bitte ich Sie, es als wichtig für das Reich Gottes[177] zu beachten, daß man doch noch

175 Blumhardts 1845 im *Evangelischen Kirchenblatt, zunächst für Württemberg* veröffentlichte *Mitteilungen* schildern Entstehung und Verlauf der Möttlinger Erweckung sowie dort geschehene Gebetsheilungen.

176 Mk 16,18b.

177 Zu Blumhardts Hoffnung auf bedeutende Entwicklungen im Reich Gottes siehe u. a. Brief Nr. 11, Anm. 93; Nr. 40; Nachwort, 241 f.

flicken kann, auch in einer Zeit, da von Meistern, die etwas ganz neues zuwäge brächten, nirgends etwas verlautet. Wollte Gott, es käme die Zeit wieder, da der treue Gott wieder Meister sendete. Ich lebe aber der Hoffnung, daß diese Zeit kommen wird, und zwar bald.

Was die Besessenen betrift, so kommen da freylich Dämonen mit ins Spiel, weil sie eben da sind.[178] Es kommt aber alles darauf an, wie man in dieser Sache steht. Man kann es sehr verkehrt machen und großen Schaden leiden, wenn man ohne rechte Gottesfurcht oder mit Eigenliebe in dieses geheimnißvolle Gebiet eintritt. Meine Absicht ist keine andere als unglücklichen Personen, wenn immer möglich, durch Gottes Hilfe zu helfen, und da diese Krankheit durch keine natürliche Mittel geheilt werden kann, so muß eben gebetet werden, was ich denn auch thue, und der Herr gibt Segen dazu. Daß die Dämonen nicht schnell oder auf einmal ausfahren, stört mich nicht, wenn sie nur endlich gehen; und aus Furcht vor ihnen zurücktreten und die Leute ohne weiteres im Elend lassen, schäme ich mich, weil ich meinem Heiland mehr zutraue als dem bösen Feind. Übrigens hat ja der Heiland selbst gesagt, daß es eine Art gebe, die nur durch Fasten und Beten ausfahre,[179] bey welcher es also langsam und nicht auf einmal gehe. Die Geschichte, die Sie mir erzählen, hat man mir schon vor drey Jahren vorgehalten, um mich zu bewegen, in dieser Sache nicht fortzufahren. Aber schon damals habe ich gemerkt, daß man es in Ihrem Ort ganz falsch angegriffen hat.

Erstens hat man zu viel Wesens und Aufhebens davon gemacht und ist nicht genug in der Stille geblieben. Zweitens mögen die Personen, die sich daran machten, nicht genug die Grundbedingungen beachtet haben, die

178 Vgl. Blumhardts Dämonologie in Brief Nr. 7.
179 Mt 17,21; Mk 9,29. Zur Anwendung des Fastens: Nr. 5, Anm. 39.

auf Seiten derer erfordert werden, die sich damit befaßen wollen, wie eigene Buße und Reinigkeit des Sinnes. Drittens sind die Leute an der Sache verlegen und haben nachgelassen, also vorher nicht genug überschlagen, ob sie es auch hinaus führen könnten. Das Schlimmste aber war Viertens, daß sie selbst zu Sympathien und unrechten Mitteln wie Segen-Sprechen[180] und dergleichen ihre Zuflucht genommen haben und damit die Sache auf eine bedenkliche Weise verschlimmert haben. Ich habe es anders gemacht, und dem Herrn sey Lob und Dank, daß er es zu einem höchst erfreulichen Ende brachte. Übrigens hat seyd dem ersten Fall kein Dämon mehr mit mir gesprochen, und ich lasse auch keinen mehr mit mir reden,[181] weil der Herr auch ohne ihr Geschwätz mit ihnen fertig wird. So sind schon manche hart gebundene Leute seyd zwey Jahren völlig befreyt worden, und bedenkliches habe ich noch nichts erfahren, wiewohl ich niemand rathen möchte, sich damit abzugeben, der sich nicht vorher besonnen hat, was er thut, und ob er stark genug ist. Denn Gefahren hat es, das ist wahr!

Schließlich möchte ich Ihnen noch berichten, daß alles obige hier in Möttlingen weit aus nur Nebensache ist. Mein Hauptbestreben ist, Leute zu bekehren,[182] und diesem Zweck muß auch obiges dienen, wie denn Niemand geheilt wird, der nicht gründlich bekehrt wird.[183]

---

180 Siehe oben Brief Nr. 7, Anm. 56–58.

181 Im „ersten Fall“ von 1842/1843, der als Besessenheit gedeuteten Krankheit der Gottliebin Dittus, hat Blumhardt wiederholt den aus ihr sprechenden „Dämonen“ geantwortet (*Krankheitsgeschichte*, 41 f. 47 f. 52–54). Im vorliegenden Brief von 1845 lehnt er aufgrund neuer Erfahrungen jegliches Reden mit Geistern ab; auch später hält er diese Entscheidung durch (Brief Nr. 3, Anm. 30).

182 Zur Dominanz der Bekehrung, die jedoch bei Blumhardt mit der Ablehnung eines Bekehrungskampfes verbunden ist, siehe Nachwort, 238 f.

183 Jedoch ereignen sich Heilungen bei Kindern und Säuglingen, die zu einer Bekehrung noch nicht in der Lage sind; vgl. Brief Nr. 28.

Der Herr aber hat es geschehen lassen, daß nicht nur meine Gemeinde in zwey Ortschaften fast ganz bekehrt worden ist, sondern daß weithin in der ganzen Umgegend ein beispielloses Ringen nach dem Reich Gottes sich zeigt. Dabei sind es keine nur oberflächliche Bekehrungen. Denn wenn die Leute so zerknirscht werden, daß sie ihre Sünden nicht mehr bey sich behalten können, sondern, um Ruhe zu bekommen, auch die ärgsten Sünden frey heraus sagen, so mögen Sie sich wohl denken, daß da der Geist Gottes wirke. Wo es hinaus will, weiß ich nicht; aber es ist eine Sache von Bedeutung, die für die Zukunft wichtig werden kann. Helfen Sie mit uns beten und an dem Netz ziehen, denn es kommt mir vor, zu keiner Zeit wäre es leichter gewesen, Menschen zu fischen,[184] als zu gegenwärtiger. Denn sie lauffen von selbst, mit ungewöhnlichem Drang, ins Netz hinein.

Verzeihen Sie meiner Eile und Heftigkeit, mit der ich diese Zeilen geschrieben habe, denn ich weiß mir oft vor Menge der Geschäfte kaum zu helfen.

Ihr
im Herrn verbundener
[Johann] Christoph Blumhardt, Pfarrer.

Möttlingen, den 29. December 1845.

184 Vgl. Mk 1,17.

30. Blumhardt an Otto Hermann. (Möttlingen) 18.2.1846

LKA Stuttgart, D 50, Kapsel I A 2/I
Druck: Blumhardt, *Briefe* 3, 312 f.

Die Heilung von Krankheiten am eigenen Leib erfordert Geduld. Für die Erhaltung des Viehs darf man beten. Zu den Verboten des Innenministeriums vom 23. Januar 1846. Die zahlreichen Besuche Ortsfremder in Möttlingen halten an.

Lieber Freund!
Herzlich danke ich dir für deinen mir sehr werthen Brief. Daß ich nur kurz antworte, begreifst du. In deinen *eigenen* Uebeln mußst du dir's gefallen lassen, wenn sie nicht so schnell weichen. Ich hatte auch mancherlei an mir und bin noch nicht von Allem frei und mußte eben der Zeit erharren. So hatte ich im ganzen vorigen Sommer rauhen Hals und Husten und mußte es tragen, ebenso ein Uebel im Achselgelenk, das mir fast den Arm unbrauchbar machte, und dergleichen mehr. Ich mußte es behalten in der Hoffnung, es werde schon noch gehen. Jezt ists weg. Darum läßt's sich nicht durch Gebet erzwingen. Nur muß die Hoffnung bleiben, daß es nicht lebenslänglich andauern werde, wenn's einmal dem HErrn befohlen ist. Dein Nasewärzchen wird schon weichen, wirst's aber wie die Flechten noch länger behalten müßen. Schneller könnte es mit dem Bruch gehen, wenn du's ernstlicher damit nehmen würdest. Seiner Zeit muß auch er weg. [...]

Das Vieh betreffend, so gehörts laut des Katechismus zum Brod; und ums Brod beten wir im Vaterunser.[185] Warum sollen wir nicht auch um Erhaltung des Viehs

185 Martin Luther, *Der kleine Katechismus*. Darin: Das Vaterunser, vierte Bitte mit Erläuterung (BSLK, 513 f.).

beten dürfen? Uns kommts nur sonderbar vor, dem Bauern nicht, dem ein Kälble leider oft werthvoller ist als ein Kind. Kurz und gut, bei uns betet man, und fast augenblicklich wirds besser beim Vieh.[186] Die Leute knien im Stall in eine Ecke und beten das Vaterunser; dann hat sich's. Ist Schuld da, so muß freilich Ernst angewendet werden. Aber daß es hilft, habe ich viele Beweise, und ist ein Beweis, daß man auch darum beten darf. Das Vieh wird auch oft von Dämonen geplagt, was die Leute den Hexen[187] zuschreiben. [...]

Ich hab's jezt gut. Seit dem 21. Januar hat mir das Ministerium verboten,[188] „Heilungen in das Gebiet des Seelsorgers herüberzuziehen, statt auf den Arzt zu weisen". Meine Antwort[189] hat 12 Seiten und lautet am Schluß: „Ich werde keinem Fremden mehr die Hand auflegen, keinen über den Sonntag hier lassen, kurz, mit keinem mehr thun, als mir sein Uebel sagen lassen, ihn etwa ermahnen und dann ziehen lassen. Wenn aber dennoch Heilungen, weil Gott sich die Hand nicht binden lasse, fortdauern und der Zulauf, so wolle ich mich vor jedem Vorwurf eines Ungehorsams zum Voraus verwahrt haben." Das Weitere, das ernstlich lautete, sage ich dir einmal mündlich. Und richtig! den Leuten thut's gut, nach wie vor. N. B. seit 4. Januar Leute hier aus 220 verschiedenen Orten!![190] Aber ich bin jezt bald mit den Leuten fertig.

[...] Herzlich grüßt dich Dein
[Johann] Christoph Blumhardt

den 18. Februar 1846.

---

186 Vgl. Zündel, *Lebensbild*, 225 Anm.

187 Blumhardts Stellung zum Hexenglauben: Brief Nr. 7, Anm. 60.

188 Gemeint ist der Erlass des Konsistoriums vom 23.1.1846; vgl. Brief Nr. 27, Anm. 166.

189 Blumhardt antwortet am 3.2.1846; der Entwurf ist erhalten (*Akten*, 370–376). Das folgende Zitat stammt offensichtlich aus der verlorenen Endfassung.

190 Vgl. Nr. 31.

31. Blumhardt an (Christian Gottlob Barth?). Möttlingen 16.6.1846

LKA Stuttgart, D 50, Kapsel I A 2/I
Druck: Blumhardt, *Briefe* 3, 315–318

Zahlreiche Besucher im Möttlinger Pfarrhaus. Kritik an der Reaktion des Konsistoriums auf Artikel im „Beobachter". In Möttlingen geschehene Krankenheilungen. Das ihm befohlene Abweisen von Fremden fällt Blumhardt schwer.

Lieber Bruder!
[...] Am Sonntag hatte ich's wirklich recht lebhaft in meinem Hause. Ein Wagen von Teinach brachte die Kampfmiller, meine Schwester, Frau und Tochter Rathschreiber Laupp aus Tübingen, ein Wagen von Wildbad zwei Töchter Fellenbergs von Hofwyl bei Bern,[191] ein Wagen von Karlsruhe obigen Plitt[192] nebst Frau (mit gar freundlichen Zeilen von Galleriedirector Frommel[193] in Karlsruhe), ferner Frau Pfarrer Diez[194] und Fräulein Graf, Enkelin Oberlins,[195] die geblieben ist, weil sie in

---

191 Philipp Emanuel von Fellenberg (1771–1844) hat 1799 auf dem Gut Hofwyl bei Bern eine Erziehungsanstalt gegründet, die aus einer Armen- und Industrieschule, einer höheren landwirtschaftlichen Lehranstalt, Gymnasium, Realschule, Kleinkinderschule und Einrichtungen zur Lehrerbildung besteht. – Eine seiner Töchter ist vermutlich Elise Furer geb. Fellenberg (siehe Brief Nr. 54).

192 Jacob Theodor Plitt (1815–1886), 1837 Lehrer am Erziehungsinstitut der Herrnhuter Brüdergemeine in Neuwied, 1845 Stadtpfr. in Karlsruhe, 1850 Pfr. in Bonn, 1853 zweiter Pfr. an der Heiliggeistkirche in Heidelberg, 1856 außerordentl. Prof. für Praktische Theologie in Heidelberg, 1860 Prof. in Bonn, 1867 Pfr. in Dossenheim.

193 Karl Ludwig Frommel (gest. 1863).

194 Witwe des mit Aloys Henhöfer befreundeten, 1844 verstorbenen Pfarrers Georg Adam Dietz. – Aloys Henhöfer (1789–1862), 1818 katholischer Priester in Mühlhausen (Baden), beeinflusst von der bayrischen und württembergischen Erweckungsbewegung, 1822 von der katholischen Kirche ausgeschlossen, 1823 mit einem Teil seiner Gemeinde zur evangelischen Kirche übergetreten, 1823 evangelischer Pfr. in Graben, 1827 Pfr. in Spöck-Staffort, maßgebliche Gestalt der Erweckung in Baden.

195 Zu Johann Friedrich Oberlin: Brief Nr. 8, Anm. 73.

einer sehr desperaten, obwohl nicht wahnsinnigen Gemüthsstimmung sich befindet. Wen die zwei Omnibus[196] aus Stuttgart Alles brachten, kann ich nicht mehr schnell hersagen. Es war sehr lieblich, sonst die Kirche nicht sehr voll. Heute sind die Reste vollens ausgeflogen; andere, wie die Fellenbergs, folgen noch.

Deine kurze Notiz wegen deiner Besprechung mit Consistorial Rath Seeger[197] war mir interessant. Die Verlegenheit des Consistoriums fühle ich schon lange, und ich thue mein Möglichstes, sie zu vermindern. Leid that mirs, von etlichen Stuttgartern zu vernehmen, daß man in Stuttgart übel über das Consistorium gestimmt sei, daß es mir soll den Zutritt der Fremden verboten haben. Ich berichtigte Solches[198] und bat, es bei Gelegenheit zu sagen, daß ich aus eigener Entschließung die Fremden abhalte und sonst aufs Nobelste vom Consistorium behandelt worden sei. Vielleicht sage ich's auch noch öffentlich. Dir übrigens darf ich es wohl sagen, daß das Consistorium mit seiner Verlegenheit eine Sündenschuld büßen muß, wie ich wenigstens glaube. Du erinnerst dich der Schweinsgeschichte im Beobach-

---

196 Im Linienverkehr eingesetzte, mit Pferden bespannte Wagen.

197 Karl Friedrich Gottlieb von Seeger, 1822–1856 weltliches Mitglied des Stuttgarter Konsistoriums.

198 Zu den Verboten des Konsistoriums: Brief Nr. 27, Anm. 166. – Nach weiteren Angriffen auf die in Möttlingen geschehenden Heilungen (siehe unten Anm. 199. 201. 204. 209) wächst das Unbehagen der Kirchenleitung. Blumhardts Aussage, das Konsistorium habe ihm den Zutritt von Fremden nicht verboten, wird wenig später durch den Erlass vom 28.8.1846 überholt. Dort kritisiert man seinen Entschluss, „kleine Kinder ausgenommen, im allgemeinen" keine Fremden zu sich kommen zu lassen, als unzureichend (*Akten,* 379). Er muss im Gottesdienst erklären (Blumhardt, *Briefe* 4, 287): „1) Es soll kein Fremder mehr vor der Morgenkirche zu mir kommen, der nicht als Freund bei mir zu bleiben erwarten kann. 2) Es soll kein Fremder mehr zu mir kommen, der ein Anliegen wegen einer körperlichen Krankheit hat, seien es Kinder oder Erwachsene. 3) Es sollen andere Fremde nicht unnöthigerweise mich im Hause besuchen, d. h. wenn sie nicht ein besonderes Anliegen vorzutragen oder einen Auftrag auszurichten oder einen Freundschaftsbesuch zu machen Befugniß haben [...]."

ter,[199] durch welche ein Grundartikel unsres christlichen Glaubens, das Gebet und die Hoffnung der Erhörung eines Gebets, aufs niederträchtigste, am Schluß gar mit biblischen Worten, verhöhnt wurde, sogar mit einem Seitenblicke auf die liturgischen Gebete. Nun hat Hiller[200] sich verantworten müßen; und der Beobachter hat das Ganze als eine Parabel erklärt und die Geschichte als Geschichte zurückgenommen. Hiller übergab die weitere Verfolgung der Sache dem Consistorium, und dieses rescribirte, daß er sie, weil sie zurückgenommen werde, auf sich beruhen lassen könne. Wie nun? als *Parabel* darf solcher Skandal stehen, wenn er nur nicht Geschichte ist? Wissen unsre Väter die Ehre unsres Glaubens nicht besser zu wahren? Soll denn in unsrem Württemberg das Gebet öffentlich und zugestandener Maßen so verhöhnt werden dürfen? Und kann man sich verwundern, wenn nun die Spottvögel an dem Faden beliebig fortspinnen?[201] denn über das Gebet darf man sagen, was man will, kein Hahn kräht darnach. Wer weiß, ob der Beobachter so fortsudeln würde, wenn das Consistorium hier um der

199 Unter der Überschrift *Mißlungenes Wunder* schildert der *Beobachter* (Nr. 72 vom 15.3.1846) den angeblichen Versuch des Liebenzeller Diakonus Wilhelm Hiller (siehe unten Anm. 200), das kranke Schwein einer Bäuerin in Monakam durch Gebet zu heilen, „die Liturgie der evangelischen Kirche unter dem Arme". Hiller, der als „feuriger Schüler der Blumhardt'schen Methode" beschrieben wird, habe mit Gebeten und Beschwörungen nichts erreicht. Seine Hoffnung, „euer Glaube [hat] geholfen", sei zunichte geworden. Der Artikel schließt: „Und das Schwein – starb zur selbigen Stunde." Die Geschichte ist, wie sich später herausstellt, erfunden.

200 *Wilhelm* Friedrich Gottfried Hiller (1811–1890), 1834 Vikar, 1844 Pfarrverweser in Wiernsheim, 1845 Diakonus (zweiter Pfr.) in Liebenzell, 1847 Ehe mit Julie geb. Engelmann, 1848 Pfr. in Zwerenberg, 1861 in Mönsheim, 1867/1868 Stadtpfr. in Zavelstein.

201 Bereits in Nr. 234 vom 18.8.1845 hat der *Beobachter* die Möttlinger Gebetsheilungen verspottet. Unter dem Titel *Aufruf an die leidende Menschheit* preist er diese als „Universal-Medizin" an, der ärztlichen Kunst weit überlegen. Jeden Sonntag kämen „20 bis 30 Wägen voll Bauern nach Möttlingen", die sich „durch Vernunfteinwendungen nicht irre machen" ließen, sondern „steif und fest" die Tatsächlichkeit der Gebetsheilungen behaupteten. „Was kein Verstand der Verständigen sieht, / Das schauet in Einfalt ein Bauerngemüth!"

Sache Gottes willen Ernst gezeigt hätte. Eine solche Schlaffheit kann aber nicht anders denn bestraft werden, denn Gott lässet sich nicht spotten.[202] Das sage ich aber jezt dir; und ich habe darum die Liebe zum Consistorium nicht verloren. Aber einen Ernst muß, wer's mit Gott hält, an den Tag legen; und wer's thut, gewinnt's.

Mein hartnäckiges Stillschweigen in den Blättern[203] wollen mir allmählig viele zum Vorwurf machen. Allein ich bleibe dabei, obwohl ich Stoff genug hätte, auf eine Weise mich zu vertheidigen, daß ich mindestens mit Ehren bestehen könnte. Ich habe schriftliche Nachrichten über den Täbinger Buben,[204] aus welchen hervorgeht, daß der Pfarrer gerade darauf ausging, den Menschen so toll zu machen, daß er ein Geschrei erheben konnte, weil ers durchaus nicht ertragen mochte, daß etliche aus seiner Gemeinde hieher kamen u.s.w. Von diesen Dingen will ich dich nicht weiter langweilen. Weil man aber über die Frau mit der Hand[205] von Tübingen aus so übel sich ausläßt (N. B. Das habe ich

---

202 Gal 6,7.

203 In Zeitschriften und Zeitungen.

204 Pfarrer Maximilian Scholl (1812–1884, 1845 Pfr. in Täbingen bei Rosenfeld) berichtet im *Beobachter* Nr. 135 vom 19.5.1846, ein junger Mann aus seiner Gemeinde habe in der Meinung, vom Teufel besessen zu sein, die Hilfe Blumhardts in Möttlingen gesucht. Dessen Rat, um die Befreiung von seinem Leiden zu beten, habe zur Raserei geführt, die sich erst nach dem Hinzuziehen eines Arztes gebessert habe. Scholl erstattet Anzeige gegen Blumhardt beim Dekanatamt Balingen. Das Konsistorium fordert Blumhardt zu einer Stellungnahme auf (Konsistorium an Dekanatamt Calw 24.4.1846; DA Calw, Bd. 240,1); sein Bericht ist nicht erhalten. – Pfarrer Hermann Zeller („Stimme in Sachen Blumhardts"; AF Leonberg, 2 I. 23/1) verteidigt Blumhardt: Dieser habe „gar nichts mit ihm [dem jungen Mann] vorgenommen"; auch sei das Toben erst aufgetreten, nachdem man auf Scholls Rat den Unglücklichen gebunden habe.

205 Anna Maria Dettinger von Weil im Schönbuch kann infolge von „Gliederweh" ihren linken Arm nicht bewegen; auch von einer „krampfhaft geschlossenen Hand" ist die Rede. Nachdem sie in Möttlingen Heilung erfahren hat, verkündet sie dies im „Siegesübermute" auch in Tübingen, wo sie zuvor ärztlich ohne Erfolg behandelt wurde. Dort erklärt man sie zur Betrügerin; Blumhardts Handeln wird vom Konsistorium kritisch beleuchtet (*Akten*, 380. 392–394; Zündel, *Lebensbild*, 232).

längst erfahren und in diesem Fall ganz besonders, wie je und je die ehrlichsten Leute, wenn sie nun einmal die Kraft Gottes nicht glauben *wollen*, auch das Abenteuerlichste und handgreiflichst Erlogene glauben, ämsig verbreiten, ja mit Zusätzen allerliebst versehen können), so hätte ich ein anderes Zeugniß[206] bereit, mit welchem ich Aufsehen erregen könnte. Ich sende dir hier eine Abschrift; auch med. Cand. Heim, sonst nicht mein Freund, hat die darin erwähnte Person (sie hält sich in Calw auf) gesehen und dasselbe bezeugen müssen. Wie gesagt, ich bin stille und warte nur, ob nicht einmal Einer nicht mich, sondern wenigstens das Gebet, nur auch zu einem Zeugniß, vertheidigen wollte. (Der Salon[207] hat's kläglich[208] gethan.)

---

206 Ein Gutachten über die Heilung von Maria Magdalena Rapp aus Enztal, die 1844 wegen eines Hautausschlags in der Tübinger Medizinischen Klinik ohne Erfolg behandelt worden ist; die Einnahme von Arsenik hat Magen- und Darmblutungen verursacht. Nach Besuchen bei Blumhardt im Dezember 1845 verschwinden innerhalb von drei Monaten alle Symptome der Krankheit. Cand. med. Steinkopf, der Frau Rapp von Tübingen her kennt und sie in Möttlingen geheilt antrifft, bezeugt dies im Gutachten vom 24.5.1846, welches Blumhardt in der *Verteidigungsschrift* (214) veröffentlicht. Vgl. Zündel, *Lebensbild*, 230–232.

207 Bezogen auf einen Artikel in der *Süddeutschen Warte*, Nr. 24 vom 11.6.1846, 97–99, hg. u. a. von Christoph Hoffmann (1815–1885), damals Lehrer auf dem „Salon" bei Ludwigsburg (ehemaliges Lustschloss, seit 1840 Bildungsanstalt). Christoph, ein Sohn des Gründers der Korntaler Brüdergemeinde Gottlieb Wilhelm Hoffmann, wird 1849 zum Abgeordneten der Frankfurter Nationalversammlung gewählt, gründet 1854 die Tempelgesellschaft, wird 1862 Bischof des Deutschen Tempels (Jerusalemsfreunde) und wandert 1868 mit seinen Anhängern nach Palästina aus. – Vgl. Paul Sauer, *Uns rief das Heilige Land. Die Tempelgesellschaft im Wandel der Zeit.* Stuttgart 1985; Jakob Eisler, *Der deutsche Beitrag zum Aufstieg Jaffas 1850–1914. Zur Geschichte Palästinas im 19. Jahrhundert* (Abhandlungen des Deutschen Palästina-Vereins 22). Wiesbaden 1997.

208 Im Blick auf die „religiösen Bewegungen in Möttlingen" verteidigen die Saloner die Bedeutung des gläubigen Gebets, unterscheiden aber Gebetserhörung und Wunder. Anders als bei der Gebetserhörung, der göttlichen „Lenkung der natürlichen Ursachen" zugunsten des einzelnen Beters, werde im Wunder „eine unmittelbare, den natürlichen Verlauf der Dinge überspringende Einwirkung Gottes erwartet". Letzteres lehnen die Saloner ab (*Süddeutsche Warte*, 98). – Diese supranaturalistische Unterscheidung von Gebetserhörung und Wunder hat Blumhardt aufgegeben; alle Heilungen sind für ihn ein wunderbares Eingreifen Gottes.

Wenn ich dem Consistorium rathen dürfte, so wäre es das, möglichst darauf zu denken, die Urheber der ferneren Artikel im Beobachter[209] ausfindig zu machen. [...]

Im Uebrigen kann ich wohl sagen, daß ich mich befleiße, vor Gott und *Menschen* ein gutes Gewissen zu behalten. Fremde lasse ich jezt gar nicht mehr zu mir, indem ich mich gar nicht vor ihnen sehen lasse, wenn sie, was am Samstag noch geschieht, ins Haus kommen. Meine Frau machts ihnen deutlich, daß es nicht sein könne; und in der Kirche habe ich's selbst wiederholt erklärt. Das aber muß ich sagen, daß ich mich hiebei auf eine Weise verhärten muß, die mir anfängt, qualvoll zu werden. Denn die Noth ist zu groß; und es gehört ein diamantenes Herz dazu, Leute, die 20 Stunden weit her kommen, von der Thüre weisen zu müßen. Wohl ist es wahr, daß an denen, die es fassen, in der Kirche unter dem gemeinschaftlichen Gebet dasselbe geschieht; aber wenn den armen, zum Theil so unwissenden Leuten aller Stützpunkt des Glaubens an etwas Aeußerem, wie etwa, daß sie ihr Anliegen wenigstens sagen dürfen, genommen wird, so sind sie eben betrübt und schwingen

209 Im Mai 1846 erreichen die Angriffe im *Beobachter* einen Höhepunkt. Man vergleicht Blumhardt mit dem als Wunderdoktor auftretenden Schäfer Frasch von Heiningen, dessen Kuren ihm großen Reichtum eingebracht haben sollen (zu Frasch: *Beobachter* vom 19.4.1846, Nr. 104). In Nr. 138 vom 23.5.1846 heißt es: „Wie der Schäfer Frasch von Heiningen, so ist der Pfarrer Blumhard von Möttlingen in Aller Munde. Der Erstere heilt seine Kranken durch Salben von Gänseexcrementen u.s.w., der Letztere durch Gebet. [...] Diese eckelhafte, sinnlose Blödsinnigkeit, diese klägliche, stumpfsinnige Frömmigkeit, diese abergläubische, krankhafte Götzendienerei – sie ist das Werk eines Mannes, der als geistlicher Hüter einer Gemeinde angestellt ist, und die oberste Kirchenbehörde [...] läßt ihn seit Jahren gewähren. [...] Entweder glaubt Pfarrer Blumhard an die Wunderkraft, die er besitzen will, dann ist er – falls die gewöhnlichen Begriffe auf ihn anwendbar sind – selber verrückt, oder er glaubt nicht daran und überläßt es nur dummen Leuten, daran zu glauben, dann ist er ein Betrüger."

sich innerlich nicht so empor, daß viel an ihnen geschehen kann, wiewohl es auch so nicht an Beweisen fehlt. In die Länge kann's so nicht fortgehen. Der HErr *muß* auf eine Weise durchbrechen. Wie? das sehe ich noch nicht ein. Er aber wirds recht machen. [...]

Herzlich grüßt dich Dein
[Johann] Christoph Blumhardt.

Möttlingen, den 16. Juni 1846.

32. Blumhardt an Otto Hermann. Möttlingen 11.7.1846

LKA Stuttgart, D 50, Kapsel I A 2/I
Druck: Blumhardt, *Briefe* 3, 321–323

Die Bedeutung des Möttlinger „Kampfes" für die Erweckung. Hoffnung auf die Heilung letztlich aller Krankheiten beim Fortschreiten des Reiches Gottes. Kritik an Gassners Exorzismen.

Theurer Freund!

[...] Doch [um] auf deinen lieben Brief näher einzugehen. Deine Bemerkungen über das Möttlinger Leben haben mich gefreut. Nur mußst du unter dem *Schreck*, von dem du redest, nicht ein mechanisches Erschrecken über gewiße Thatsachen verstehen. Der Zusammenhang meines Kampfes mit der Erweckung ist durchaus nicht äußerlich. Leztere ist durch ersteren im vollsten Sinne erworben. Durch den Kampf und Sieg wurden satanische Kräfte gebrochen, die jezt gar nicht mehr oder nur äußerst schwach wirken können. Ein Bann, der die Herzen und Geister umnachtete, ist abgethan; leztere sind nicht mehr vernagelt und sind zugänglich. Weil aber in ihrem vernagelten Zustande viele horrenda[210]

210 Abscheulichkeiten.

von den Leuten geschehen sind, aus denen sie sich nichts machten, so kann der erste Eindruck eines lebendigen Wortes auf sie nur ein Schrecken über sich selbst seyn.[211] Was sie gethan haben, haben sie häufig nicht gewollt, nicht mehr gewußt; jezt fällts centnerschwer auf sie, und sie können's nicht mehr, wie vor sich, so vor dem Licht verbergen. So, mein Lieber, mußst du's ansehen; und so erklärt sich der fortgehende Schreck. So aber kann ich's freilich jezt nur dir schreiben, und auch da noch äußerst bescheiden, weil ich vor der Allgemeinheit, in der ich merke, daß es gilt, selber erschrecke. Nun genug hievon. Sonst sollst du mit mir zufrieden werden, wenn wir wieder zusammenkommen.

Den Steinpatienten[212] hätte man mir nur lassen sollen. Für den wäre mir nicht im Geringsten bange gewesen. Daß ich's deutlich sage. Dieser Stein ist ja nicht unauflösliches Metall, und wenn auch, so müßte es doch die Allmacht auflösen können, daß der Stein immer kleiner geworden wäre, zulezt vernichtet. [...] Hierinnen sind freilich Doctoren blind. – Losschlagen werde ich nicht, wenn ich nicht von oben genöthigt werde. Denn gänzliche Ruhe und Stille ist das Einzige, was mich in Möttlingen erhält. Auch die Einschränkung ist durchaus nothwendig. Innerlich erstarkt Alles, und zwar so gut, daß man seiner Zeit wohl merken wird, wer der HErr ist. Ich gewinne immer größere Zuversicht, daß

---

211 Vgl. den Brief des Mannes mit Mordgedanken (S. 69, Z. 10–18).

212 Ein Dr. Späth aus Esslingen (nicht identisch mit Dr. Johann Friedrich Späth) schildert im *Beobachter*, Nr. 149 vom 4.6.1846 den Fall eines neunjährigen Jungen mit einem Blasenstein. Die Eltern hätten das Angebot einer kostenlosen Operation ausgeschlagen; auch Blumhardt habe den Hinweis auf ärztliche Hilfe unterlassen. Die in Möttlingen eingetretene „merkliche Erleichterung" habe nicht nachhaltig gewirkt. Dr. Späth „hält es geradezu für Gotteslästerung, wenn man sich anmaßen wollte, einen mehr als ein Taubenei großen Stein aus der Harnblase wegbeten zu wollen". Blumhardt gehört nach Späths Ansicht „nicht auf die Pfarrei Möttlingen, sondern von Rechtswegen in eine berühmte Heilanstalt nahe bei Winnenden [Winnental, Anstalt für psychisch Kranke]".

zulezt alle Krankheiten, auch alle Sinnengebrechen, müssen geheilt werden. Aber durch Geduld und Glauben gehts; und rückwärts gehe ich nicht mehr – nein, das nicht. Mein Geist jauchzet, wenn er dran denkt, was Alles noch werden kann, und wie palpabel[213] unser lieber Heiland den Menschen wieder werden muß. – [...]

Kürzlich habe ich Gaßners Exorzismen[214] (1773–79) gelesen. Die sind interessant, aber nur darum, weil man sieht, wie horribel verkehrt und doch so scheinbar fromm er Alles angegriffen hat.[215] Es wäre der Mühe werth, daß du's auch lesen würdest, mit noch Anderem, das im Buch steht. Es heißt: „der heiligste Name JEsus das sicherste Mittel gegen Krankheiten", Regensburg

---

213 Greifbar, fühlbar.

214 Johann Joseph Gassner (1727–1779), 1758 katholischer Pfr. in Klösterle am Arlberg, 1774 in Ellwangen, 1776 Dekan in Pondorf (Diözese Regensburg). Wie Blumhardt führt er Krankheiten auf dämonischen Einfluss zurück, vertraut aber neben dem Handauflegen auf exorzistische Praktiken (magische Verwendung des Kreuzzeichens und des Namens Jesu). Seine Heilungen erregen Aufsehen; 20 000 Hilfesuchende sollen ihn 1774–1775 in Ellwangen aufgesucht haben. Seine Grundsätze legt er dar in den Schriften: *Weise, fromm und gesund zu leben, auch ruhig und gottselig zu sterben, oder nützlicher Unterricht, wider den Teufel zu streiten.* 1774, [12]1787; Ders., *Tägliche Ermahnung an alle Christgläubige, wie sich dieselbige durch den Namen Jesus denen Anfechtungen des Teufels widerstreben können.* Augsburg: Bullmann [2]1775.

215 Blumhardts Kritik am Exorzismus geht auf eigenes Erleben zurück. Anfangs hat auch er sich bei Gottliebin Dittus bestimmter Formeln bedient: „Ich legte die Hand auf und sprach wohl 12 Mal hintereinander: ‚Der *HErr JEsus* helfe dir; der HErr JEsus bewahre deinen Leib und Seele'" (*Briefe* 3, 135). Diese Praxis, die er selbst „Exorcismus" nennt, gibt er bald auf zugunsten eines freien Gebets, zu dem er auch die Kranke auffordert (*Krankheitsgeschichte* 40. 41. 46). Jeder Versuch, dem Gebet „mit irgend etwas Besonderem nach[zu]helfen", ziehe selbst wieder „Kräfte der Finsterniß" an (Blumhardt an Unbekannt 28.6.1864; *Briefe* 5, 378). Vgl. *Blätter aus Bad Boll* 1876, Nr. 20: „Alle förmlichen Ceremonien haben den Charakter von Aberglauben und widergöttlichem Wundertun an sich, bei dem man vorhandene Übel eher schlimmer als besser macht." Folglich interpretiert Blumhardt das Wort Jesu Mk 16,17 f. im Sinne eines freien Gebets („[17] Die Zeichen aber, die da folgen werden denen, die da glauben, sind die: in meinem Namen werden sie Teufel austreiben, mit neuen Zungen reden, [18] Schlangen vertreiben [...]; auf die Kranken werden sie die Hände legen, so wird's besser mit ihnen werden").

1842.[216] Von Kerner kannst du's gewiß haben. Kriegst du's, dann will ich dir eine Aufgabe zum Nachdenken geben: „Wie ist Gaßner etc., vorausgesezt, daß Alles, was erzählt wird, wahr ist, zu beurtheilen?" Ich habe viel nachgedacht und das Räthsel gelöst, und so, daß ich jezt auch genügend und unwidersprechlich gegen den Magnetismus, wie er getrieben wird, zu dem aber Gaßners Operationen nicht gehören, mich aussprechen kann, worin mir bisher immer noch etwas fehlte, obwohl ich fühlte, was an ihm ist.

Nimm vorlieb; ich schließe in Eile und grüße noch herzlich.

Dein aufrichtiger Freund
[Johann] Christoph Blumhardt.

Möttlingen, den 11. Juli 1846.

216 Georg Blum, *Der heiligste Name Jesus, das sicherste Hilfsmittel in Krankheiten, wo kein Arzt helfen kann, Oder: Beispiele von Krankenheilungen durch gläubiges Gebet, aus den darüber geführten Protokollen und mehreren anderen Schriften zusammengetragen.* Regensburg 1842.

33. Doris Blumhardt an (Luise von Scheibler).[217] Möttlingen 5.4.1847

LKA Stuttgart, D 50, Kapsel I A 2/III
Druck: Blumhardt, *Briefe* 3, 335–338

Der Pflegesohn Hermann Ergenzinger ist gestorben. Der Selbstmordversuch einer schwermütigen Frau. Blumhardt hat sich von einer schweren Erkrankung erholt.

Möttlingen, 5. April 1847.

Theuerste mütterliche Freundin!
[...] Doch ich muß eilen, die kurzen Stunden zu einer gedrängten Mittheilung zu benützen. Am letzten Februar erlag unser lieber, nun seliger Herrmann[218] einer Reihe von heftigen Anfällen, die sich in der Nacht zuvor wenigstens 12mal wiederholten. Es war ein Samstag, der dieser schauerlichen Nacht folgte; er kam nicht mehr zu sich diesen ganzen Tag, sondern lag in heftigem Schweiß, stark röchelnd, ganz steif in seinem Bette, so daß wir ihn erst gegen Abend, als größere Schwäche eingetreten war, in das hintere Zimmer, wo Gottliebin schläft, bringen konnten. [...] – Sonntag Morgen um ½

---

217 Theodore Luise von Scheibler geb. Rupe (1778–1853) im westfälischen Iserlohn. Sie hat 1846 in Möttlingen Hilfe gesucht und ist dort zu einer „Mitarbeiterin" geworden, „die in Einem Bunde mit uns steht und einerlei Ziel mit uns erstrebt" (Blumhardt an Scheibler 12.10.1846). Luise von Scheibler unterstützt die Familie Blumhardt durch Sach- und Geldspenden. Am 10.1.1853 ist sie in Bad Boll gestorben (Grabstein auf dem Boller Badfriedhof). – Vgl. Friedhelm Groth, *Die Iserlohnerin Luise von Scheibler. Ihr Weg von der Brüdergemeine in der Grafschaft Mark zu Johann Christoph Blumhardt in Möttlingen und Bad Boll.* In: BWKG 106 (2006), 161–192.

218 Der an (offensichtlich epileptischen) Anfällen leidende und als Pflegesohn ins Möttlinger Pfarrhaus aufgenommene Hermann Ergenzinger stirbt am 28.2.1847. Zu seiner Beerdigung verfasst Blumhardt einige Verse (LKA, D 50, Kapsel I A 5, Mappe Widmungsgedichte): „[...] Schmerzlich Betrübter, den wir begraben,/ Weil dich der Tod zur Ruh' gewiegt,/ Selig, ja selig bist du; dich haben/ Die Fäuste Satans nicht besiegt./ Der Strick des Voglers ist entzwei,/ Er ist zerrissen und du frei!/ Hallelujah! Hallelujah!"

6 Uhr schied er sanft und ruhig von uns – nachdem er noch bei den letzten Athemzügen seine Augen aufhob und uns Beide und Gottliebin […] heiter lächelnd angesehen hatte. – Er hatte sich – ohne daß wir es eigentlich recht merken wollten – [*gestrichen*: was bei seiner so kräftigen Natur wohl begreiflich war] in der letzten Zeit viel mit dem Tode vertraut gemacht und namentlich gegen Hansjörg[219] sich vielfach dahin geäußert; allein Niemand faßte seine Äußerung so ernst auf, weil er körperlich und geistig sich so gut und hoffnungsvoll entwickelte. – So hatten wir also den 1. Merz angetreten! Die Botschaft von seinem Tode machte überall, namentlich bei seinen Verwandten, tiefe Eindrücke. Am Mittwoch darauf war die Beerdigung, am Tage zuvor die von den Verwandten verlangte Section! 3 Ärzte – alle über die Maaßen freundschaftlich – waren in unserm Hause beschäftigt. – Was in jenen Tagen in unsern Herzen vorging, der Schmerz um einen [*gestrichen:* wie ein] eigenen geliebten Sohn und alles, was hinzu gehört, das können Sie sich, Theuerste, besser denken, als ichs beschreiben kann. – Die Gesundheit meines lieben Mannes erlitt dadurch den ersten Stoß, nachdem er schon einige Zeit vorher viel Angegriffenheit gefühlt hatte.

[…] Als ich heimkam, traf ich eine junge schwermüthige Wirthsfrau[220] mit ihrer Mutter bei uns an, die einige Zeit im Wirthshaus logieren wollte und in unserm Hause die weitere Versorgung fand. Ihr Zustand war schlimmer, als er sich eigentlich äußerte, und nach einigen Tagen bat uns die Mutter gar dringend, wir möchten doch wo möglich ein Plätzchen im Hause für ihre Tochter einräumen, da sie dieselbe bei der Nacht nicht

219 Johann Georg Dittus.

220 Vgl. das Folgende mit der ausführlichen, zum Teil abweichenden Schilderung Friedrich Zündels (*Lebensbild*, 218–220), zu Blumhardts Zeit häufiger Besucher in Möttlingen, der auf Erzählungen der Beteiligten zurückgreifen kann.

mehr allein bewachen könne. Wir thatens mit viel Einschränkung, weil wir gerade Handwerksleute im Haus hatten. – Aber denken Sie, am ersten Morgen, welch ein Schrecken! nachdem sie unsre Mädchen nur einige Minuten allein gelassen – hatte sie die Thüre von Innen gerigelt und sich ans Fenster aufgehengt! – Wir sahen durchs Schlüsselloch das Nöthigste, und mein lieber Mann, wie immer nüchtern und besonnen, er war eben aus dem Bett gesprungen, sprengte mit der Axt die Thüre entzwei und knüpfte mit Gottliebin die Unglückliche los. Aber da schien schon alles Leben geschwunden zu sein – eine gute Viertelstunde rangen und arbeiteten wir, um der Ehre Jesu willen, um ihr Leben, und siehe! der Herr schenkte es! Es folgte darauf ein mehrstündiger fürchterlicher Kampf, indem die Person wie vom Teufel besessen wurde und schauerlich auf dem Bett herumraste, so daß sie immer durch 4 Personen gehalten werden mußte. Sie erholte sich aber auch hievon schnell, und nach 2 Tagen zog sie mit ihren Eltern nach Hause mit den besten Aussichten zu ihrer völligen Genesung. –

Während diesem allem lag unser lieber Schultheiß[221] – und schon manche Woche zuvor – bedenklich krank darnieder und ließ uns immer weniger Hoffnung zu seiner Wiedergenesung. [...] *Er* hatte ein *seltenes* Ende; wir waren Beide zugegen; er war bei völligem Bewußtsein bis zum letzten Athemzug! Mündlich ein Mehreres hievon. Gestern vor 14 Tagen am Sonntage war die Beerdigung. Eine ungemeine Menschenmenge war zugegen. Dieser Todesfall – und die Trennung von seinem 2ten und letzten getreuen Mitkämpfer[222] – waren noch herbe Stöße für meinen lieben, immer mehr angegriffe-

221 Der mit Blumhardt befreundete Möttlinger Schultheiß Christian Friedrich Kraushaar.

222 Im Oktober 1846 ist bereits Mose Stanger gestorben, der mit Kraushaar und Blumhardt die Ereignisse um Gottliebin Dittus begleitet und an ge-

nen Gatten. Er hielt noch die Predigt und Leichenrede an jenem Sonntag mit großer Anstrengung; raffte sich auch am Montag immer wieder auf, aber am Dienstag früh blieb er schwer krank liegen. Es schien ein starker Nervenfieber[223] Anfall zu sein, wobei auch sein Gemüth, das öfters zu heftig erschüttert worden war, bedeutend ergriffen war. Wir schwebten mehrere Tage in nicht geringer Angst, da es schien, als ob der Herr begonnen hätte und *fortfahren* wollte, alle Stützen unsrer Gemeinde fallen zu lassen! – Das war eine neue Erfahrung für mich, Theuerste! – und eine Schule, in der ich noch manche wichtige Lextion zu lernen hatte! – Der Herr aber sah unsre Thränen und der ganzen Gemeinde Flehen gnädig an, und schon nach 8 Tagen stellte sich eine entschiedene Besserung ein; und bis zum Gründonnerstag hatten wir die große Freude, unsern lieben Seelsorger wieder auf der Kanzel zu sehen. [...]

34. Blumhardt an (Luise von Scheibler). Möttlingen 8.2.1848

LKA Stuttgart, D 50, Kapsel I A 2/III
Druck: Blumhardt, *Briefe* 3, 349–353

Tätigkeiten des Möttlinger Lokal-Wohltätigkeitsvereins. Gedanken über den noch verschlossenen Himmel und das Mitwirken der Gläubigen.

Liebe, theure Freundin!
[...] Neuerer Zeit mache ich auch Glaubenspläne mit meiner Gemeinde, der ich allmälig auch äußerlich etwas aufhelfen möchte, denn es blutet mir oft fast das Herz

---

meinsamen Gebetsversammlungen und Besprechungen teilgenommen hat (*Krankheitsgeschichte*, 39. 41).

223 Brief Nr. 20, Anm. 132.

über ihrem Elend. Wir haben nun einen Local-Wohlthätigkeits Verein[224] gestiftet. Sieben Ausschußglieder sind gewählt, und ich bin Präsident. Seit dem November lasse ich des Samstags opfern in der Schule für die Vereinskasse. In der Regel fallen so etwa 2 f. So habe ich angefangen, mußte freilich dann auch Accidenzgelder[225] drauf legen, daß es in 2 Monaten circa 30 f. wurden. Unterdessen glückte mir's, 100 f., die ich für Haugstett, das sich nicht recht will bearbeiten lassen, entlehnt hatte, in kleineren Portionen zurückzubekommen. Ehe ich's bei einander hatte, kam der eine und der andere Möttlinger und wollte Geld entlehnen, weil der Presser[226] gar scharf umlief. Was machen? Ich gab von dem Eingegangenen. Allein wie weiter nun? Plözlich kommt mir's, eben die 100 f. der Vereinskasse zu leihen, daß die Schuld, die ich nach außen hatte, an sie übergehe, damit ein Anfang zu einer kleinen Leihkasse, die so wohlthätig wäre, gemacht wurde. Gedacht, gethan! Meine Her-

224 Im Hungerjahr 1847 erlässt die Königliche Zentralleitung des Wohltätigkeitsvereins in Württemberg einen Aufruf zur Bildung von lokalen Wohltätigkeitsvereinen. Das von jeher arme Möttlingen, dem ausreichende landwirtschaftliche Flächen und Industrieansiedlungen fehlen, greift diese Anregung auf. Der neugegründete Verein unter dem Vorsitzenden Blumhardt versteht sich als Leihkasse, die kleinere Geldsummen um einen niedrigen Zinsbetrag (4%) verleiht, dann auch als Einrichtung zur Wirtschaftsförderung, die mit Phantasie neue Erwerbsquellen erschließt. Seit Januar 1851 wird die Leihkasse auch als Viehleihkasse benutzt. Der Verein stellt Möttlingern eine Kuh zur Verfügung; ein Teil des Erlöses aus dem Milchverkauf (später aus dem Verkauf der Kälber) wird als Rückzahlungsrate eingefordert (Blumhardt an Barth 24.1.1851 [*Briefe* 4, 427]; Blumhardt, *Statuten des Lokal-Wohlthätigkeits-Vereins, im Besondern der Vieh-Leih-Kasse zu Möttlingen*. Stuttgart 1875, § 7). – Viehleihkassen entstehen seit etwa 1849 auch an anderen Orten Württembergs (StA Ludwigsburg, E 192: Staatliche Armenkommission. Für Calw: Bü. 235).

225 Die Besoldung eines Pfarrers bestand aus einem feststehenden Geldbetrag und Naturalien sowie aus veränderlichen Einkommensteilen. Zu letzteren gehören die „Accidenzien“, zusätzlich anfallende Entschädigungen etwa für Dienstwege zu Beerdigungen im Filial. – Neben diesen Beiträgen aus der eigenen Schatulle unterstützt Blumhardt auch in der Bad Boller Zeit (1852 ff.) die Möttlinger Leihkasse durch namhafte Summen, bis 1875 über 1 300 fl. (*Statuten*, Vorbemerkung).

226 Geldverleiher und -eintreiber.

ren nahmen's an; ich erhielt noch 30 f. für die Kasse als Anleihen; und nun sind 150 f. in kleinen Portionen zu 8, 10, 15, 20 f. an die Leute ausgeliehen, die guldenweise wieder heimzahlen dürfen und sollen, damit man Andern wieder helfe u.s.f. Das hat große Freude gemacht, und so sehe ich schon in etwas hinaus, wenn das der liebe Gott ließe zulezt ins Große gehen.

Das wäre Eines. Dann hieß es, die Leute hätten Zeit zum Spinnen, und den Armen sollte man Muth machen. Rasch wurde vom Verein Abwerg[227] gekauft. Für's Pfund, an dem man 2 Tage spinnen muß, ist der gewöhnliche Lohn 5–6 Kreuzer!! Ich sagte, wir geben 7 Kreuzer! Die Herren wollten nicht recht dran, meinend, der Verlust sei zu groß. Allein ich blieb dabei: „entweder gebt ihr den siebenten Kreuzer oder ich." Dann ging's; und nun ist diese Spinnanstalt in gutem Gange, denn der Eine Kreuzer hat Muth gemacht! So gehts unter armen Leuten zu! Noch weiter! Die Leute sammelten den Winter über sogenannte Hätteln, d.h. Tannenzapfen, auf die Gipfel der Tannen mit Lebensgefahr kletternd, und sammelten täglich 2–3 Säcke. Sie hatten sich an einen Accordenten[228] gehängt, 4 Stunden von hier, der aber so lange hinhielt und zulezt gar fehlen konnte. Da hatten denn die Leute die Häuser voll Hätteln, und Niemand wollte sie kaufen; und doch mußte Geld her, weil der Presser kam (für die im vorigen Jahre empfangene Hungerfrucht). Ich erfahre das und dachte: am End' kaufts der Verein und richtet eine Dörre ein, gewinnt den Saamen, verkauft den etc. und kommt durch mit dem Segen des HErrn. Man lobts und ist's zufrieden, und in Stuttgart sprach ich Reihlen um

227 Abfall beim Hecheln von Flachs oder Hanf, für grobe Gewebe noch brauchbar (Fischer, *Schwäbisches Wörterbuch* 1, 547).

228 Vertragspartner, der die Abnahme der Ware garantiert hat.

150 f. Vorschuß an.[229] Bis dieses Geld kam, hielt doch endlich jener Accordent ein, und die meisten Hätteln kamen fort. Dessenungeachtet fang' ich auch an und sage es den Leuten, sie sollen nur holen; wir kaufen, was sie bringen. Nun sind schon gegen 100 Säcke gekauft, und ist das Wetter günstig, so wird doch noch mancher Gulden (für den Sack kriegen sie 20 Kr.) verdient. Im nächsten Winter aber gedenken wir's, wenn der kleine Anfang glückt, ins Größere zu treiben. So habe ich doch jezt eine dreifache Thätigkeit, die zwar ganz klein noch ist; aber mit Kleinem muß man anfangen, wenn Segen kommen soll. Schon will ein viertes Unternehmen empfohlen werden, nämlich eine Steingrube aufzusuchen! – Doch ich werde fast zu weitläuftig. Als einer guten Möttlingerin mußte ich Ihnen aber doch das Alles auch erzählen und meine fast, es werde Sie auch sehr interessiren. –

Was die Kleinkinderschule betrifft, so wissen Sie ja, daß wir unsre Sophie nach Leutesheim zu Frau Jolberg in eine Anstalt gethan haben,[230] damit sie noch lerne und die Schule mit Verstand und Geschick leiten lerne. [...]

---

229 Reihle(n), Kaufmann in Stuttgart. – Im Winter 1851/1852 werden wieder Fichtenzapfen gesammelt und verarbeitet. Blumhardt erkundigt sich bei befreundeten Kaufleuten in Hamburg und Straßburg nach Absatzmöglichkeiten und Preisen (Blumhardt an Bahn [Behn?] 23.1.1852; *Briefe* 3, 602).

230 Erste Lehrerin in der 1844 gegründeten Möttlinger Kleinkinderschule ist Gottliebin Dittus (siehe oben Nr. 8, Anm. 73). Als man sie im Pfarrhaus braucht, um die schwangere Doris Blumhardt zu entlasten, wird im Sommer 1847 Sophie Stammbach ihre Nachfolgerin. – Diese wird im Winter 1847/1848 von Regine Jolberg im badischen Leutesheim unterrichtet und kehrt am 12.4.1848 nach Möttlingen zurück. Die Kinder empfangen sie mit Kränzen und einem Lied (Doris Blumhardt an Karl Köllner 13.4.1848; *Briefe* 3, 358). – Regine Jolberg (1800–1870), 1845 Gründerin des ersten Mutterhauses einer evangelischen Schwesternschaft für Kinderpflege in Leutesheim bei Kehl. Vgl. Helmut Bornhak, *Regine Jolberg*. Stuttgart 1965; Adelheid M. von Hauff, *Regine Jolberg (1800–1870). Leben, Werk und Pädagogik. „Das ganze Wesen der Kinderpflege ist Liebe.“* Heidelberg 2002.

Unsre inneren Kämpfe würden Sie auch wohl interessiren, namentlich, auf was für neue Gedanken ich je und je komme. Das kann ich aber nicht so hererzählen; dazu muß man hier sein. Mein leztes war, daß ich auseinanderlegte, wie der Himmel eigentlich gegenwärtig noch verschlossen sei, so daß es Mühe koste, bis man in Allem den lebendigen Gott so zu fühlen bekomme, wie das im Alten und Neuen Testament der Fall war. Das habe ich umständlich erklärt und hinzugesezt, unser Beruf sei zu *klopfen*. Unser Beten müsse ein Klopfen werden, bis die Thüre aufgehe;[231] und wenn einmal eine Oeffnung gemacht sei, dann gehe bald Alles auf und werde die Hülle erschüttert und gar aufgedeckt, bis der HErr wieder wohnend zu uns komme. Einstweilen aber sei es, wie wenn der HErr drinnen in der Kammer sage: „Mache mir nicht so viele Unruhe, geh' fort, ich kann dir nicht aufwarten."[232] Aber wir müssen unverschämt

---

231 Blumhardt erhofft eine erneute Ausgießung des Heiligen Geistes; dies werde ein bedeutender Fortschritt im Reich Gottes sein (Brief Nr. 11, Anm. 93). Zum „Klopfen" vgl. seine Predigt über Lk 11,9–13: *Vom rechten Bitten. Predigt in Möttlingen am 17.5.1846*. In: *Predigtblätter aus Bad Boll* 3, Nr. 10–12, 303–318). Dabei sieht er durchaus, dass das menschliche Hoffen und Beten für das Kommen des Reiches in Spannung mit dem göttlichem Handeln steht. Äußerungen wie: „Sein Wiederkommen kann nicht sein, wenn nicht abermals ein Entgegenkommen auf Seiten des Menschen geschieht" (*Predigtblätter aus Bad Boll* 2, 292 f.), oder: „Das Rad läuft nicht fort, wenn wir nicht helfen treiben" (*Evangelienpredigten*, 294), beschreiben die eine Seite des Spannungsverhältnisses. Andererseits schließt Blumhardt jede Art von menschlichem Aktivismus aus (*Evangelienpredigten*, 300): „Bis auf den heutigen Tag zeigt es sich, daß die eigene übertriebene Geschäftigkeit, die man auch in Sachen des Reiches Gottes versucht, zu nichts führt, ja im Gegenteil oft noch nach manchen Seiten ein großer Hemmschuh werden kann."
Für ihn ist das Kommen des Reiches Gottes keine Möglichkeit des Menschen. Jürgen Voormann weist auf den Kontext von Blumhardts Pneumatologie: Es ist der Geist Gottes, „der den Menschen [...] nicht der Neutralität überläßt, sondern ihn in den Kampf zwischen altem und neuem Äon hineinstellt und so zu eigenem Tun herausfordert" (*Die Eschatologie in den Predigten des älteren Blumhardt*. Häusliche Prüfungsarbeit zur II. Evang.-theol. Dienstprüfung der Württembergischen Landeskirche 1969, 23). – Vgl. Ising, *Blumhardt Leben und Werk*, 205 f. 298–300.

232 Vgl. Lk 11,7.

seyn und fortklopfen, bis Er aufmacht – und wenn's nur einmal offen ist! Ich, so schloß ich, klopfe einmal fort; so klopfet mir nach, und jeder kann mit seinem Kämpfen an der dicken Rinde etwas wegklopfen und locker machen helfen, und jeder Seufzer macht, daß vom Felsen etwas abfällt! – So habe ich gesprochen und, meine liebe Bundesgenossin, nicht wahr? Sie klopfen auch! Nur frisch dran! Ists uns doch befohlen: „Klopfet an, so wird euch aufgethan!"[233] – [...]

Mit der herzlichsten Liebe und Freundschaft
Ihr treuer Bruder, Freund, Gevatter, Sohn
[Johann] Christoph Blumhardt.

Möttlingen, den 8. Februar 1848.

Unser Verschen habe ich so verändert:

JEsus ist der Siegesheld,
Der all' Seine Feind' besieget;
JEsus ists, dem alle Welt
Bald zu Seinen Füßen lieget;
JEsus ist's, der kommt mit Pracht
Und zum Licht führt aus der Nacht.[234] [...]

233 Mt 7,7; Lk 11,9.

234 Vgl. oben Nr. 8, Anm. 69. Die letzten beiden Zeilen lauteten ursprünglich: „JEsus ist's, der prächtig kömmt / und die Seinen zu sich nimmt." Zur Entstehung des Liedes: Zündel, *Lebensbild,* 234 f.

35. Blumhardt an (Luise von Scheibler). Möttlingen (10. und) 14.6.1848

LKA Stuttgart, D 50, Kapsel I A 2/III
Druck: Blumhardt, *Briefe* 3, 360–363

Blumhardts Deutung der Revolution von 1848 im Rahmen seiner Reichgotteshoffnung.

Herzlich geliebte Freundin!
[...] Die jezt angebrochene Zeit halte ich für die größte Gnadenheimsuchung Gottes,[235] die seit Jahrhunderten über der Christenheit angebrochen ist. Das scheint sie nun freilich nicht zu seyn, wenn man sie nach der Außenseite ansieht. Sie ist es aber darum, weil jezt eine Weckstimme durch alle Völker geht: Thut Buße, der HErr ist nahe![236] Eben die Nähe des HErrn ist Ursache der Erschütterungen, die die Völker erfaßt hat, obwohl diesen selbst es noch nicht klar ist. Es geht ungefähr nach dem Wort in Psalm 50 (will's im Verse schreiben):[237]

„Gott der HErr, der Mächt'ge, zeuget
Und ruft der Welt; ja Er nicht schweiget
Vom Aufgang bis zum Niedergang.

---

235 Die revolutionären Ereignisse von 1848 stellt Blumhardt in den Zusammenhang der von ihm erhofften baldigen Wiederkunft Christi. Die „Erschütterungen aller Staaten, Throne, Stände, Gewerbe" (siehe unten S. 121, Z. 34 f.) dienen zur Vorbereitung auf dieses Ereignis; der nächste Schritt wird eine neue Geistausgießung sein, aber auch Schrecknisse und Zeichen am Himmel (siehe unten S. 122, Z. 21 – S. 123, Z. 1). Damit kann er der Revolution von 1848, auch wenn der Teufel darin „wüthet", einen positiven Grundzug abgewinnen. Nicht die Revolutionäre sind die eigentlichen Akteure, sondern Gott, der souverän die Geschichte lenkt (Ising, *Eine „Weckstimme durch alle Völker"*, 286–308; Ders., *Blumhardt Leben und Werk*, 208–218). – Vgl. Lucian Hölscher, *Die Nähe des Endes: Pietistische und säkulare Zukunftsentwürfe in der ersten Hälfte des 19. Jahrhunderts;* in: Wolfgang Breul/ Jan Carsten Schnurr (Hgg.), *Geschichtsbewusstsein und Zukunftserwartung in Pietismus und Erweckungsbewegung* (AGP 59). Göttingen 2013, 289–299 (zu Blumhardt: 294).

236 Vgl. Mt 4,17; Mk 1,15.

237 Ps 50,1–6. Veröffentlicht in Blumhardt, *Psalmlieder*, Nr. 58.

Gott erglänzt in voller Schöne
Aus Zion; Er kommt mit Getöne,
Schweigt nicht und macht den Völkern bang'.
Ein fressend Feuer geht
Vor Ihm, und um Ihn steht
Großes Wetter.
Dem Himmelsheer',
Der Erd' ruft Er;
Denn richten will Sein Volk der HErr."

Mir ist es, liebe Freundin, lauter Freude, in der jezigen Zeit zu stehen. Ich habe sie seit 4 Jahren geahnt, gepredigt, ja hergebetet. Denn das bisherige faule, morsche Wesen ließ nichts Gutes mehr aufkommen; es mußte etwas Anderes und Neues kommen. Ohne Gährungen und peinliche Erschütterungen konnte das nicht geschehen; aber es mußte kommen, kostete es, was es wollte, wenn nicht Alles sollte verloren seyn und die ganze Christenheit in ein vollkommenes Nichts zurücksinken sollte. Daß auf einmal und so plötzlich der todte Leichnam in allen seinen Adern sich regen sollte, hätte ich mir freilich vorher nicht träumen können. Das aber ist eine große Wunderthat Gottes und der größte Beweis, daß der HErr Großes, unermeßlich Großes vorhabe, daß wie mit Einem Schlag die ganze Welt gerührt und in ihrem tiefsten Grunde erschüttert wurde. Das kam vom HErrn! Solches überlegen Viele nicht, die nur die bösen Werkzeuge ansehen und deren Gedanken und Plane ins Auge fassen. Aber es ist ein großer Fehler, wenn man das übersieht, daß es vom HErrn ist und nicht vom Teufel, der wohl auch drin rührt und wüthet, der es aber nicht angefangen hat und auch nicht fortsezen darf, wider den vielmehr Alles am Ende hinausgeführt wird. Die Erschütterungen aller Staaten, Throne, Stände, Gewerbe waren eine absolut nothwendige Sache, weil ohne sie der HErr sein Werk nicht weiter führen konnte. Neuerungen, Veränderungen aller Art mußten und müßen erfolgen, weil zu dem neuen Werk, das Gott vorhat, neue Rahmen nöthig waren. Nun probirt freilich der Teufel, Alles zu verderben;[238] und in Frankreich namentlich ist ihm fast viel[239] eingeräumt worden. Man überlege aber, wie leicht sich doch im Ganzen Alles bei uns gemacht hat, wie bei den großen Hetzen und Aufruhren doch fast überall, wenigstens verhältnißmäßig, Alles so gut und gnädig bis jezt abgelaufen ist,[240] wie viele Bewahrungen überall vorgekommen sind, wie die Gottlosen immer wieder in ihre Schranken zurückgewiesen worden sind; und man muß schon daran erkennen, daß die richtende Hand Gottes eine gnädige ist, die noch nicht zu verderben ausgereckt ist. Das nächste Ziel Gottes aber ist eine Neubelebung der Christenheit; und ich bin der getrosten Zuversicht, daß wir bald ein Forschen und Suchen und Eilen zum Reich Gottes wahrnehmen werden, wie seit der apostolischen Zeit nicht mehr gewesen ist, besonders wenn der HErr noch unmittelbarer zeugen wird durch neue Kräfte des heiligen Geistes, durch andere Schrecknisse,

238 Mit der zerstörerischen Seite der Revolution wird Blumhardt im folgenden Jahr konfrontiert. Als er der Bitte des preußischen Königshauses nachkommt, sich der gemütskranken Prinzessin Luise von Preußen anzunehmen (Brief Nr. 37 mit Anm. 252 f.), wird er im Mai 1849 Zeuge der republikanischen Aufstände in Elberfeld und Düsseldorf (Blumhardt an Barth 13.5.1849; *Briefe* 3, 400 f.). Kurz darauf gerät er in die Wirren der badischen Soldatenaufstände in Rastatt und Karlsruhe (Blumhardt an Barth 15.5.1849; *Briefe* 3, 402 f.). – Blumhardt ist um die Einführung demokratischer Elemente bemüht. Seine Teilnahme an einer Bürgerversammlung, die es sich zur Aufgabe macht, „die Begehren des Volks an die Behörden zu sammeln, zu sichten und einzusenden", wird nur durch Krankheit verhindert (Doris Blumhardt an Karl Köllner 13.4.1848; *Briefe* 3, 357 f.). Jedoch lehnt er ein republikanisches, konsequent demokratisch verfasstes Staatswesen ab; dem aufklärerischen Gleichheitsprinzip erteilt er eine Absage (Ising, *Blumhardt Leben und Werk*, 211–215).

239 Sehr viel; vgl. Grimm, *Deutsches Wörterbuch* 3, 1348–1350.

240 Die republikanische Erhebung in Baden im April 1848 ist durch Bundestruppen niedergeschlagen worden.

durch Zeichen auch am Himmel, durch großes Sterben und Anderes, was Alles nach einander kommen kann, nur um zu wecken und das Volk Gottes zum Empfang des HErrn zuzubereiten. In unsrem Lande entstehen die auffallendsten Erweckungen, in ganzen Gemeinden und Kreisen.[241] O liebe Mama, ich jauchze; denn der HErr hat sich aufgemacht, Seinem Volke wieder nahe zu kommen.

Aber – sagen Sie, es sieht doch erschrecklich aus – die Gewerbe, die Fabriken![242] Ich aber antworte: nur Geduld! das muß Alles wieder besser kommen. Das ist nur ein Durchgangspunkt; und wenn der auch etwas andauert, so verzage man nicht. [...]

Ihr treu liebender Sohn
[Johann] Christoph Blumhardt.

Möttlingen, den 14. Juni 1848.

---

241 Vgl. Blumhardt an Scheibler 11.7.1848 (*Briefe* 3, 363 f.): „Vor 8 Tagen ist wieder ein ganzes Dorf, 6 Stunden von hier, aufgewacht." Einige Jahre später berichtet Blumhardt von der Erweckung eines Dorfes in der Umgebung des elsässischen Rothau (an Siebel 7.3.1855; *Briefe* 5, 96): „In einem Dorfe, auf den höchsten Bergen ganz versteckt liegend, sehr arm und elend, habe ich's so gefunden, daß ich's ein zweites Möttlingen nannte. Da thut aber der HErr alle Tage Großes an Leib und Seele."

242 Luise von Scheibler stammt aus einer wohlhabenden Iserlohner Kaufmannsfamilie.

36. Blumhardt an Eduard Mörike.[243] Möttlingen 5.10.1848
Schiller-Nationalmuseum/ Deutsches Literaturarchiv Marbach am Neckar, A: Mörike 1; HS.2004.10.24
Druck: Blumhardt, *Briefe* 3, 370–373

Mörikes Besuch hat wohlgetan. Blumhardt bietet ihm an, sein Hausgenosse in Möttlingen zu werden. Über Doris Blumhardt. Wunderglaube ist keine Nebensache, sondern ein Kriterium wahren Glaubens. Das Ohrleiden eines 12-jährigen Mädchens wurde geheilt.

Mein theurer Freund!
[…] Mit dir konnte ich doch auch ein Wort reden,[244] und wie wünschte ich, dich näher oder ganz bei mir zu haben! Mit allem Ernst denke ich daran, dich zu kriegen. Ich will nur nicht vorgreifen. Aber so viel sage ich dir: wenn dir der leiseste Gedanke oder Wunsch kommt, auf ¼ oder ½ Jahr oder gar deinen Sitz hieher, d. h. in mein Haus, als mein Hausgenosse (versteht sich, mit

---

243 *Eduard* Friedrich Mörike (1804–1875), Pfarrer und Dichter, mit Joh. Chr. Blumhardt seit der gemeinsamen Zeit im Tübinger Stift (1825–1826) befreundet. 1826 ff. Vikariate in verschiedenen württembergischen Gemeinden, 1834–1843 Pfr. in Cleversulzbach, 1851 Ehe mit Margarete geb. von Speeth, 1852–1866 Lehrer am Katharinenstift in Stuttgart, 1853 Dr. phil. h.c. Tübingen. – Die Freundschaft mit Blumhardt in der Tübinger Zeit hat sich in einem zu großen Teilen erhaltenen und kommentierten Briefwechsel niedergeschlagen: Blumhardt, *Briefe* 1, 49–158; *Briefe* 2, 113–120. 132–252. Vgl. *Eduard Mörike. Werke und Briefe. Historisch-kritische Gesamtausgabe,* hg. von Hans-Henrik Krummacher, Herbert Meyer und Bernhard Zeller, Bd. 10: *Briefe 1811–1828.* Stuttgart 1982; Ising, *Blumhardt Leben und Werk,* 55–63.

244 Zur Vorgeschichte des Briefes: Mörike leidet an Rückenschmerzen und Gehbeschwerden. Im Sommer 1848 sucht er Blumhardt in Möttlingen auf; nach Gesprächen mit dem Freund und Handauflegung kann er sich am zweiten Tag seines Aufenthalts wieder frei bewegen (Blumhardt, *Briefe* 4, 331 f.). Erst nach Jahren kehren die rheumatischen Beschwerden zurück. Mörikes Freunde Friedrich Theodor Vischer und David Friedrich Strauß glauben nicht an eine Gebetsheilung: „Der Blumhardt hat ihn [Mörike] kuriert, d. h. die Superstition [Aberglaube] hat durch ein paar starke Rucke ihm das Blut wieder in die lahmgeträumten Füße geschüttelt" (Vischer an Strauß 26.10.1851; zitiert nach Adolf Rapp [Hg.], *Briefwechsel zwischen Strauß und Vischer,* Bd. 2. Stuttgart 1953, 20).

der lieben Clara[245]) zu verlegen, so steht dir von meiner und meiner Frau Seite nichts im Wege, den Gedanken zu verfolgen. Ich wollte dir auch, wenn du wolltest und so viel du wolltest, Arbeit geben, namentlich mit meinen jungen Studenten; ich wollte dich ins Amt wieder einleiten, daß du wieder predigtest[246] etc. [...]

Meine Frau hat dich ganz verstanden und ganz liebgewonnen. Du hast gefunden, daß zwischen mir und ihr kein Unterschied ist, als daß sie Frau ist und ich Mann. Es ist kein Gedanke, keine Erfahrung und Wahrnehmung, keine Gemüthserscheinung in mir, sei's noch so klein oder groß, die ich nicht mit ihr theilen könnte. Wo sie hinkommt, ist's, wie wenn ich käme, nur daß sie subtiler das Nöthige anzubringen weiß als ich. So darfst du nicht glauben, daß ihr gegen dich noch etwas abgehe. Freilich hat sie's bedauert, dich nicht mehr gehabt und namentlich nicht in Stuttgart gesehen zu haben. Aber bin ich fröhlich, wenn du bei uns einkehrst, so ist sie's zweimal, weil sie's dazu noch auch mir so sehr gönnt.

Deine Mittheilungen über Stirm und Schwab[247] haben mich gaudirt. Ich habe mir's übrigens immer so gedacht, wie du es schreibst. Daß du von mir sprachst, war ganz recht; auch im Verschweigen der Handauflegung[248] hast du ganz den richtigen Tact gehabt. Bei Schwab, glaube ich, könnte man etwas tiefer kommen als viel-

---

245 Klara („Klärchen") Mörike (1816–1903), Schwester von Eduard Mörike.

246 Als Vikar hat Mörike vergeblich einen Weg gesucht, dem Pfarramt zu entgehen, um uneingeschränkt seiner dichterischen Begabung leben zu können. 1848 kehrt er nicht wieder in den geistlichen Beruf zurück.

247 Oberkonsistorialrat Karl Heinrich von Stirm (1799–1873), der als Repetent in Schöntal und darauf im Tübinger Stift Blumhardt unterrichtet hat, deutet die Möttlinger Heilungen als „siderischen Magnetismus" (vgl. Brief Nr. 3, Anm. 13). Dagegen scheint der Dichter und Oberkonsistorialrat Gustav Schwab (1792–1850) aufgeschlossener zu sein für Blumhardts Deutung der Heilungen. Beide hat Mörike Ende August 1848 nach seinem Möttlinger Aufenthalt in Stuttgart aufgesucht (Hans-Ulrich Simon, *Mörike-Chronik*. Stuttgart 1981, 188).

248 Mit Erlass vom 23.1.1846 hat das Konsistorium Blumhardt verboten, Kranken die Hände aufzulegen (Brief Nr. 27, Anm. 157).

leicht bei St[irm]. Denn wie mich zunächst die Leute auffassen, muß ich mir gefallen lassen ad melius informandum papam.[249] Das aber ist wunderlich, wie die Leute partout nicht an Gott glauben wollen. Lieber Natur ohne Selbstbewußtsein, oder gar den Teufel, als Gott! Glaube mir, Lieber! der sogenannte Wunderglaube ist wichtiger, als Theologen und practische Christen heutzutage annehmen. Beide halten ihn für etwas Unwesentliches mindestens. Ich aber finde täglich mehr wahr, daß man, je nachdem man ihn hat oder nicht hat, so Glauben an Gott hat oder nicht. […]

Apropos! vor 14 Tagen wurde mir an einem Sonntag gemeldet von einem 12jährigen Mädchen, das sich vor 5/4 Jahren einen Samenkern (von einer Tyroler Steinfrucht) ins Ohr gesteckt hat. Dieser Kern ging im Ohr auf, und es wuchs fingerslang zum Ohr heraus. Das wurde natürlich ausgerissen, und die Aerzte versuchten Alles, den Kern zu kriegen, der aber fein stecken blieb. Das Kind hatte fortwährend große Schmerzen. Das meldete man mir. Ich hatte sogleich Hoffnung und sagte, sie sollen das Kind nur zur Kirche bringen; der Kern werde von selbst herausfallen. (Denn Erfahrungen anderer Art berechtigten mich zu dieser Hoffnung.) Die Leute gehen getröstet fort (6 Stunden weit). Am Mittwoch drauf fühlt das Mädchen plötzlich eine Bewegung am Ohr, und in wenigen Minuten fiel der Kern von selbst heraus. Am Sonntag kamen sie dann alle mit dem Kinde und zeigten den Kern vor. Das war aber ein Jubel und eine Freude! […]

249 (Wie Luther in seiner Schrift) an den Papst zur besseren Information. – Martin Luthers Appell an den Papst nach der ergebnislosen Begegnung mit Cajetan auf dem Augsburger Reichstag 1518 (*Appellatio M. Lutheri a Caietano ad Papam* vom 16.10.1518): Luther, WA 2; 32,30–38. Für den Hinweis danke ich Herrn Dr. Christof Windhorst/Löhne.

Grüße noch herzlich die liebe Clara. Studieret eben fein in der Schrift mit einander, und nehmet sie nur, wie sie lautet.[250] Der liebe Gott helfe euch durch Seinen Geist von Wahrheit zu Wahrheit.[251] Vor Ihm gedenke ich deiner in allen deinen Anliegen.

Dein treuer Freund [Johann] Christoph Blumhardt.
Möttlingen bei Calw, 5. October 1848.

37. Blumhardt an (Luise von Scheibler). Möttlingen 24.4.1849

LKA Stuttgart, D 50, Kapsel I A 2/III
Druck: Blumhardt, *Briefe* 3, 397 f.

Die Prinzessin von Preußen bittet um Blumhardts Besuch; er wird zu ihr nach Düsseldorf reisen. Seine frühere Scheu vor dem Umgang mit „höheren Kreisen". Ein Sehbehinderter wurde in Möttlingen geheilt.

Herzlich geliebte Freundin und Mutter!
Ihr lieber Brief vom 14. April war uns eine Ueberraschung; und mir wurde es ganz wundersam zu Muth, als ich den Inhalt vernahm. Ich fühle stets eine große Bangigkeit in mir, wenn ich mich höheren Kreisen nähern soll,[252] der ich so gerne im Niedrigen bleibe, am

---

250 Zu Blumhardts biblischer Hermeneutik: Brief Nr. 21, Anm. 137.

251 Vgl. Joh 16,13.

252 Im genannten Brief hat Luise von Scheibler die Bitte des preußischen Königshauses überbracht, sich der gemütskranken Prinzessin Luise von Preußen (1799–1882) anzunehmen, einer Schwägerin des regierenden Königs Friedrich Wilhelm IV. Blumhardt besucht sie im Mai 1849 auf Schloss Eller bei Düsseldorf (Blumhardt an Scheibler 10.5.1849; *Briefe* 3, 399). Mit Theodor Fliedner in Kaiserswerth spricht er über ihre Aussicht auf Heilung (Blumhardt an Barth 13.5.1849; *Briefe* 3, 401: „Flittner ist ein Prachtexemplar"). – Theodor Fliedner (1800–1864), 1822–1848 Pfr. in Kaiserswerth bei Düsseldorf, Gründung des Kaiserswerther Diakonissenhauses, 1848–1864 dessen Leiter (vgl. Martin Gerhardt, *Theodor Fliedner. Ein Lebensbild*. Düsseldorf-Kaiserswerth 1937).

liebsten mit den Bauern und Geringen meine Geschäfte habe und von Natur so ungemein schüchtern bin. Sie sollten mich nur erst vor 7 Jahren gekannt haben, was ich damals vor jedem vornehmen Rock einen so großen Respect hatte, daß ich kaum den Mund aufzuthun wußte und mit einer Aengstlichkeit da stand, als würde ich vor ein peinliches Gericht geführt. Die großen Erfahrungen, die ich bei meinem Heilande gemacht habe, haben mich freilich jezt dreister gemacht; aber doch spüre ich vom Alten noch viele Reste in mir. Uebrigens habe ich im HErrn wagen gelernt; und wo der mich ruft, da folge ich;[253] wie kann ich auch anders? Und Er wählt das Schwache zu Seinem Werkzeuge![254]

Somit, meine liebe Mutter, ergebe ich mich in den Ruf, der mir durch Sie zugekommen ist. Ich entschließe mich zu der Reise; und wenn das, nicht blos auf 6, sondern auf 12 Tage. Bahn muß aber der liebe Gott machen. Denn in den nächsten 14 Tagen oder 3 Wochen warten unermeßlich viele Geschäfte auf mich, da heuer auch Kirchenvisitation bei mir ist. In Einem aber hat mir der HErr schon vorgebahnt, und zwar durch ein großes Wunder. Am Samstag vor Ostern kam ein junger, talentvoller Student[255] zu mir, der Erste in seiner

---

253 Die Prinzessin hält sich von Mai bis September 1851 im Möttlinger Pfarrhaus auf (Blumhardt an Scheibler 13.–15.5.1851; *Briefe* 3, 523). Neue Möbel und ein Pianino werden angeschafft; diesen „Luxus unsres Hauses für die fürstliche Person“ rechtfertigt er damit, hohen wie niederen Ständen zugänglich sein zu müssen (Brief Nr. 46 mit Anm. 321). Jedoch findet die Prinzessin auch in Möttlingen keine Heilung. „Die Prinzessin ist die alte geblieben, denn sie hatte keine Ohren für die Wahrheit“ (Blumhardt an Charles Franz Zimpel 22.12.1851; *Briefe* 4, 434).

254 Vgl. 2Kor 12,9.

255 Der Theologiestudent Theodor Haug (1830–1907). Bis zum 27.9.1849 hält er sich in Möttlingen auf; nach abgeschlossenem Studium ist er 1854–1856 Missionslehrer in Basel. Dort führt er den jungen Elias Schrenk (1831–1913, später eine der führenden Gestalten der deutschen Gemeinschaftsbewegung) in die Gedankenwelt Blumhardts ein (Ohlemacher, *Das Reich Gottes in Deutschland bauen,* 96), ebenso den in Basel studierenden Friedrich von Bodelschwingh (1831–1910, 1872 Leiter der Betheler Anstalten).

Promotion, der schon ein Jahr lang im Finstern saß, weil seine Augen weder den Tag noch ein Licht ertragen konnten, er also zu allem Lesen und Schreiben und Studiren gänzlich unfähig war. Er kommt, ist zwei Tage da, und siehe da! er sieht und liest und schreibt und studirt wie nur Einer. Da er nun vor Herbst in seine Promotion nach Tübingen nicht mehr eintreten kann, so bleibt er bei mir und ist nun Lehrer meiner Zöglinge, in einer Weise, wie ich mir's nicht besser wünschen kann. Was sagen Sie dazu? Hat's denn sollen geschehen, damit ich reisen kann? O, ein wunderbarer, lieber Heiland! [...]

Möttlingen verlassen wird schwer und immer schwerer. Vier Gemeinden haben sich jezt an mich gewendet, die sich eigentlich um mich reißen.[256] Aber das Ende wird seyn, daß ich bleibe, wo ich bin. [...]

Dem HErrn Sie mit allen den Ihrigen [...] befehlend

Ihr kindlich liebender Freund und Sohn

[Johann] Christoph Blumhardt.

Möttlingen, den 24. April 1849.

1856 und 1861 besucht Bodelschwingh Bad Boll; es kommt zu einer herzlichen Begegnung mit Blumhardt. Eine Korrespondenz schließt sich an (Blumhardt an Bodelschwingh 29.5.1862 und 6.3.1868; *Briefe* 5, 267. 489 f.; vgl. die Anmerkungen in *Briefe* 6, 227–229. 392 f.). Siehe auch Arnd Götzelmann, *Die Soziale Frage;* in: GdP 3, 299 f.

256 Blumhardt hat sich entschieden, Bitten aus Großbottwar, Ditzingen, Fellbach und Iptingen abzulehnen, die dortige vakante Pfarrstelle zu übernehmen (Blumhardt an Barth 29.3.1849; *Briefe* 3, 394 f.).

38. Blumhardt an (Christian Gottlob Barth). Möttlingen 22.9.1849

LKA Stuttgart, D 50, Kapsel I A 2/I
Druck: Blumhardt, *Briefe* 3, 416 f.

Blumhardt am Sterbebett der Frau Knapp in Stuttgart. In seiner Abwesenheit schwebt Doris Blumhardt in Lebensgefahr.

Lieber Bruder!

[…] Am Donnerstag Abend nach 6 Uhr stand ich vor dem Bett der lieben Knapp,[257] still seufzend und bittend, wenn möglich, um die Erhaltung des theuren Lebens – und wußte nicht, daß der gleiche Jammer eben mir zu Hause drohte. Meine Frau stand im dritten Monate neuer Mutterhoffnungen und hatte in der Nacht auf Donnerstag ansehnlichen Blutverlust gehabt, doch so, daß ich glaubte, ziemlich beruhigt seyn zu dürfen, da eben meine Reise sich kaum ändern ließ. Es ging auch gut mit ihr bis Mittag um 2 Uhr etwa, da wieder ihre Umstände sich verschlimmerten. Bis 7 Uhr aber wurde Alles so ängstlich, daß unsre Gottliebin kaum mehr Rath wußte, auch vor tiefer Bekümmerniß. Sie schickte im Ort herum und hieß beten, was treulich die Nacht durch geschah. Gegen 8 Uhr übertraf der Blutverlust Alles, was man sich nur denken kann. Meine Frau fragte, ob man nicht einen Eilboten nach mir fortschicken solle; aber es wurde unterlassen, weil ich jedenfalls zu spät gekommen wäre. Endlich gegen 11 Uhr wurde die Schwäche so groß, daß die angewandten Mittel,

257 Albert Knapps zweite Frau Emilie geb. Hoffmann verw. Osiander (geb. 1809) stirbt noch am Abend von Blumhardts Besuch (20.9.1849) in Stuttgart. – Albert Knapp (1798–1864), 1836 Pfr. an der Hospitalkirche in Stuttgart, 1841 Leiter der Stuttgarter Predigerkonferenz, 1845/1846 Stadtpfr. an St. Leonhard in Stuttgart. Liederdichter, maßgeblich beteiligt am württembergischen Gesangbuch von 1842.

bestehend aus Umschlägen um den Leib, nicht mehr fortgesezt werden konnten und man's gar der Barmherzigkeit Gottes überlassen mußte. Sie wurde eiskalt, und dicker Schweiß dabei lag auf ihr. Ihre starren Lippen konnte sie nicht mehr bewegen, die Augen waren gleich starr, und es entstand ein 4stündiges (10–2 Uhr) Ringen ums Leben oder Kämpfen mit dem Tod. Frau von Scheibler, Frau Eberle, Frau Schultheißin etc. – alles stand umher und zitterte und jammerte. Meine Herren[258] standen bleich und weinend die ganze Nacht im Oehrn;[259] ach! es müßen fürchterliche Stunden gewesen seyn, da man jeden Augenblick das Ende erwartete. Man fühlte aber, wie sie um ihr Leben kämpfte. Endlich um 2 Uhr kam ein ganz entsezliches Erbrechen, bei dem jedermann glaubte und oft sagte: „jezt gehts aus!“ Es dauerte lang, bis es ging – aber endlich brach's durch, und sie rief: „O Gottlob! jezt ist's helle; jezt ists gewonnen!“ Nun hörte der Blutverlust auf, und die Gefahr war vorüber, obwohl die Schwäche groß war. Doch ging's bald zusehends besser, und gestern (Freitag) machte sich's allmälig so, daß man ganz ruhig seyn konnte, obwohl mir Mittags 4 Uhr „noch in großer Noth“ geschrieben wurde. Die Nacht auf heute ging gut vorüber. Um ½ 3 Uhr heute Mittag kam ich an – und erschrack über die todtbleichen Hände. Doch Gottlob! sie wird mit jeder Stunde munterer und stärker. Der HErr hat Großes gethan!

Aber unser lieber Knapp! Fast drückt mich sein Verlust noch mehr, weil ich Obiges erfahren mußte! Diesen Abend sagte ich in der Stunde: „Um was ich gebetet und mit Andern gerungen habe, hat der HErr nicht erhört;

258 Junge Hausgäste, die sich zur Genesung bei Blumhardt aufhalten und von ihm unterrichtet werden.
259 Hausflur.

und um was ich nicht ausdrücklich gebetet habe, darin hat Er mich erhört!" O der wunderbare Gott! – Doch genug; ich kann nicht weiter schreiben. [...]

Dein aufrichtiger Bruder

[Johann] Christoph Blumhardt.

Möttlingen, den 22. September 1849, Abends 10 Uhr.

39. Blumhardt an (Tillmann Siebel).[260] Möttlingen 15.4.1850

Archiv des Evang. Gemeinschaftsverbandes Siegen-Wittgenstein, Mappe „Briefe an Tillmann Siebel, b) Christoph Blumhardt"

Druck: Blumhardt, *Briefe* 3, 454–456

Siebel hat über Fernheilungen in Freudenberg berichtet. Im Vergleich zu den Anfängen der Möttlinger Heilungen ist inzwischen die göttliche Gnade gewachsen. Blumhardt hofft auf die Wiederkehr aller Gaben der apostolischen Zeit. Er bittet um persönliche Angaben zu den Geheilten in Freudenberg, um sich gegen Angriffe wehren zu können.

---

260 Tillmann Siebel (1804–1875), bedeutende Gestalt der Siegerländer Erweckungsbewegung. Gerbermeister in Freudenberg, Mitglied im erweiterten Ausschuss der Rheinischen Mission, Anfang der 1830er Jahre Gründung des Freudenberger Missionshilfsvereins. Als Kirchenältester bemüht er sich seit 1835 um die Intensivierung des Gemeindelebens, was zu Konflikten mit dem Ortspfarrer führt. 1852 gründet er den Verein für Reisepredigt im Siegerlande. – Zu Tillmann Siebel: *Die Evangelische Kirche in Nassau-Oranien* 1530–1930, 236 ff.; Jakob Schmitt, *Die Gnade bricht durch. Aus der Geschichte der Erweckungsbewegung im Siegerland, in Wittgenstein und den angrenzenden Gebieten.* Gießen [3]1958, 260 ff.; Bernd Steinseifer, *Geschichte der Evangelischen Kirchengemeinde Freudenberg;* in: Ders. (Hg.), *Freudenberg. Beiträge zur Geschichte der Stadt und des früheren Amtes. Zur 550-Jahr-Feier vorgelegt von der Arbeitsgemeinschaft Freudenberger Geschichte.* Kreuztal 2006, 235–324 (zu Siebel: 294–306).

In dem HErrn geliebter Freund!
Mit großer Freude habe ich Ihren Brief vom 4. April[261] gelesen, da mir derselbe bezeugt, wie der HErr in unsrer Zeit Bitte und Fürbitte segnet, auch zwischen Personen, die sich selbst nicht persönlich kennen. Ich sehe es als ein Zeichen der Zeit an, sofern es zu erkennen giebt, wie doch Gott etwas Besonderes vorhat, und zwar nicht blos, wie die Meisten glauben, die Welt zu strafen und zu richten, sondern auch Seine Kinder mit neuen Gnaden heimzusuchen und die, die noch in der Welt sind, aber fähig, Gnade zu erlangen, durch wunderbare Gnadenerweisungen herauszufinden und an sich zu ziehen. Das, was der HErr durch mich geschehen läßt, hat vor sechs Jahren klein angefangen. Damals waren viele Kranke noch nicht heilbar, bei Andern brauchte es viel Zeit oder mußten sie mehr oder minder in meine Nähe kommen. Allmälig aber wuchs die Kraft und die Gnade; und fortwährend merke ich, daß der HErr bereit ist, immer mehr zu geben. Gerade in diesen Tagen habe ich auch hier ganz auffallende Beweise erlebt. Was Sie mir aber schreiben, ist mir wieder ein neues und dankenswerthes Zeichen, daß immer mehr vom HErrn zu hoffen ist. So bestätigt sich meine Hoffnung, der HErr werde am Ende noch alle Gnaden und Gaben in Seiner Ge-

---

261 Vielmehr: Brief vom 3. April. Siebel hat erstmals am 3.1.1850, dann am 22.2.1850 an Blumhardt geschrieben; er bittet um Fürbitte für Erkrankte in Freudenberg. Am 10.3.1850 antwortet Blumhardt (*Briefe* 3, 443); darauf meldet Siebel am 3.4.1850 die geschehenen Fernheilungen. – Blumhardts Schreiben an Siebel sind in meiner Edition der Blumhardtschen Korrespondenz als Volltext oder Regest veröffentlicht (*Briefe*, Bd. 3–6 passim). Damals gelang es nicht, Siebels Gegenbriefe an Blumhardt im Archiv des Evang. Gemeinschaftsverbandes Siegen-Wittgenstein aufzufinden. Erfreulicherweise sind diese inzwischen Herrn Pfr. Thomas Ijewski zugänglich gemacht worden, der sie im Rahmen seines Aufsatzes: *„Folgende Kranke in Ihre Fürbitte aufnehmen". Tillmann Siebel und seine Briefe an Johann Christoph Blumhardt* (in: *Jahrbuch für Westfälische Kirchengeschichte* 108 [2012], 127–197; hier: 128 f.) publiziert und ausführlich kommentiert hat (u.a. Siebel an Blumhardt 3.1.1850: Ijewski, 162–164; Siebel an Blumhardt 3.4.1850: Ijewski, 165–168).

meinde wiederkehren lassen, welche in der apostolischen Zeit bestanden, aber durch Untreue, Saumseligkeit und Unglauben wieder verloren gegangen sind.[262]

Sie werden es wohl nicht erwarten, daß ich über die einzelnen Kranken etwas Besonderes schreiben soll. Im Allgemeinen kann ich Ihnen sagen, daß Viele darunter sind, welchen ich nach hier gemachten Erfahrungen Hoffnung geben könnte. Sie mögen nur alle zu einer ernstlichen Buße vor dem HErrn sich entschließen, namentlich über besondere Sünden, deren sie sich schuldig fühlen, Abbitte thun vor dem HErrn oder auch durch offenes Bekenntniß an irgend einen aufrichtigen und verschwiegenen Bruder sich Erleichterung machen. Ist so das Herz lauter und ohne Falsch vor dem HErrn, so kann ich getroster bitten, der HErr möge ihnen geschehen lassen, wie sie glauben. [...]

Ausserdem möchte ich Sie bitten, über alle Kranke, an welchen etwas Besonderes geschehen ist oder geschieht, mir noch einmal einige Notiz zukommen zu lassen,[263] da ich genöthigt seyn könnte, um vieler Wi-

---

262 Vgl. Blumhardts Auseinandersetzung mit dem Calwer Verlagsverein über die Fortdauer der Geistbegabung der apostolischen Zeit (Brief Nr. 43).

263 Siebel berichtet (an Blumhardt 11.7.1850; in: Ijewski, *Tillmann Siebel und seine Briefe an Johann Christoph Blumhardt*, 175): „Ihrem Wunsche gemäß kann ich Ihnen jetzt einige Notizen über unsere Kranken und genesenen geben: 1) der Fabrickarbeiter Johannes Achenbach, Färber seines Handwerks, 49 Jahr alt, hatte sein Uebel am Bein 1830 durch ein Geschwür am Bein empfangen, fast alle Aerzte hiesiger Gegend in den 20 Jahren gebraucht mit vielen ihm unbekannten Mitteln, aber alles nichts geholfen; dagegen nach Empfang Ihres ersten Briefes [*eingefügt:* ohne alle Mittel in 7 Tagen] war das Bein heil. 2) Juliane Ohrndorf [...] [*am Rande eingefügt:* 37 Jahre alt] hier, hatte seit beinahe 20 Jahren Fehler am Blutgang, Mutterkrämpfe und [...?] mit noch einigen andern Uebeln und wurde, als Sie kaum meinen Brief vom 3ten April erhalten haben konnten, völlig gesund. 3) Albert Wintersbach hier, der Knabe von 9 Jahren [...], wurde ebenfalls gleich besser und in Zeit acht bis 14 [Tagen] völlig gesund, und der Arzt sowie alle, die ihn gesehen, glaubten, er würde Sterben." Siebel fügt hinzu, dies seien nur die auffallendsten Beispiele der „besser gewordenen". In der Folgezeit legt er Blumhardt eine weitere Liste mit den Namen von Kranken und einer Kurzbeschreibung ihres Lei-

dersprüche willen mich rechtfertigen zu müssen. Die Notizen wären zu geben nach Folgendem: Name, Alter und Beruf des Genesenen, Entstehung, Art und Dauer der Krankheit, bisher dagegen gebrauchte Mittel und deren Wirkung (das nicht so umständlich), und in wie weit jezt Heilung da ist.

Den Geheilten aber möchte ich noch ein Wort der Liebe nachrufen, daß sie es wohl bedenken möchten, wie sie der HErr angesehen, daß Er ihnen auf ungewöhnliche und unmittelbare Weise geholfen hat, damit sie hinfort ihr Leben Ihm widmen, der durch Sein Leiden und Sterben die Pforten der Gnade geöffnet hat, und insbesondere vor gröberen Versündigungen sich hüten, auf daß ihnen nicht noch etwas Aergeres widerfahre.

Somit schließe ich mit der Versicherung, der Kranken allen ernstlich und angelegentlich vor dem HErrn gedenken zu wollen. Er wolle nur auch sonst in Ihrer Stadt ein Neues anregen[264] und die Herzen ziehen, dem Reiche Gottes zuzueilen, darin durch die Kraft des Blutes JEsu Heil wird für Seele und Leib in Zeit und Ewigkeit denen, die Ihm angehören.

Gottes Barmherzigkeit sei mit Ihnen und Allen, die den Namen des HErrn JEsu anrufen.

Möttlingen bei Calw, den 15. April 1850.

[Johann] Christoph Blumhardt [...]

---

dens vor (an Blumhardt 2.10.1850; in: Ijewski, *Tillmann Siebel und seine Briefe an Johann Christoph Blumhardt,* 178 f.). – Eine zusammenfassende Publikation Blumhardts über geschehene Heilungen ist nicht bekannt. Einzelfälle veröffentlicht er in seinen *Mitteilungen* und der *Verteidigungsschrift* oder erwähnt sie in der Korrespondenz.

264 Vgl. Blumhardt an Siebel 14.5.1850 (*Briefe* 4, 395): „Seit Ihrer Correspondenz fühle ich mich sehr zu Ihrer Stadt hingezogen, besonders da Sie mir nun auch von einer geistlichen Erweckung schreiben, die Sie gegenwärtig erfahren.“ Im August 1850 nimmt Blumhardt am Freudenberger Missionsfest teil (Blumhardt an Barth 16.8.1850 [II]; *Briefe* 3, 478; *Briefe* 4, 406).

40. Blumhardt an (Traub?).[265] Möttlingen 20.4.1850

LKA Stuttgart, D 50, Kapsel I A 2/I
Druck: Blumhardt, *Briefe* 3, 456–458

Über Blumhardts Briefseelsorge. Zur Wiederausgießung der Kräfte des Heiligen Geistes. Eine Wiederkehr der mit Heilungen verbundenen Sündenvergebung erwartet Blumhardt vor allem bei Absolutionen durch ordinierte Geistliche. Hoffnung auf ein weltweites „Rennen und Jagen zum Reiche Gottes“. Deutung der gegenwärtigen Situation mit Hilfe von Apk 13,10.

Herzlich geliebter und verehrter Freund und Vater!
Wie beschämen Sie mich stets mit Ihren langen und interessanten Briefen! Denn ich muß mich immer so kurz fassen, daß ich kaum Ihrer Bemerkungen gedenken kann. Doch denke ich, Sie werden mich zu entschuldigen wissen. Habe ich doch vom 1. April bis 15ten über 40 Briefe geschrieben[266] neben meinem Amt, dem Konfirmandenunterricht, der Schriftstellerei, den zeitraubenden Besuchen u.s.f., mitunter Briefe, die weitläufige Auseinandersetzung erfordern. Beiläufig zu sagen, so kommen mir auch in der Correspondenz mitunter interessante Sachen vor. Vor etlichen Wochen schrieb mir ein unbekannter Herr aus Freudenberg in Westphalen[267] und empfahl mir 4 Kranke. Nach 14 Tagen schrieb er wieder und meldete, daß drei derselben bereits vollkommen gesund seien und der Vierte auf dem Wege der Besserung. Das habe solchen Eindruck gemacht, daß sich mir jezt 19 weitere, die er alle mit Namen nannte, empfehlen ließen.

---

265 Zur Frage nach dem Adressaten: Blumhardt, *Briefe* 4, 395.
266 Die Belastung durch eine umfangreiche Briefseelsorge hält auch in den folgenden Jahren an; vgl. Nr. 46.
267 Tillmann Siebel (Brief Nr. 39).

Nach Ihrem lezten Briefe haben Sie auch über die Beichte und Absolution, die bei mir vorgekommen ist,[268] sich geäußert, und zwar auf eine Weise, daß ich mich abermals nur freuen konnte. Sie haben durchweg den richtigen Blick mir angezeigt. Auch darüber bin ich einig, daß der heilige Geist nicht nach der Lehre der katholischen Kirche sich forterben kann. Nur das möchte ich glauben, daß innerhalb der kirchlichen Ordnung, einschließlich der Ordination, doch leichter wird ein Wiedererwerb der Kräfte des heiligen Geistes Statt finden können; namentlich wird doch eine Vollmacht zur Ertheilung der Sündenvergebung mehr nur bei Kirchendienern eintreten können als bei andern Gliedern der Kirche. Sonst aber glaube ich, werden Sie mit viel Interesse lesen, was ich darüber in meiner Schrift drucken lasse, namentlich rücksichtlich der von mir erfahrenen *Kraft* der Sündenvergebung.[269] [...]

Was Sie in Ihrem lezten Brief über die Joel'sche Weissagung[270] schreiben, sind ganz meine Gedanken, nur daß ich mir vielleicht noch Größeres vorstelle, das kommen werde, als Sie bis jezt wagen werden. Ich erwarte eine allgemeine, die ganze Welt durchdringende Aufregung zum Guten, ein Rennen und Jagen zum Reiche Gottes, wie es nicht gewesen ist, so lange die Welt steht. Sind die bindenden finsteren Kräfte hinweg, so wird sich erst zeigen, was auch in unserm Geschlecht Edles verborgen ist. Erst muß der Schlangensame sich ducken; erst fallen sie zu Boden, wenn Christus ruft: „Ich

268 Zu Blumhardts Auffassung von Privatbeichte und -absolution: Brief Nr. 15, Anm. 111.

269 Blumhardt, *Verteidigungsschrift*, 226–246; zur besonderen Kraft 234–238.

270 Joel 3,1–5 versteht Blumhardt als Hinweis auf eine neue Geistausgießung vor der Wiederkunft Christi (Joel 3,4b: „ehe denn der große und schreckliche Tag des Herrn kommt").

bin's!"[271] Freilich werden sie wieder im Grimm sich aufmachen und die lezte Trübsalszeit bringen, die aber doch eine Freudenzeit ist, weil ihr Ziel die Erlösung der Kreatur werden wird. Wenn Sie gerne vernehmen, wo in der Offenbarung ich mir denke, daß wir gegenwärtig stehen, so ist es Offenbarung 13,10,[272] wo der Gefangenführende das zauberisch lästernde erste Thier ist, das ganz weg muß. Erst dann tritt das zweite Thier auf. Die politischen Dinge, wie sie zunächst enden werden, finden auch ihre Stelle in jenem Vers. Sie haben mich sehr gefreut, in Ihrem vorlezten Briefe von dem Streiterheer, das eben jezt ausgeboren werden muß, auf eine ähnliche Weise gesprochen zu haben, wie ich's gewohnt bin. – Doch die Frage: „Wo finden Sie in der Offenbarung die verstockte, abgefallene, *große Heerde* geschil-

---

271 Zur Wiederkunft Christi vgl. Blumhardts Predigt von 1853 über Lk 17,20–25 (*Evangelienpredigten,* 7 f.): „Der Tag des Herrn wird kommen, und zwar, wie ein Blitz oben vom Himmel blitzt und leuchtet, also wird des Menschen Sohn sein an Seinem Tage' [Lk 17,24]. Also es blitzt, d. h. mit außerordentlicher Schnelligkeit geht es. Er kommt vom Himmel herab und leuchtet über alles [...]. Bis auf diesen Tag des Herrn soll das Reich Gottes in den Menschen aufgerichtet werden. [...] Es kann der Arge nicht gerichtet werden, solange er alle Menschen noch gebunden hält. Solange sie sich alle dem Argen unterwerfen und ihm huldigen, kann der Herr nicht kommen; Er müßte dann alle miteinander richten. Aber es soll durch eine Errettung, eine Erlösung gehen, eine Wiederbringung des Verlorenen [...]". – Zu Blumhardts Hoffnung auf eine Allversöhnung (Wiederbringung, Apokatastasis pantōn): Ising, *Blumhardt Leben und Werk,* 204 f.

272 Blumhardt sieht seine Gegenwart im Licht von Apk 13 als eine Zeit der Prüfungen und Gerichte, die der neuen Geistausgießung vorangehen. Apk 13,10 („So jemand in das Gefängnis führt, der wird in das Gefängnis gehen; so jemand mit dem Schwert tötet, der muß mit dem Schwert getötet werden") bezieht er auch auf die „politischen Dinge" seiner Zeit (siehe unten Z. 9); die Revolution von 1848/1849 steht im Hintergrund. – Zu den von Apk 13 ausgehenden endzeitlichen Berechnungen Johann Albrecht Bengels (1687–1752), die auf das Jahr 1836 als Beginn des ersten Tausendjährigen Reiches hinauslaufen: Ising, Einführung zu Bengel, *Briefwechsel* 2, 20–27. Zur kritischen Rezeption durch Blumhardt: Ders., *Blumhardt Leben und Werk,* 100 f. 202–204. 207 f. Zur Rezeption im württembergischen Erweckungspietismus: Michael Kannenberg, *Der württembergische Erweckungspietismus,* 145–155; Ders., *Verschleierte Uhrtafeln. Endzeiterwartungen im württembergischen Pietismus zwischen 1818 und 1848* (AGP 52). Göttingen 2007.

dert?“ Ich glaube, der HErr JEsus bekommt noch eine große Beute aus unsrem Geschlecht.[273] […]

Ihr aufrichtiger [Johann] Christoph Blumhardt.
Möttlingen, den 20. April 1850. […]

41. Immanuel Gotthelf Burkhardts[274] Möttlinger Tagebuch. 7.8.(1850)

LKA Stuttgart, D 50, Kapsel I D
Druck: Blumhardt, *Briefe* 3, 475–477

Blumhardts Hoffnung auf eine Ökumene der christlichen Konfessionen. Über konfessionelle Streitfragen redet er ungern, weil der „innere Mensch“ entscheidend sei. Viele Katholiken wurden bei ihm geheilt. Juden, die bei Blumhardt Hilfe suchen, verweist er auf den Gott Abrahams und den kommenden Messias. Er will niemand zuviel zumuten, sondern an dessen Glauben anknüpfen.

Mittwoch, den 7. August.
[…] Er [Blumhardt] sagte, er rede nicht gerne über solche Dinge, aus dem einfachen Grunde, weil unter allen Confessionen Leute seien, die einen inneren Menschen

---

273 Gegen das in der Offenbarung geschilderte Abfallen und Gerichtetwerden einer großen Zahl von Menschen (Apk 13,8.14–17; 14,9–11) hält Blumhardt an der Hoffnung fest, viele würden errettet und verschont. Auf dem Calwer Missionsfest nimmt er 1850 die Ausbreitung der Mission in Mittel- und Südamerika, in Afrika und Hinterindien zum Anlass, von einem Eilen des Herrn zu reden, „die Völker, die er mit seinem Blute erkauft hat, in Besitz zu nehmen“ (*Calwer Missionsblatt* 1850, 41. 45).

274 Immanuel *Gotthelf* Burkhardt (1829–1901), Pflegesohn Blumhardts in Möttlingen. Von Juli bis September 1850 führt er ein Tagebuch, das ihn an Äußerungen seines geistlichen Vaters erinnern soll (vgl. Möttlinger Tagebuch, Vorrede vom 16.7.1850; in: Blumhardt, *Briefe* 3,9). Auf Blumhardts Rat beginnt er 1851 ein Theologiestudium in Tübingen. Nach Vikarsjahren u.a. in Bad Boll (1856) geht er 1858 als Missionar nach Indien, kehrt 1869 nach Württemberg zurück und wird 1870 Pfarrverweser in Dürnau, 1871 Pfr. in Rötenberg, 1880 in Gaisburg und 1887/1888 in Fellbach.

haben, in dem ein göttlicher Funke noch sei. Und darauf komme es mehr an, wie sich dieser innere Mensch durcharbeite, als darauf, in welcher äußeren Form man Gott diene. Ist dieser vorhanden, ist der Mensch nur redlich, so könne er im Herzen eine ganz richtige Gesinnung haben, wenn er auch äußerlich, weil er nicht anders gelehrt worden, ganz anders denke. So seien auch zu ihm schon viele Katholiken[275] gekommen, theils um seine Predigt zu hören, theils um Hülfe für irgendein Uebel zu suchen, und in diesem Fall haben sie ebenso eine Hülfe erhalten wie die Protestanten, was er mit einigen Beispielen belegte.[276] [...] – Nach diesem

---

275 Das den verschiedenen christlichen Konfessionen Eigentümliche – hier am Beispiel des römisch-katholischen Glaubens – ist für Blumhardt nur eine „äußere Form“ (siehe oben Z. 3), die bald abgestreift werde (*Blätter aus Bad Boll* 1873, 206), „wenn man erbaulich nach Herz und Gemüt mit ihnen [den Katholiken] redet. [...] Von Haus aus haben sie das Wichtigste mit uns gemein. Sie haben den dreieinigen Gott, Jesus als Gottes Sohn und als Erlöser durch Seinen Tod usw. Was sie darüber haben, lasse ich geradezu liegen [...]. Oft habe ich es wahrgenommen, daß man auch bei Katholiken ganz gut an einen inneren Menschen kommen kann [...], ohne daß diese übertraten, worauf hinzuwirken ich nicht für meine Aufgabe halte.“ – Vgl. Ising, *Blumhardt Leben und Werk*, 197–199.

276 Diese seelsorgerlichen Begegnungen, etwa mit einem sterbenden Katholiken in Bad Boll (Brief Nr. 55), lassen Blumhardt auf eine Ökumene der christlichen Konfessionen vor dem Wiederkommen Christi hoffen. Andernfalls würden sich die Konfessionen dem wiederkommenden Herrn als Grüppchen präsentieren, die andere zur Seite schieben und sich selbst als die wahren Christen empfehlen (*Blätter aus Bad Boll* 1874, 20 f.): „Denken wir aber, was das Evangelium für einen neuen Eindruck schnell wieder machte, wenn auf einmal durch die Gabe des heiligen Geistes alle Konfessionen, Sekten und Spaltungen miteinander eins würden, soweit sie gläubig wären [...]? Was wäre es doch, wenn unter wirklichen Gläubigen auf einmal alle -aner und -isten, auch -anten und -iken aufhörten und alle miteinander nichts anderes mehr wüssten, als wie sie Brüder wären, gleichmäßig durch Jesu Blut gerecht und selig gemacht, wie es am Anfang war?“

kam Herr Pfarrer auch auf die Juden[277] zu sprechen und sagte, es seien auch schon Juden bei ihm gewesen, um eine Hülfe zu suchen. Diese verweise er eben auf den Gott Abrahams, der ja auch vor Christo Wunder gethan habe, freilich nur im Hinblick auf den kommenden Messias. So könnte er auch jetzt noch an ihnen vielleicht ein Wunder thun im Hinblick auf den Messias, den sie erwarten. Man müsse sich überhaupt hüten, setzte er hinzu, dadurch, daß man zu viel sage, als Einer ertragen könne, ihn abzustoßen und für die Wahrheit unzugänglich zu machen; man solle vielmehr ihn an dem fassen, das er *habe*. [...]

277 Auch wenn Blumhardt der Meinung ist, die Juden müssten sich nach Röm 11,25–32 bekehren, vertritt er gegen den Mainstream seiner Zeit eine Judenmission ohne Überheblichkeit. Die Aufhebung der „Blindheit" Israels (Röm 11,25) kann für ihn erst dann erfolgen, wenn die Bekehrung der gläubigen Christenheit ein Beispiel gegeben hat (Röm 11,13 f. 25 f.). Dies stehe noch aus; daher sollen sich Christen und Juden als Brüder betrachten, die auf eine gemeinsame Verheißung zugehen (Brief Nr. 47; Ising, *Blumhardt Leben und Werk,* 199. 297). – Zu den Anfängen der pietistischen Judenmission: Johannes Wallmann, *Der alte und der neue Bund. Zur Haltung des Pietismus gegenüber den Juden;* in: GdP 4, 143–165.

42. Blumhardt an (Christoph Dieterlen).[278] Möttlingen 23.11.1850

LKA Stuttgart, D 50, Kapsel I A 2/I
Druck: Blumhardt, *Briefe* 3, 495–497

Blumhardts Äußerungen über Zauberei in der „Krankheitsgeschichte der Gottliebin Dittus" finden sich nicht gerade ausdrücklich in der Heiligen Schrift, verstehen sich aber als Weiterentwicklung biblischer Aussagen. Blumhardts Kampf steht im Zusammenhang mit der von Gott gewollten Befreiung von teuflischer Herrschaft.

Mein lieber Freund und Bruder!
[…] Daß mein Aufsatz[279] Ihnen zu denken giebt, freut mich. Indem Sie ihn aber mit der Bibel vergleichen, muß ich Ihnen eine Bemerkung machen. Vieles, was hier (im Aufsatz) als sichere historische Wahrheit steht, findet sich nicht gerade ausdrücklich in der Schrift, namentlich was über Zauberei gesagt ist.[280] Die Macht der lezteren war ihr Geheimniß; eben darum heißen diese Werke vor Allen finstere Werke. Daß aber dieses schandbare Geheimniß aufgedeckt werde, war Aufgabe derer, die treu dem HErrn dienen wollen. Die Bibel giebt nur die äußeren Erscheinungen dieses Geheimnißes, nennt

---

278 Christoph Dieterlen (1818–1875), Fabrikant im elsässischen Rothau. Als seine Schwägerin Amalie Krafft an einem Nervenleiden erkrankt, das die Ärzte nicht heilen können, reist er mit ihr am 5.9.1850 nach Möttlingen. „Er selbst war schon längst ein Mann […], der es wußte, was es sey, wenn es heißt: Aus der Tiefe rufe ich, Herr, zu dir! [Ps 130,1] – und somit war in ihm der Boden gerüstet, welcher Blumhardt und was an ihm hieng, trank wie ein dürres Land den Regen" (Bericht von Amalie Krafft; LKA Stuttgart, D 50, Kapsel I A 1 c). 1852 ermöglicht Dieterlen zusammen mit seinem Schwager Gustav Steinheil den Kauf Bad Bolls (Brief Nr. 44 mit Anm. 308).

279 Blumhardts *Krankheitsgeschichte* in der lithographierten Zweitfassung von 1850.

280 Etwa die in *Krankheitsgeschichte,* 63–67 ausgeführte Dämonologie (siehe oben Nr. 7).

und verbietet das Wort Zauberei,[281] verdammt die Zeichendeuter, Todtenfrager, Wahrsager,[282] giebt das Gebot: du sollst dem HErrn allein dienen,[283] spricht davon, daß der Teufel den HErrn zu seiner Anbetung habe verleiten wollen (d. h. zur Benutzung der von ihm bereit gehaltenen Kräfte),[284] giebt etwas von den ägyptischen Zauberern,[285] erzählt die Geschichte des Weibes von Endor,[286] schildert besonders im Neuen Testament die Gewalt der Finsterniß über die Ungläubigen,[287] verbietet den Gözendienst[288] und was damit zusammenhängt, beschreibt endlich doch auch die Kraft der Zauberei klar und deutlich Offenb. 13,2–10. Auch was Marc. 16 steht: „So sie etwas Tödtliches trinken werden etc.“, ist bemerkenswerth. Ferner siehe Jesaias 65,3–5. Der Teufel unterschob sich den Ungehorsamen (wenn sie z. B. auf den Höhen opferten, Nebenwege suchten, gemischte Ehen liebten, Verbotenes aßen etc.) und Abergläubischen als der erhörende Gott, der Wunder thut.[289] So, wenn jemand die Gebote des HErrn nicht achtet und, obwohl er solch Gebot weiß, auf unrechte Weise betet und Gott sucht, da Gott seiner Seele nicht nahe kom-

---

281 Dtn 18,10–12.
282 Lev 19,26.31; Lev 20,6.27; 1Sam 28,7–25; 2Kön 17,17; Jes 44,25; Jer 27,9 u. a. – Nach dem rechten Verhalten gegenüber einem wahrsagenden Mädchen gefragt, erklärt Blumhardt (an Gottlieb Haag 8.1.1852; *Briefe* 3, 589), „daß meine feste, auf die heilige Schrift gegründete Ueberzeugung die ist, daß man keinerlei magnetischen Schlaf oder Hellseherei nähren darf, weil es in das hoch verbotene Todtenfragen und Wahrsagen hinauslauft und darum immer die finstere Macht eine Rolle dabei spielt. Mein Rath in Beziehung auf das Mädchen ist also kein anderer als der, daß man ihre Reden im Schlafe gar nicht beachte.“
283 Ex 20,3.
284 Mt 4,9 f.
285 Ex 7,11.
286 1Sam 28,7–25.
287 Etwa Röm 1,18; 1Joh 2,11.
288 1Kor 10,14; Apk 21,8.
289 Gemeint sind das Heilen durch sogenannte sympathetische Mittel, Besprechen von Krankheiten, Tragen von Amuletten u. a. Vgl. Nr. 7, Anm. 56–58.

men kann, ist's, als wenn der Teufel heimlich solchen Seelen sich näherte und fragte: „Was suchst du, mein Kind? Ich will dir helfen; thue dieß und das, da wirst du sehen, was es wird.“ Und die Narren glaubten's, nahmen Träume, Gesichter, innere Wahrnehmungen, Stimmen, Inspirationen etc. als göttlich, ursprünglich bethört und in guter Meinung; und so sind die Menschen allmälig Betrogene des Teufels geworden, von Seinen Kräften genährt, betend nach Worten, die den Teufel herlocken und nicht den lebendigen Gott, „daß auch die Heiligen überwunden wurden“, Off. 13.[290] So lernte man teuflische Wunder thun, teuflisch curiren etc.; und die armen Menschen sahen stets nur den Augenblick an, da geholfen schien, aber nicht das Ende. So hat auch in unsrer Zeit Alles aufgehört, Gott die Ehre zu geben etc. Sie verstehen mich, und ich brauche es nicht auszuführen. Einmal aber, und die Zeit ist nahe, fliegt der Engel mit dem ewigen Evangelium daher und predigts anders. Offenb. 14.[291] – Wenn nun geholfen und das bethörte Volk befreit werden soll, kommt Alles darauf an, daß dem Teufel die Macht genommen werde, sich unwissenden und doch oft redlichen Menschen unterzuschieben, die Macht, scheinbare Wunder zu thun, also die Wirkung aller Zaubereien und Sympathieen. Wenn dann die Menschen merken, daß Alles wirkungslos ist, was immerhin bisher viele Wirkung that, dann kommt entweder Bekehrung oder Verzweiflung, später etwa Erbitterung und Lästerung gegen Gott, der nicht mehr erhöre. Kommt leztere, so wird solchen Lästerern zur Strafe dem Teufel noch einmal Macht gegeben, Zeichen zu thun, aber offenbar, nicht so im Geheimen wie vorher; und das ist das zweite Thier Offenb. 13.[292] Das Alles

290 Apk 13,7.
291 Apk 14,6 f.
292 Apk 13,11. 14.

überlegen Sie gründlich mit der Bibel in der Hand; und Sie werden finden, daß Sie noch keine biblischere Theologie gefunden haben. Unsre Aufgabe aber ist, alles dessen uns zu entschlagen, was den Satan herbeilocken könnte. Lezteres kann geschehen durch Sünden, besonders Fleischessünden,[293] durch Aberglauben, durch Nichtachten der klaren Vorschriften Gottes im Alten und Neuen Testament, durch Unglauben, indem man Alles zur Selbsthilfe, besonders in Krankheiten, gedankenlos ohne Unterschied anwenden will. Hiegegen brauchts noch besondere Kämpfe, welche direct wider den Satan gehen, durch welche diesem Niederlagen beigebracht werden. Ein solcher Kampf war der meinige; und solche Kämpfe habe ich fortgehend, jedoch in einfacher Weise. Jezt lesen Sie noch in meiner Vertheidigungsschrift Seite 52–57.[294] Jedermann kann aber nicht dran;[295] darum braucht man kein Wesen davon zu machen. […]

Ihr sehr liebender Freund und Bruder
[Johann] Christoph Blumhardt

Möttlingen, den 23. November 1850. […]

---

293 Die Schuldbekenntnisse, die Blumhardt im Laufe der Möttlinger Erweckung gemacht werden, stammen vor allem aus den Bereichen der Zauberei und der Sexualität. Unter letzteren, den „Fleischessünden", versteht Blumhardt nicht nur Ehebruch, Inzest und Verkehr mit Tieren, sondern auch der damaligen Sexualmoral entsprechend Onanie und vorehelichen Geschlechtsverkehr (*Mitteilungen,* 102–106. Vgl. Brief Nr. 57 zur Sexualität in der Ehe; Ising, *Blumhardt Leben und Werk*, 176 f.).

294 Entspricht S. 169–174 des Wiederabdrucks der *Verteidigungsschrift* in Blumhardt, *Gesammelte Werke,* Reihe I, Bd. 1. Hier geht Blumhardt ausführlich auf die Bedeutung ein, die der Kampf eines jeden Gläubigen, der sich in der Kraft Christi „heraushaut aus den Schlingen der Finsternis durch Selbstüberwindung und Selbstverleugnung, durch Kreuzigen seines Fleisches samt den Lüsten und Begierden", für das „große Ganze des Reiches Gottes" habe.

295 Werden bestimmte Grundregeln nicht beachtet und sind die Personen für einen längeren Kampf nicht gerüstet, kann nach Blumhardts Erfahrung das Eintreten gegen dämonische Einwirkungen auch misslingen (Brief Nr. 29). Zudem sieht er die biblische Verheißung von der Kraft ernstlichen Gebets (Jak 5,16) an eine „besondere Berufung" geknüpft, die nicht jeder habe (Brief Nr. 45).

43. Blumhardt an (Christian Gottlob Barth). Möttlingen 6.6.1851 (II)

LKA Stuttgart, D 50, Kapsel I A 2/II
Druck: Blumhardt, *Briefe* 3, 527

Eine gegen Blumhardts Überzeugungen gerichtete Veröffentlichung des von Barth dominierten Calwer Verlagsvereins gibt Anlass zu folgenden Fragen: Wie steht es mit der Fortdauer der Geistbegabung und dem gegenwärtigen Auftreten von Wundern? Ist das Ende der apostolischen Zeit als Gottes Wohlgefallen oder Strafe zu verstehen? War die Absolutionskraft nur auf die Apostel beschränkt?

Möttlingen, den 6. Juni 1851

Lieber Bruder!

Sine ira & studio[296] frage ich; und sine ira & studio, hoffe ich, wirst du mir auch antworten.

Ich beziehe meine Fragen zunächst auf eine Stelle in der Vorrede zur Neuen Testaments Erklärung,[297] Seite XI und XII.

1) Mit welchem Recht wird so decidirt angenommen, daß die Geistbegabung der Apostel eine außerordentliche gewesen sei, d.h. eine solche, die nur bei den Aposteln der ersten Zeit Statt finden sollte,[298] während doch

---

296 Ohne Zorn und Eifer; der Versuch, ohne Parteinahme zu entscheiden.

297 Das vom Calwer Verlagsverein hg. *Handbuch der Bibelerklärung für Schule und Haus. Band II, das Neue Testament enthaltend.* Calw/Stuttgart 1850.

298 Die Einleitung zum *Handbuch der Bibelerklärung 2,* S. X f. unterscheidet „drei große Hauptzeiten" der göttlichen Heilsmitteilung an die Menschheit: „die apostolische, die des Geistes Erstlinge enthielt, die ordentliche Kirchenzeit, in welcher wir seit den Tagen der Apostel bis Dato uns befinden, und die Letztzeit, wo der Aernte-Segen aus der Höhe in Seiner ganzen Fülle über die Menschheit ausgegossen werden wird." Die apostolische Wunderkraft und Absolutionsvollmacht sei heute nicht mehr gegeben. Die in Möttlingen praktizierte Privatbeichte und -absolution sowie die Gebetsheilungen werden kleingeredet; vgl. unten Anm. 302.

die Gründe alle, die nach der Vernunft Seite XI angegeben werden, theils vollkommen, theils nach wichtigen Beziehungen für eine Fortdauer der Geistbegabung ebenso gut sprechen könnten?[299]

2) Mit welchem Rechte wird so decidirt behauptet, daß die Stelle Joh. 14,12[300] a) nur auf die Apostel sich beziehe und b) unter den größeren Werken die Wunder ausschließe?[301]

3) Mit welchem Rechte schließt man aus dem Vorhandenseyn des Absprungs zwischen der apostolischen und nachapostolischen Zeit,[302] daß derselbe seyn *mußte* und also Gottes Wohlgefallen war und nicht vielmehr Strafe, da er doch ganz unerwartet kam?

4) Mit welchem Rechte wird so bestimmt behauptet, daß die Absolutionskraft (Vollmacht nenne ich's nicht) nur den Aposteln verliehen war? und mit welchem Recht kann man sagen, die Kirche thue recht daran, wenn sie's anders mache, als der HErr es wollte?[303]

---

299 Das *Handbuch der Bibelerklärung* 2, S. XI argumentiert, die Apostel als „arme(n) Fischer und Teppichweber" hätten zur schriftlichen Fixierung des Evangeliums einer außerordentlichen Geistbegabung bedurft, auch einer Wunderkraft, um das Christentum in die Welt einzuführen.

300 „Wahrlich, wahrlich, ich sage euch: Wer an mich glaubt, der wird die Werke auch tun, die ich tue, und wird größere als diese tun; denn ich gehe zum Vater."

301 *Handbuch der Bibelerklärung* 2, S. XI.

302 Unter Anspielung auf die Möttlinger Ereignisse stellt man fest (*Handbuch der Bibelerklärung* 2, S. XI–XIII): „Denn, *so viel auch gläubiges Gebet* heut zu Tage *noch ausrichten* mag, und wenn gleich hierin Einer vor dem Andern vielleicht mehr vermag – wir haben es seit den Tagen der Apostel (die Thaten Gregors des Wunderthäters im dritten Jahrhundert nach Christo lassen wir dahin gestellt) nicht mehr erlebt, daß auf ein gläubiges Wort ein Lahmer in Einem Moment gesund ist, auf- und herumspringt. Auch alle Bemühungen, eine gleiche Thätigkeit wieder aufzufrischen, haben sich noch nicht sattsam erfolgreich bewiesen." Es gebe einen „Absprung" (Rückgang der Wundertätigkeit) in der heutigen Zeit: „[...] Die ordentliche Kirchenzeit muß sich nun freilich mit dem Wort Gottes und den heiligen Sakramenten begnügen." Erst in der „Letztzeit bei der Wiederkunft des erhöheten Jesu" werden Wunder wieder auftreten (XIII).

303 *Handbuch der Bibelerklärung* 2, S. XII: „Darum die ordentliche Kirche recht dran thut, ihre Absolution theils bedingt (unter der Bedingung buß-

Schriftstellen oder Conjecturen nach der Schrift![304]
Ein ander Mal weiter!

Dein [Johann] Christoph Blumhardt

44. Blumhardt an (Luise von Scheibler). Möttlingen 24.11.1851

LKA Stuttgart, D 50, Kapsel I A 2/III
Druck: Blumhardt, *Briefe* 3, 548 f.

Blumhardts Plan, Bad Boll zu erwerben.

Liebes Mutterle!

[...] Aber ich will Ihnen geschwind von einem großen Plane schreiben, der uns seit etwa 14 Tagen beschäftigt. Es ist nämlich die Badanstalt Boll bei Göppingen feil, das schönst gelegene Etablissement, das sich denken läßt, vom Staat 1823 erbaut und bisher unterhalten,[305]

---

fertigen Glaubens, dessen Vorhandenseyn sie aber nie sicher erkennen kann), theils mehr ankündigend als ertheilend [...] auszusprechen." Vgl. dagegen Joh 14,12.

304 Blumhardts Auseinandersetzung mit dem Calwer Verlagsverein weist auf grundlegende Differenzen im Verständnis der biblischen Verheißungen. Daher besteht er darauf, dass auch die Gegenseite ihre Argumente biblisch fundiert: „Aber ich kann doch nicht euch und eure Ansichten und Behauptungen zu meiner Bibel machen" (an Barth 15.6.1851; *Briefe* 3, 531). – Der Widerspruch berührt ihn nicht nur theologisch, sondern trifft auch seinen „Lebensnerv", die Überzeugung, „daß von Seiten der Gläubigen darauf hingearbeitet werden muß und deren Gebet und Glaube darauf hin durchaus nothwendig ist, wenn das Verheißene kommen soll" (*Briefe* 3, 530 f.). Blumhardt bleibt Mitglied des Calwer Verlagsvereins, legt aber sein Amt im Verwaltungsausschuss nieder (529. 532).

305 In den Jahren 1823–1825 hat der württembergische Staat in Boll ein neues Badgebäude errichtet. Der Badbetrieb schreibt jedoch rote Zahlen und erfordert einen Zuschuss von 2–3000 Gulden pro Jahr (Sabine Rumpel, *Badeleben im 19. Jahrhundert.* In: *Bad Boll 1595–1995. Vom herzoglichen Wunderbad zum Kurort.* Hg. von der Gemeinde Boll. Weißenhorn 1995, 196): „Im Jahr 1851 besuchten außer den Gnadenbädlern [mittellose, gratis aufgenommene Kurgäste] nur noch 64 Personen das Kurbad. [...] Während das Medizinalkollegium das Bad verteidigte und an die Fürsorgepflicht des Staates vor allem gegenüber seinen ärmeren und kranken Untertanen erinnerte, war die Finanzverwaltung nur noch am Verkauf interessiert."

ein mächtiges Flügelgebäude mit 129 Zimmern, darunter Säle und prächtige Königszimmer, Alles aufs Beste eingerichtet, mit Häuschen in der Ferne für Spaziergänger, Gartenanlagen, Nebengebäuden aller Art, namentlich einem Gnadenbadhaus, auch einem Kirchlein u.s.w. Das ist feil, und die Herzogin von Kirchheim[306] und viele Freunde haben uns darauf aufmerksam gemacht. Jezt habe ich ernstliche Schritte gethan, und der oberste Bauherr in Stuttgart, von Bardili,[307] ist mir schon so gewogen, daß er zu allen Diensten bereit ist. Das Ganze ohne die Mobilien kann man wohl zu 15–20 000 f. haben.[308] Bis zum 12. Dezember ist der Termin

306 Herzogin Henriette von Württemberg (1780–1857), Witwe des 1817 verstorbenen Herzogs Ludwig von Württemberg. Die angesehene, auch theologisch interessierte Frau residiert im Schloss von Kirchheim/Teck, pflegt Kranke und gründet diakonische Einrichtungen. Sie steht in Verbindung u.a. mit Christian Gottlob Barth. Vgl. Karl-Georg Sindele, *Herzogin Henriette von Württemberg. Eine Biographie*. Ostfildern 2006.

307 Oberbaudirektor von Bardili, dem Pietismus abgeneigt, begegnet Blumhardt anfangs mit Vorurteilen. Bei einem Gespräch in Stuttgart beeindruckt ihn Blumhardts fröhliche und natürliche Art; er wird sein Freund, „der gerne seine kurz zugemessenen Mußestunden in Boll zubrachte und sich auch Blumhardts gegen mächtige Gegner, sogar bei dem Könige selbst, tapfer und schneidig annahm“ (Zündel, *Lebensbild*, 405 f.). Zu Blumhardts Auseinandersetzung mit staatlichen Behörden über die Konzeption von Bad Boll siehe Brief Nr. 50 mit Anmerkungen (zur Rolle Bardilis: Anm. 354).

308 Am 15.4.1852 wird in Stuttgart der Kaufvertrag zwischen der Königlichen Staatsfinanzverwaltung und Blumhardt unterzeichnet (LKA Stuttgart, D 50, Mappe: „Acten betr. ... Bad Boll“). Der Kaufpreis wird auf 25 000 Gulden festgesetzt, davon 5 000 Gulden für das Mobiliar. – Die Unternehmer Christoph Dieterlen und Gustav Steinheil aus Rothau im Elsass tragen entscheidend zum Erwerb Bad Bolls bei; vgl. Doris Blumhardt an Karl Köllner 23.4.1852 (Blumhardt, *Briefe* 4, 488): „Mit den Geldangelegenheiten stehts gut. Denke, am Mittwoch früh [21.4.1852] kam ein Brief von Bardili, welcher meinen lieben Christoph zu einer weitern Rücksprache mit dem Finanzrath auf den Donnerstag nach Stuttgart berief. Und am Mittwoch Abend kam ein Brief von unsern Freunden aus Frankreich mit 12 000 fl.! [...] Überdieß garantieren sie noch für 6 000 f., gleich auch für den ganzen Rest des Capitals – allein als Häring und Chevalier [befreundete Kaufleute in Stuttgart] die Sache vernahmen, übernahmen sie die Bürgschaft fürs Übrige.“ Vgl. Blumhardt an Dieterlen vom Oktober 1853 (Nr. 51) mit einem Zwischenbericht über die Verwendung des Kapitals.

aus, dann ist wohl Versteigerung; und ich hoffe, es bleibe mir. Wenn das, so bin ich bis März oder April nicht mehr hier, sondern mit Sack und Pack ausgewandert in eine neue, sehr begierige Welt, und mein eigener Herr![309] Da hoffe ich erst recht fürs Reich Gottes wirken zu können;[310] und da sollen Sie zwei Zimmer von uns haben, ganz wie Sie's wünschen, und bei uns bleiben nach allem Belieben. Ach! wie wäre das so herrlich! [...]

Grüßen Sie Ihre Lieben alle herzlichst von

Ihrem treu liebenden Sohn
[Johann] Christoph Blumhardt

Möttlingen, den 24. November 1851. [...]

309 Die lang ersehnte Konzentration auf den Seelsorgeberuf wird durch den Erwerb Bad Bolls möglich. Mit dem Möttlinger Pfarramt verbundene Verwaltungsaufgaben entfallen, vor allem aber das Verbot des Konsistoriums, Heilungsuchende im Pfarrhaus aufzunehmen (Brief Nr. 31, Anm. 198). – Zum Verhältnis der so entstehenden Bad Boller Hausgemeinde zur württembergischen Landeskirche: Nr. 48, Anm. 341.

310 Das Kurhaus Bad Boll ist dem Wirken für das Reich Gottes gewidmet und durch Freunde finanziert. Daher sieht es Blumhardt nicht als sein Eigentum an. Bad Boll gehört dem Herrn; es steht nicht als Erbe für die Nachkommen zur Verfügung (Blumhardt an Emil Brodersen 5.2.1862; *Briefe* 5, 253–255). Nach dem Tod des Sohnes Christoph Blumhardt (1919) wird es der Herrnhuter Brüdergemeine übergeben.

45. Blumhardt an Ernst Ludwig Pipparth. Möttlingen 10.12.1851

LKA Stuttgart, D 50, Kapsel I A 2/II
(Kopierbuch 1851/1852)
Druck: Blumhardt, *Briefe* 3, 553 f.

Zu Blumhardts „persönlicher Begabung oder Berufung“. Die Geistesgaben wurden seit der apostolischen Zeit zurückgenommen, weil die Christen seit über einem Jahrtausend vom Herrn abgefallen sind. Blumhardts Wirken ist der Beweis, dass man um Rückgabe dieser Kräfte bitten darf. Diese Rückgabe geschieht gegen die Überzeugung der Irwingianer nicht auf einmal, sondern in einer gewissen Ordnung.

Herrn Pastor Pipparth
in Wulkow bei Ruppin
Königreich Preußen.

Mein lieber, theurer Amtsbruder!
Mit freudigem Interesse habe ich Ihren Brief vom 27. November[311] gelesen [...].
Wenn Jakobus an Elias erinnert,[312] so ist wohl zu bedenken, daß auch Elias eine besondere Berufung zu seiner Wirksamkeit hatte; und es kann von Jakobus nicht so gemeint seyn, als wollte er sagen, jeder, der nur glaube, könne das Nemliche thun, was Elias that. Es ge-

311 Das Schreiben Pipparths ist verloren und teilt damit das Schicksal vieler Bittbriefe an Blumhardt, der die meisten Anfragen nach dem Lesen vernichtet hat. Die geschilderten Nöte sind in der Regel nur aus Blumhardts Antwortbriefen zu erschließen; über erfahrene Heilungen gibt er Freunden bisweilen einen kurzen, anonymisierten Bericht. – Eine zusammenfassende Darstellung der Heilungen in Möttlingen, Bad Boll und seiner Briefseelsorge zu schreiben, hat er ins Auge gefasst (Brief Nr. 39 mit Anm. 263), den Plan aber offensichtlich nicht ausgeführt, um das Seelsorgegeheimnis zu wahren.

312 Jak 5,16–18. In Vers 17–18 steht die Erinnerung an das Wirken Elias (eine von ihm verkündigte Dürre tritt ein; 1Kön 17,1) im Zusammenhang von Vers 16: „Des Gerechten Gebet vermag viel, wenn es ernstlich ist.“

hört noch etwas Weiteres dazu, was bekanntlich bei Elias war, was auch in der apostolischen Zeit nicht ohne Weiteres bei jedem Christen war, sondern an persönlicher Begabung oder Berufung hieng. […] Wenn [ich] untersuche […?], was der HErr bei mir thut, […] so muß ich gestehen, daß in Folge meiner Kämpfe mir allerdings etwas Persönliches geworden ist, das nicht jeder so plötzlich auch haben kann. Indessen ist meine Ueberzeugung, daß es allgemeiner wieder werden muß und daß man überhaupt um die Erneuerung der ursprünglichen Kräfte in deren ganzem Umfang bitten darf. Bei mir wird vor der Hand eigentlich nur der Beweis geliefert, daß man diese Bitte thun darf. Aber ehe gleichsam der Himmel sich wieder aufthut, wird's nicht; und es ist eine falsche Meinung, als ob man nur wieder glauben dürfte, um sogleich Alles wieder zu haben, was die apostolische Zeit hatte. Nein, die Kräfte sind in Wahrheit zurückgenommen worden und können nur langsam wieder erlangt werden.[313] Der Unglaube und Abfall der Christen seit mehr als einem Jahrtausend hatte eine Ungnade von Seiten des HErrn zur Folge wie auch einen Ueberschwang der satanischen Kräfte. Darum können wir nicht so ohne Weiteres wieder anfangen; versuchen wir's, so stoßen wir bald auf eine undurchbrochene Mauer. Sie sehen hinaus, wie verschieden ich

313 Vgl. dagegen Blumhardts optimistische Äußerung auf dem Fest des badischen Missionsvereins in Durlach am 11.8.1847. Er erinnert an den Fall der Mauern Jerichos durch den Schall der Posaunen; dieses Blasen sei ein „Glaubenswerk" gewesen (Jos 6; Hebr 11,30), ein Vorbild für die gegenwärtige Arbeit für das Reich Gottes: „Dann würden alle Bollwerke des Reiches der Finsterniß stürzen, und zwar bald stürzen, wie ja schon in unseren Tagen so viel Großes zu sehen sey" (Vorwort des Jahresberichts 1847 des badischen Missionsvereins; zitiert nach *Evangelische Kirchen-Zeitung,* Nr. 76 vom 20.9.1848, 739. Für den Hinweis danke ich Herrn Pfarrer i. R. Gerhard Lötsch/Achern). – Zum Verhältnis von menschlicher Aktivität und göttlichem Wirken: Brief Nr. 34, Anm. 231.

von den Irwingianern[314] bin, die, den status quo der Christenheit übersehend, Alles wieder haben wollen. Das Erste, was Noth thut, ist eine neue Bekehrung der Christenheit [...]. Daß diese werde, muß ernstlicher gekämpft, biblischer gepredigt, dringlicher gebetet werden. [...?] ist die Busse ausgegossen im Großen, wie ich's im Kleinen an meiner Gemeinde erfahren habe, da sich dann sogleich die ersten Spuren der Geistesgaben offenbarten, so giebt sich Eins ums Andere, bis allerdings eine apostolische Zeit wiederkehrt, neben welcher sich dann freilich der eigentliche Widerchrist mit seinem Anhange aufmachen wird. [...]

Der HErr helfe bald zum Siege!

Ihr aufrichtiger [Johann] Christoph Blumhardt.

Möttlingen bei Calw in Württemberg,
den 10. Dezember 1851.

---

314 Edward Irving (1792–1834), seit 1821 Prediger in London, strebt eine Wiederbelebung der apostolischen Kirche mit ihren Ämtern und Wunderkräften an. Als 1830 Zungenreden und Krankenheilungen auftreten, deutet er dies als Zeichen einer hiermit geschehenen neuen Geistausgießung. Apostel werden eingesetzt, die den Herrn bei seiner Wiederkehr im Jahr 1847 empfangen sollen. Irving wird aus der englischen Staatskirche ausgeschlossen. Nach seinem Tod tritt eine Romanisierung der Anhänger ein, die sich jetzt „Katholisch-apostolische Gemeinde" nennen. Durch das Nichteintreffen der Wiederkunft Christi und den Tod der Apostel geraten sie in eine Existenzkrise. Die aus der Katholisch-apostolischen Gemeinde herausgewachsene „Neuapostolische Kirche" überwindet diese durch die Wahl neuer Apostel (RGG^1, 3, 695–701). – Zu Blumhardts Abgrenzung von den Irvingianern: Blumhardt an Otto Hermann 16.11.1849; an Heinrich Wilhelm Thiersch 20.9.1850 (Blumhardt, *Briefe* 3, 425 f. 482).

46. Blumhardt an Strippelmann. Möttlingen 10.1.1852

LKA Stuttgart, D 50, Kapsel I A 2/II (Kopierbuch 1851/1852)
Druck: Blumhardt, *Briefe* 3, 592–594

Blumhardts Briefseelsorge wird immer umfangreicher. Reisen nach Elberfeld, Holland und ins Elsass. Zur Seelsorge an hohen Standespersonen. Ihnen muss er „so gut zugänglich seyn als den niedrigen; beide wollen in Einen Himmel“. Das Wagnis, Bad Boll zu erwerben, will Blumhardt eingehen.

Herrn Oberberginspector
Strippelmann
in Schwalbenthal.

Mein lieber, theurer Freund!
[...] Denken Sie, im vorigen Dezember habe ich 88 Briefe geschrieben[315] nach meinem Briefregister, das ich aber nicht einmal vollständig nennen kann. Von nun aber bin ich in der Ordnung, und ich lasse keinen Brief unbeantwortet über 8–10 Tage liegen. Dieß ist schon der 23te im Januar, da ich immer noch nachtragen muß.

---

315 Die seit 1850 auftretenden Heilungen in Freudenberg (Brief Nr. 39) bilden den Auftakt zu einer immer umfangreicher werdenden Briefseelsorge. Menschen nicht nur aus Württemberg und dem benachbarten Baden, auch aus dem Elsass, der Schweiz, Preußen, Sachsen, Bayern bis hin nach Holland, England, Norwegen und Russland wenden sich an Blumhardt. Dem Bittbrief folgt häufig ein Dankbrief, der von wunderbarer Hilfe berichtet; das sind für ihn „Reichsbriefe des HErrn“ (an Scheibler 1.5.1852; *Briefe* 3, 621). Dem Freund Barth klagt er am 11.12.1857 (*Briefe* 5, 146): „Ein großer Schreibtisch und noch ein anderer liegen voll unbeantworteter Briefe. Täglich kommen 6–12 Briefe (unter 6 niemals) [...]. Ich schreibe fort bis 11½ Uhr nachts und habe nie Schlaf, weil ich immer aufgeregt bin von so seltsamen, auch tief erschütternden Dingen.“ Dabei ist seine Fürbitte nicht an viele Worte gebunden; auch ein Seufzer „mitten in der Geschäftsnoth“ habe vor Gott Gültigkeit (an Siebel 10.6.1850; *Briefe* 3, 462). – Vgl. Ising, *Blumhardt Leben und Werk*, 192 f. 285 f.

Wie sehr mich Ihr Besuch[316] seiner Zeit erfreute, kann ich Ihnen wohl am besten damit beweisen, daß ich fest vorhatte, am Schluß meiner Reise noch den Meißner[317] zu erstürmen. Ich wollte von Elberfeld[318] nach Uslar und von da über Kassel retour. Da kam aber plötzlich ein Strich mir durch die Rechnung. Denn Freunde im Elsaß und in Holland hätten's mir mit Recht übelnehmen können, wenn ich so viel reisete und nach ihnen nichts fragte. Ich blieb daher von Uslar weg und hatte so keine Route mehr über Kassel vor mir. Meine Reise aber hat mir ungemein viel ausgetragen. Denn in Holland und Frankreich[319] habe ich offene Thüren gefunden. Sie hätten sehen sollen, was ich auf der ganzen Reise arbeitete. Das Reisen selbst war allein meine Erholung, jedoch nur insofern, als ich nicht zu sprechen hatte; und auch das glückte mir nicht immer. Denn z. B. von Frankfurth nach Heidelberg kam mir ein Jude in Wurf, mit dem ich ein sehr Ernsthaftes zu reden Gelegenheit hatte, das er nicht sobald wieder vergessen wird.[320] In Straßburg u.s.w. hatte ich keine Ruhe den

316 Strippelmann hat im August 1850 seine schwermütige Tochter Charlotte der Obhut Blumhardts übergeben. Nach Charlottes Rückkehr zu den Eltern kehren ihre Depressionen wieder. Blumhardt hält den Kontakt aufrecht und versichert sie schriftlich seiner Fürbitte (an Charlotte 10.1.1852; *Briefe* 4, 471).

317 Die Familie Strippelmann wohnt in Schwalbental am Meißner.

318 Im September 1851 hat das Ehepaar Blumhardt den Elberfelder Kirchentag besucht. Dort wird Blumhardt von Hilfesuchenden bedrängt (an Siebel 24.12.1851, *Briefe* 4, 444): „Alle Nacht bin ich bis 1 oder 2 Uhr aufgewesen und habe noch Gesellschaft gehabt, mit denen ich mich besprechen mußte. [...] Die besten Freunde habe ich kaum gesehen, viele gar nicht gesprochen. Aber um so mehr suchten mich Elende und Kranke auf."

319 Von Elberfeld aus machen Blumhardt und seine Frau Doris einen Abstecher nach Amsterdam u. a. zum befreundeten Labouchère (an Barth 8.9.1851; *Briefe* 3, 538), im Oktober 1851 eine Reise ins Elsass (an Siebel 24.12.1851; *Briefe* 4, 447): „Was ich in Straßburg und 10 Stunden auf- und 10 Stunden abwärts erlebt habe, kann ich nicht beschreiben. Da ist ein Hunger und Suchen wie nirgends unter allen Ständen; und ich habe nun unaufhörlich über den Rhein hinüber zu schreiben."

320 Vgl. Nr. 41 mit Anm. 277 sowie Brief Nr. 47.

ganzen Tag, indem Alles zusammenlief und seine Anliegen mir vortrug, und zwar Leute aus allen Ständen. So traf ich's auch in Holland. Mir ist's wohl geworden über dem Gedanken, daß denn doch eine gnädige Heimsuchung des HErrn nahe seyn werde, da Alles so sucht und ringt nach dem Wahrhaftigen. Im nächsten Jahre hoffe ich nach Bremen zu kommen, und dann möge Gott es leiten, daß es im Hin- oder Herweg über den Meißner geht! Aber dann wollen wir vergnügt seyn! Ich hoffe, der HErr werde uns mit und durch einander segnen. [...]

Auch über den Luxus unsres Hauses für die fürstliche Person[321] will ich einige Worte äußern. Vorerst muß ich bemerken, daß ich ihn insofern nicht aus eigenem Geld angeschafft habe, als ich ja von Haus aus keines besitze. Wenn es mir aber dennoch möglich wird, solche Anschaffungen zu machen und dabei doch in Freigebigkeit und Wohlthun nichts zu versäumen, so sehe ich das als einen Wink von oben an, daß ich *darf* und *muß*, weil aus dem Beruf, in welchen mich Gott gestellt hat, Kapitale mir zu ersparen meine größeste Sünde wäre. Ich darf nicht reich werden, muß aber eingerichtet werden für allerlei Leute, um allerlei Leuten für die Ewigkeit zu dienen. Ich suche nicht den Luxus, das glauben Sie selbst, aber hüten muß ich mich, eigensinnig nicht über

321 Der kranken Prinzessin Luise von Preußen (Brief Nr. 37 mit Anm. 252 f.) sind bei ihrem Aufenthalt im Möttlinger Pfarrhaus (Mai bis September 1851) Sonderrechte eingeräumt worden. – Jan Carsten Schnurr weist darauf hin, dass Blumhardt auf eine Luxuskritik antwortet, die „von der klassischen Antike über das christliche Mittelalter bis ins frühneuzeitliche Europa reicht". Die im Pietismus verbreitete Abneigung gegen den Luxus, etwa bei August Hermann Francke, sei damit kein isoliertes Phänomen (Schnurr, *Luxuskritik,* 131). Bei seinen auf das 19. Jahrhundert zentrierten Ausführungen untersucht er Gestalten des württembergischen Erweckungspietismus, die den Begriff Luxus weiter im ausschließlich negativen Sinn verwenden (Christian Gottlob Barth, Johann Ludwig Völter, Sixt Carl Kapff), und stellt Blumhardts differenzierte Sicht in diesen Zusammenhang (zu Blumhardt: Schnurr, 135 f.).

das Gewöhnliche hinausgehen zu wollen, so sehr mich Gott darauf hinleitet. Wenn ich also ungesucht eine Prinzessin bekomme, so ist es Pflicht, die ich jedem Menschen schuldig bin, mich zu fragen: was kann und muß ich, weil ich kann, der Prinzessin zu lieb thun? Ich weiß nicht, was noch weiter mit mir Gott vorhat. Mir will's oft über den Kopf wachsen, und ich erschrecke manchmal; aber ich muß nach, wie ich geführt werde, oder ich bin ungehorsam. Nichts ist aber in gegenwärtiger Zeit nöthiger als Männer, die niedrig und hoch zugleich seyn können. Ich habe in hohe Stände schon viel gewirkt und werde noch viel wirken müssen, und ihnen muß ich so gut zugänglich seyn als den niedrigen; beide wollen in Einen Himmel. Damit aber, daß ich durchaus den niedrigen Fuß festhalte, locke ich mindestens nicht an, stoße vielmehr ab. Vor nichts aber fürchte ich mich mehr als vor dem Vorwurf am jüngsten Tage, durch Steifheit oder Eigensinnigkeit und hoffärtige Niedrigkeit jemand so abgestoßen zu haben, daß er mir nicht näher kam. Ich weiß nicht, ob Sie mich verstehn! Ich denke doch! Uebrigens wurden mir die Meubles alle wenigstens zur Hälfte bezahlt, freilich weil ich nicht weiter mir gefallen ließ.

Aber vor einem Monat stand ich vor einem ungeheuren Flügelgebäude mit 129 Zimmern, zur Anschau, ob ich's kaufen wollte. Ich erschrack und wollte nicht. Auf dem Rückweg kam mir's anders, und ich dachte: darfst du diesem dich entziehen? Kurz, ich mußte ins große Wagniß hinein; und jezt ists vielleicht in 14 Tagen entschieden, daß ich's habe. Es ist das bisherige Königliche Bad Boll bei Göppingen, einsam stehend, neu gebaut vom Staat, der im Ganzen vielleicht 300 000 Gulden darauf verwandte, mit einem großen Nebengebäude, Alles ausmeublirt, wenn auch in etwas, mit einem Kirchlein, Stallungen, Belvedere, Schweizerhäuschen, Gartenanlagen, kurz Allem, was unser Einer nur im

Traum wünschen kann – und das Alles kann ich vielleicht um 20 000 fl. haben;[322] wenigstens kommts nicht viel höher. Was meinen Sie, will das werden? Da muß ich nun, wenn's wird, ein Freiherr werden mit all meiner Simplicität. Wenn's vollends ist, werden Sie wieder Nachricht bekommen. Daß ich nur an Elende, Geistes- und Gemüthskranke denke, werden Sie von selbst merken. Wo aber das Geld herkriegen?[323] Mein lieber HErr hat auch schon in etwas gesorgt, und bange ist mir's nicht. Beifall findet aber mein Unternehmen sehr viel, und ich glaube, mein Haus würde bald gefüllt seyn! [...]

Ihr aufrichtig liebender Freund
[Johann] Christoph Blumhardt.

Möttlingen bei Calw,
10. Januar 1852.

47. Blumhardt an Friedrich Fabri.[324] Möttlingen 14.1.1852
LKA Stuttgart, D 50, Kapsel I A 2/II
(Kopierbuch 1851/1852)
Druck: Blumhardt, *Briefe* 3, 596–599

Kritik an Johann Hinrich Wichern. Gegen ein deutschnationalistisches Denken. Die reformatorischen Bekenntnisschriften schöpfen die Bibel nicht aus; heute brauchen wir mehr. Über Schwachpunkte der Juden-

---

322 Zum Erwerb Bad Bolls: Brief Nr. 44.
323 Brief Nr. 44, Anm. 308.
324 Dr. phil. Friedrich Fabri (1824–1891), 1857–1884 Erster Inspektor der Rheinischen Mission in Barmen. Zusammen mit Elias Schrenk, Theodor Christlieb und anderen verfasst er das Einladungsschreiben zur ersten Gnadauer Konferenz 1888 und wird zu einem der Väter der deutschen Gemeinschaftsbewegung. Vgl. Ohlemacher, *Das Reich Gottes in Deutschland bauen,* 106–121. – Der Kontakt zu Blumhardt wird hergestellt, als Fabri 1849 Henriette Brandt heiratet, die Schwester Mina Brandts aus Relliehausen im Solling, die im Möttlinger Pfarrhaus Heilung sucht. Im März 1849 besucht er Möttlingen und ist von Blumhardts Wirken beeindruckt (Ohlemacher, 107).

mission: Der Bekehrung der Juden muss ein Anderswerden der Christenheit vorausgehen. Die alttestamentlichen Weissagungen gelten unmittelbar für Juden und Christen. Beide müssen sich als Brüder erkennen.

Fabri jun[ior].

Mein lieber Freund und Bruder!
[...] Ich folge deinem Briefe. An Wichern[325] gefällt mir auch nicht Alles;[326] allmälig ist die Sache des Herrn seine Sache, die Ehre des HErrn seine Ehre geworden, wenigstens fehlt nicht mehr viel dazu; und die Kirchentage gefallen mir nicht um deßwillen, was da verhandelt wird,[327] was oft nur eine Komödie ist, dem die

---

325 Auf dem Wittenberger Kirchentag im September 1848 entwickelt Johann Hinrich Wichern das Programm der Inneren Mission: Die sozialen Schäden der Zeit seien durch die Revolution aufgedeckt worden; nun müsse man den entkirchlichten Massen äußere und innere Hilfe bringen. Diese Arbeit, bisher von Einzelnen geleistet, sei eine Aufgabe der Kirche (November 1848 Gründung des Zentralvereins für Innere Mission in Berlin; Herbst 1849 erste Hauptversammlung des badischen Landesvereins für Innere Mission in Durlach, an der Wichern teilnimmt).

326 In Durlach lernt Blumhardt Wichern kennen, „diesen edlen, mit schönen Gaben von Gott gesegneten Mann", und unterstützt dessen Ziele (an Barth 12.10.1849; *Briefe* 3, 419 f.). Aus den Jahren 1853 und 1854 sind Briefe Blumhardts an Wichern überliefert (*Briefe* 5, 52–55. 65. 66. 68 f.). Mit der Zeit vermisst er bei Wichern die geistliche Komponente. Zur Linderung der äußeren Not müsse das „gläubige Ergreifen der [biblischen] Verheißungen" hinzukommen (an Wichern 4.11.1853; *Briefe* 5, 54. Vgl. Ising, *Eine „Weckstimme durch alle Völker"*, 302–304). – Die im vorliegenden Brief geäußerte Kritik antwortet offensichtlich auf kritische Bemerkungen Fabris zu Wichern.

327 Im September 1850 haben in Stuttgart die Versammlungen des Kirchenbundes und des 1849 gegründeten Zentralausschusses für die Innere Mission stattgefunden (Stuttgarter Kirchentag; vgl. Blumhardt, *Briefe* 4, 408). Hier hat Blumhardt am 14.9.1850 ein Referat gehalten über *Die Betheiligung der christlichen Volksschule an der inneren Mission, im Bunde mit der Familie, als der eigentlichen Erziehungsstätte der christlichen Jugend* (in: *Verhandlungen des zweiten Congresses für die innere Mission der Deutschen evangelischen Kirche,* Dritte Sitzung. Berlin 1850), das wegen seiner kritischen Beurteilung des Lehrerstandes Widerspruch von Seiten der Lehrer erfährt (Blumhardt an Wichern 1.10.1850; *Briefe* 3, 484; *Briefe* 4, 412–414). Danach ist er zu weiteren öffentlichen Äußerungen auf einem Kirchentag nicht mehr bereit und beschränkt sich, von Predigten abgesehen, auf persönliche Kontakte.

wahre Realität abgeht, sondern um der Glieder willen, die zusammenkommen. Die Gesichter besehen und Hände drücken ist mir immer das Erbaulichste. Das öffentliche Reden ist mitunter nur ein Rostralgeschäft,[328] ein Geschnäbel. Das Hervorheben des Nationalen ist auch nichts.[329] Ich habe gegenwärtig einen Norweger im Hause,[330] der hat ein norwegisches Nationalgefühl wie kaum ein Deutscher ein deutsches. Etliche Franzosen habe ich gehabt, die sind mit Leib und Seel nationale Franzosen.[331] So ist's schon eckelhaft, sich mit seinem Deutschthum so zu brüsten. So haben's ja nicht einmal die Juden gemacht, denn die Schrift hat immer den Blick auf die ganze Welt. Ehe der Deutsche nicht weltbürgerlich denkt, ist's nicht mit ihm. So war mir seiner Zeit auch die Schleswigsache[332] so widrig, denn da hieß deutsch seyn fast mehr als selig seyn. Uebrigens glaube ich wohl auch, daß Deutschland zu etwas Besonderem

---

328 Von rostrum (lat.); Schnabel, Rednertribüne.

329 Blumhardts Hoffnung auf eine weltweite Geistausgießung bewahrt ihn davor, die eigene Nation über andere Völker zu erheben. Nationalistischen Stimmungen widerspricht er anlässlich der Auseinandersetzungen um die Fürstentümer Schleswig und Holstein (siehe unten Anm. 332), dann während des Deutsch-Französischen Krieges von 1870/1871. Für die Beurteilung eines Volkes ausschlaggebend sei die Hinwendung zu Gott und den biblischen Verheißungen (Blumhardt an Julie Dieterlen 3.12.1870; *Briefe* 5, 546 f.). Vgl. Ising, *Blumhardt Leben und Werk,* 306–309.

330 Harald Egidius aus Drammen bei Oslo, seit Jahren an erfrorenen Füßen leidend, hält sich Ende 1851 im Möttlinger Pfarrhaus auf. Bei seiner Ankunft muss man ihn die Treppe hinauftragen; einige Wochen später kann er „ordentlich" laufen, „wiewohl geführt" (Blumhardt an Barth 4.11.1851, an Agnes von Owen 22.12.1851; *Briefe* 4, 453. 462).

331 Etwa der befreundete Christoph Dieterlen.

332 Anlässlich der nationaldeutschen Erhebung in den Herzogtümern Schleswig und Holstein, die sich der Einverleibung durch Dänemark widersetzt und in der Schlacht bei Idstedt am 25.7.1850 unterliegt, kommentiert der *Schwäbische Merkur* (Nr. 182 vom 31.7.1850): „Für Deutschland haben sie von Neuem mit Ruhm und Ehre sich bedeckt; für Deutschland haben sie geblutet." Blumhardt dagegen bezeichnet diesen Krieg als „*eine* Hauptsünde des gesammten Deutschlands", der zudem eine „Empörung gegen die Obrigkeit" darstelle, und verweist auf die Tausende von Gefallenen (Burkhardts Möttlinger Tagebuch 2.8.1850; Blumhardt, *Briefe* 3, 473). – Vgl. Gebhardt, *Handbuch der Deutschen Geschichte* 3, 183–186.

berufen ist und die Hauptsache in der Christenheit ausmacht, aber nicht weil sie deutsch sind, sondern um ihrer Lokalität willen. Die leztere ist es auch, um deren willen Gott viel an Deutschland gethan hat, nicht weil die Deutschen mehr waren als andere Völker.

Was den reformatorischen Geist betrifft, so brauchen wir mehr, als dieser war, nichts *Anderes*, aber etwas Mehreres. Die Gedanken der Reformatoren leiden an einer Armuth[333] (nicht aus ihrer Schuld), sofern sie lange nicht die heilige Schrift erschöpfen. Deßwegen ist das Hinaufsitzen auf die Symbole,[334] bei dem man nicht weiter gehen will, als diese führen, nur schädlich in unsrer Zeit. Beinahe allen Dogmen fehlt es an Allseitigkeit; manche sind gar nicht recht fixirt, z. B. das Amt der Schlüssel, über welches der gute Stier, wohl eben deswegen, jämmerlich elend in seinem Katechismus sich finden läßt.[335] Die Symbole schweigen quasi ganz vom Kommen des HErrn und führen nicht zum Warten auf Ihn, die wir doch seyn sollen, als die auf ihren Herrn warten. Die Verwechslung seiner Zukunft mit dem Tod ist in ihnen durchweg; kurz, noch Vieles könnte ich anführen, nicht den Reformatoren zum Vorwurf, aber zu beweisen, daß wir nach der Schrift noch viel Mehreres zu lehren und zu üben haben, als sie geben. […]

---

333 In den reformatorischen Bekenntnisschriften vermisst Blumhardt die in der Bibel vorhandene eschatologische Spannung; siehe unten Z. 17–24. Vgl. Ising, *Blumhardt Leben und Werk*, 207.

334 Bekenntnisschriften.

335 Der von Blumhardt sonst geschätzte Ewald Rudolf Stier (1800–1862, 1823 Missionslehrer in Basel, 1859 Superintendent in Eisleben) lässt in seiner Sicht von Buße, Beichte und Absolution getreu dem Vorbild der Reformatoren die Hoffnung auf eine neue Geistausgießung und auf die Bekehrung möglichst aller Menschen vermissen (Stier, *Luthers Katechismus als Grundlage des Konfirmanden-Unterrichts*. Berlin [6]1855, 139): „Unser Herr Christus hat seiner Kirche auf Erden die sonderbare, ausdrückliche Gewalt verliehen, den bußfertigen Sündern die Sünde zu vergeben, den Unbußfertigen aber die Sünde zu behalten, so lange sie nicht Buße thun, oder ihnen auf- und zuzuschließen das Himmelreich, daß es auch im Himmel also gelte. – Das ist das Amt der Schlüssel […].“

Die Judenmission[336] betreffend kann man's nicht anders machen, als es geschieht. Ich kenne ihre Gebrechen, auch die der Heidenmission; aber wie ich zur Zeit diese nicht zu verbessern weiß, so jene. Du sagst, sie müsse zur Angelegenheit der ganzen gläubigen Gemeinde Christi erhoben werden. Du hast recht, aber wie bringst du dieß zu Stande? Was thut denn die gläubige Christenheit für ihre Umgebung? Wie bezeigt sich der gläubige Christ an seinen Dienstboten, an seinem Schneider, Schuhmacher, auf dem Markte, im Handel u.s.w.? nur so, daß er wo möglich bekehre, wen er trifft? niemand ärgere? Ist's nun hier im gewöhnlichen Leben gar anders, wie wird der gläubige Christ mit dem Schacherjuden verfahren? O Bruder, zuvor muß die gläubige Christenheit anders werden, ehe sie Juden bekehren kann. Da kann man viel systematisiren, macht aber die Rechnung ohne den Wirth. Meine Ueberzeugung ist, daß die Juden nicht im Großen bekehrt werden, ehe sie die Kraft Christi, auch in Zeichen und Wundern, wieder an den Christen zu sehen Gelegenheit haben. Einstweilen halte ich viel darauf, sie geradezu als Brüder zu behandeln und sich ihnen als Bruder zu erkennen zu geben, sofern wir mit ihnen an den Gott Abrahams glauben, durch dessen Samen alle Geschlechter gesegnet werden sollen. So habe ich schon bei vielen Juden Eingang gefunden. Das Weitere muß sich dann von selbst geben oder nur mit Nachhilfe von unsrer Seite. Komme ich nach Boll, so ist ein Dorf in der Nähe mit 500 Juden;[337] will sehen, wie mir's mit denen geht. Ich rathe dir auch sonst nicht, dieses Thema zur Sprache zu brin-

336 Vgl. Nr. 41 mit Anm. 277.

337 Aufgrund eines Schutzbriefs von 1777 werden Juden in Jebenhausen bei Boll und dem nahegelegenen Göppingen ansässig. Eine Synagoge besteht in Jebenhausen bis 1899. In der 1980 profanierten ehemaligen Dorfkirche befindet sich ein Jüdisches Museum.

gen. Denn wer sich mit der Judenmission befaßt, meint in der Regel, er mache es unvergleichlich gut, und wird durch den geringsten Widerspruch gereizt und geärgert. Wenn du vollends etwas Durchgreifendes ändern willst, dann magst du zusehen. Laß die Leute machen, die doch auch wieder thun, was sie können und wie sie's verstehen. Ach! wie Vieles muß ich ungerüttelt lassen, das ich gerne vom Untersten zum Obersten kehren möchte! Aber Alles hat seine Zeit!

In der Auffassung des prophetischen Worts differire ich vielleicht auch von dir. Denn ich schätze mich und alle Christen zum realen Israel, und wir dürfen die Weissagungen nicht erst geistlich oder in zweiter Instanz, sondern schon in erster Instanz, so gut als jeder Abrahamssohn uns zueignen. Oder ist dein Douglas darum weniger Israelite, weil er nun Christ heißt? oder seine Kinder? sind seine Ururenkel keine Israeliten mehr? Ist er durch seine Bekehrung ausgetreten von dem Anrecht an die Verheißungen? Er ist nicht mehr und nicht weniger Jude als ich und du. Wer weiß, was mein Ahn gewesen ist? wenn Jude, bin ich's nicht mehr? Oder ist der Heiland kein Jude gewesen, weil er eine Moabitin zu seiner Ahnmutter gehabt hat? – wenn aber nicht, so bin ich doch ein Jude, als eingepfropft in Israel vollkommen dasselbe geltend, was irgend ein Israelite. [...] Aber sag' das Einer am Kirchentage. Ich glaube, ich würde gesteinigt oder müßte ganz zerfezt wieder heimgehen. Man muß Geduld haben; die Wahrheit bricht sich die Bahn, ohne daß wir mit dem Kopf durch die Wand drängen. [...]

Laß dich grüßen von meiner Frau und

Deinem treu liebenden Freund und
Bruder [Johann] Christoph Blumhardt.

Möttlingen bei Calw,
den 14. Januar 1852. [...]

48. Blumhardt an Wilhelm I., König von Württemberg.[338] Möttlingen 23.4.1852

LKA Stuttgart, A 27, Bd. 267,51
Druck: Blumhardt, *Briefe* 3, 619

Bitte um Entlassung aus dem Pfarramt, jedoch „unter dem Vorbehalte eines Rücktritts in die Dienste der evangelischen Kirche".

Generalat Tübingen.
Dekanat Calw
Möttlingen, den 23. April 1852.

Pfarrer Blumhardt bittet um gnädigste Entlassung von seinem Amte, unter dem Vorbehalte eines Rücktritts in die Dienste der evangelischen Kirche.

Eure Königliche Majestät

haben mir vor einigen Tagen das bisherige Bad Boll um einen äußerst billigen Preis allergnädigst überlassen[339] und sind mir damit auf eine im höchsten Grade mich ermuthigende Weise für mein Vorhaben entgegengekommen, mich der Gemüthskranken und Angefochtenen aller Art, welche sich immer zahlreicher von allen Seiten her an mich wenden, umfassender, als es bisher möglich war, anzunehmen.

Meine Dankbarkeit glaube ich damit am Besten zeigen zu können, daß ich die mir von Gott für jene Unglücklichen verliehenen Kräfte aufs Treueste anzuwenden suche, um wo möglich vielen Familien Trost und Hilfe nach dem Wohlgefallen Gottes zu bringen. Für jezt aber verwalte ich noch das Amt eines Dieners der evangelischen Kirche, in welches mich Eure König-

338 Das an den württembergischen König Wilhelm I. gerichtete Schreiben geht den Dienstweg über das Dekanatamt Calw und das Konsistorium; von dort wird es dem König zur Beschlussfassung vorgelegt.

339 Zum Erwerb Bad Bolls: Brief Nr. 44.

liche Majestät im Juli 1838 gnädigst eingesezt haben; und ich sehe mich nun zu der weiteren unterthänigsten Bitte veranlaßt, Eure Königliche Majestät möchte mich dieses Amtes entheben,[340] wiewohl mit der huldvollsten Zusicherung, daß mir der Rücktritt in die Dienste der evangelischen Kirche in späterer Zeit offen stehen solle.

Es wird mir schwer, diesen Schritt zu thun, weil ich mit voller Liebe an meinem Amte und durch besonders gesegnete Erfahrungen mit einer väterlichen Gesinnung an meiner Gemeinde hänge; aber ich fühle in mir die Nothwendigkeit, einer höheren Pflicht zu folgen, indem ich die vielen nun gesammelten Erfahrungen umfassender in Anwendung zu bringen strebte. Sofern ich zugleich nur als seelsorgerlicher Pfleger und Berather mit den erwähnten Kranken zu den Resultaten kommen kann, die ich vielfältig durch Gottes Gnade sehen darf, fühle ich mich, auch wenn ich vom Amte abgetreten bin, doch noch im Dienste der evangelischen Kirche,[341] welchem mein Leben zu widmen als meine einzige Aufgabe mir erscheint. Eure Königliche

---

340 Zur Begründung: Brief Nr. 44, Anm. 309 f. Das Konsistorium erhebt keine Einwände, „obwohl wir gewünscht hätten, daß Blumhardt im Kirchendienst bleibe“ (an das Ministerium des Kirchen- und Schulwesens 27.4.1852; LKA Stuttgart, A 27, Bd. 267,52). Der König genehmigt die Entlassung, wie von Blumhardt gewünscht, unter dem Vorbehalt des Rücktritts (Ministerium des Kirchen- und Schulwesens an das Konsistorium 5.5.1852; LKA Stuttgart, A 27, Bd. 267,53).

341 Auch in der neuen Situation bleibt Blumhardt mit der württembergischen Landeskirche verbunden. Er bittet, in der Bad Boller Hausgemeinde „regelmäßige Gottesdienste und Katechisationen, die Austheilung des heiligen Abendmahls, die Ertheilung des Confirmandenunterrichts und etwa auch die Confirmationshandlung selbst“ vornehmen zu können. „Bei allen diesen Functionen würde ich ganz bei der evangelischen Kirchenordnung unsres Vaterlandes bleiben“ (Blumhardt an das Konsistorium 28.10.1852; *Briefe* 4, 490). – Das Konsistorium entspricht Blumhardts Wunsch; allerdings sollen Taufen und Trauungen dem Pfarrer des benachbarten Dorfes Boll überlassen bleiben. Damit wird Bad Boll keine selbstständige Pfarrei; es bleibt mit den genannten Ausnahmen dem Pfarrgemeinderat und Kirchenkonvent des Dorfes Boll untergeordnet (Konsistorium an das Dekanatamt Göppingen 11.11.1852; Blumhardt, *Briefe* 5, 18 f.). Vgl. Ising, *Blumhardt Leben und Werk*, 257 f.

Majestät möge mir daher meine angeführte unterthänigste Bitte huldvollst gewähren, womit ich in tiefster Ehrfurcht verharre

Eurer Königlichen Majestät
allerunterthänigster
Johann Christoph Blumhardt, Pfarrer.

49. Blumhardt an (Tillmann Siebel). Bad Boll 8.2.1853

Archiv des Evang. Gemeinschaftsverbands Siegen-Wittgenstein, Mappe „Briefe an Tillmann Siebel, b) Christoph Blumhardt"
Druck: Blumhardt, *Briefe* 5, 28 f.

Am 1. Februar wurde Bertha Blumhardt geboren. Heilung eines besessenen Mädchens in Bad Boll.

Lieber Bruder!
Auf dein leztes liebes Schreiben vom 2. Februar erwiedere ich, daß ich für die neuen Kranken[342] ernstlich beten will. Für sie habe ich Hoffnung, wenn es nicht an ihrem Glauben fehlt, weil Krankheiten, in welchen so offenbar die Finsterniß wirkt, immer am leichtesten durch Gebet weg gehen, weil ja da doch nichts Anderes helfen kann.

Aus meinem Hause will ich dir mittheilen, daß ich wieder mit einem gesunden Töchterchen[343] gesegnet

342 Siebel an Blumhardt 2.2.1853 (in: Ijewski, *Tillmann Siebel und seine Briefe an Johann Christoph Blumhardt,* 186 f.) nennt drei neue Kranke. Eine Frau leide an unerklärlichen Schreikrämpfen und versetze zwei im Haus wohnende Kinder in große Unruhe, was bei den Kindern zu Schweißausbrüchen und schmerzhafter Verstopfung führe. Siebel fährt fort: „So viel wie ich aus der Erzehlung des Vaters entnehmen konnte, schien es mir Wirkung böser Geister zu sein." Die Betroffenen seien „sonst übrigens ganz gesunder Natur".

343 Die Tochter wird am 3.3.1852 auf den Namen Bertha getauft. Bereits am 11.10.1854 stirbt sie an der Gelbsucht (Blumhardts Rundschreiben an die Freunde 12.10.1854; *Briefe* 5, 84 f.). Vgl. Blumhardt an Dieterlen 2.11.1854

worden bin. Alles ist so gut gegangen, daß ich nicht genug dem Heiland danken kann. Es war am 1. Februar.

Fast eine noch größere Freude habe ich 2 Tage vorher gehabt. Du erinnerst dich, daß ich von einem besessenen Mädchen[344] bei mir erzählte, welches taub wurde, sobald ich vom Heiland mit ihm sprach. Das lästerte und fluchte, wie's sicherlich nur der Teufel kann, und zerriеß oft alle Bande, konnte kaum von 3 Personen fest genug gehalten werden und zerraufte und zerschlug sich Kopf und Brust, daß man's gar nimmer ansehen konnte, namentlich wenn ich irgendwo predigte. Wie hat sie nicht getobt, als ich in Holpe und Amsterdam predigte! Nachdem sie drei Vierteljahre da gewesen war (aber schon seit 6 Jahren ist sie besessen und unter allen möglichen Händen gewesen), wurde sie allmälig ruhiger, und seit einigen Wochen konnte man sie ungebunden lassen. Plötzlich, an einem Sonntage, da ich wieder in der Nachbarschaft predigte, wurde sie wieder ganz überwältigt vom Geist und saß nun da mit weit offenen Augen, ohne Athem und Puls und Essen und Trinken, stets mit krampfhaften Zuckungen behaftet, drei Tage lang gleichmäßig fort; dann wußte ich sie zu legen, aber der starre und doch krampfhafte Zustand dauerte fort. So oft ich betete oder sang, wurde es ärger. Aber jezt sprach ich ernste Worte; und weil der Geist so oft gesagt hatte: wir gewinnen's doch noch, fragte ich:

(*Briefe* 5, 85): „Freilich, das Kind war unter dem ewigen Gedränge und Stürmen unsre einzige Freude; und wenn man fast Tag und Nacht Fremden lebt, sieht man doch auch auf Augenblicke in die Aeuglein eines solchen Kindes, und eine Welt von Wohlseyn kommt über einen. Doch wir sinds zufrieden. Der HErr thue, was Ihm gefällt; einst kommts besser."

344 Die „Altbacher Mariele" genannte junge Frau zeigt in ihren Krämpfen, Selbstverwundungen und Reden in fremden Stimmen Symptome, die Blumhardt von Gottliebin Dittus her bekannt sind (Brief Nr. 3). Auch das Mariele hat zuvor in Korntal, wo sie sich zweieinhalb Jahre aufhielt, „alles Mögliche von Eisenwaaren vom Leibe […] gehen lassen" (Blumhardt an Hermann 9.3.1853; *Briefe* 6, 60. Vgl. oben Brief Nr. 4).

wer gewinnt's jezt? worauf der Finger immer nach uns deutete, mit gräßlichen Augen. Ich glaubte, das Mädchen (erst 17 Jahre alt) werde sterben, und ließ Tag und Nacht wachen. Endlich am sechsten Tage Abends 7 Uhr wird sie hoch in die Höhe geworfen und kommt zu Athem. Sie greift nach ihren Füßen und will aufstehen. Sie steht auf und wundert sich, fällt auf die Kniee und wundert sich, daß sie knieen kann, kann aber noch nicht reden und hören und sehen. Mit jeder Minute wirds besser. Endlich sagte [sie]: wie ist doch Alles so leicht, so leicht; ich bin ein ganz anderer Mensch u.s.f. Am andern Morgen sprang sie vor Tag schon unser ganzes Haus durch, lobend und dankend, springend und jubelnd und über Alles wie ein Kind am Christtag entzückt; und siehe da! das arme Kind war plötzlich frei und vernünftig geworden. Was das für Auftritte der Freude gab, kann ich dir nicht beschreiben. Aber der HErr sei gepriesen, der noch lebt und siegt, wenn man nur ihn ernstlich anruft. Jezt bleibt das blutarme Kind bei uns im Dienste. Es hat keine Eltern mehr, und wir haben's müssen von einer fremden Gemeinde unentgeldlich zu uns nehmen, denn man wollte keinen Kreuzer mehr für dasselbe ausgeben. Nun hat sich der Heiland des verachteten Geschöpfes angenommen. – Noch manches Andere könnte ich erzählen, aber es sei das genug.

[…] Mit treuer Liebe Dein

[Johann] Christoph Blumhardt

Bad Boll bei Göppingen,
den 8. Februar 1853.

50. Blumhardt an das Königliche Oberamt[345] Göppingen. Bad Boll 5.8.1853

Landesarchiv Baden-Württemberg, Hauptstaatsarchiv Stuttgart, E 146, Bü. 1731
Druck: Blumhardt, *Briefe* 5, 35–39

Blumhardt gibt die von der Kreisregierung in Ulm am 1. Juli 1853 geforderte Erklärung ab. Vorgeschichte des Bad Boller Unternehmens. Er nimmt keine Wahnsinnigen und Tobsüchtigen auf, greift auch nicht in das Gebiet der Ärzte ein. Sein einziges Heilmittel ist „die Erweckung des Vertrauens zu Gott und eines glaubensvollen Gebets zu Ihm". Eine Belohnung für seine Dienste nimmt er nicht an. Daher entbehren die Ermahnungen der Kreisregierung jeder Grundlage.

Königliches hochlöbliches Oberamt Göppingen
hat mir durch verehrlichen Erlaß vom 9. vorigen Monats über den Inhalt eines Erlasses der Königlichen Kreisregierung in Ulm vom 1. vorigen Monats eine Erklärung abgefordert,[346] die ich hiemit in Folgendem abgebe und deren verspätetes Eintreffen ich dadurch

345 Im Königreich Württemberg entspricht dem Gemeinschaftlichen Amt auf lokaler Ebene (Schultheiß als weltlicher, Pfarrer als geistlicher Ortsvorsteher; vgl. Brief Nr. 3, Anm. 23) das Oberamt als nächsthöhere Institution in den Oberamtsstädten (Calw, Göppingen u.a.), bestehend aus Oberamtmann und Dekan.

346 Innenministerium und Medizinalkollegium in Stuttgart sind bestrebt, Bad Boll als Anstalt für Geisteskranke anzusehen und damit eine staatliche Kontrolle zu begründen. Dabei treten die Kreisregierung in Ulm und das Oberamt Göppingen als ausführende Behörden auf. Der Erlass der Kreisregierung vom 1.7.1853 sowie die im Folgenden genannten Dokumente zur Auseinandersetzung mit Blumhardt befinden sich im HStA Stuttgart, E 146, Bü. 1731. – Zur Vorgeschichte: Der Direktor des Medizinalkollegiums Staatsrat Dr. von Ludwig stellt in einem Gutachten vom 6.7.1852 fest, Blumhardt beabsichtige eindeutig die Behandlung von Geisteskranken (vgl. unten Anm. 347). Also gehöre Bad Boll in die Kategorie der Privat-Irrenanstalten. Blumhardt solle einen Arzt anstellen; zudem sei Bad Boll alle vier Jahre durch den Direktor einer staatlichen Irrenanstalt zu visitieren. Aufsichtsbehörde solle das Medizinalkollegium sein. Das Innenministerium schließt sich dem an (Schreiben an die Ulmer Kreisregierung vom

geneigtest zu entschuldigen bitte, daß ich auf dessen Einlauf erst durch den neuesten MonitorialErlaß in derselben Angelegenheit aufmerksam gemacht wurde.

Der erste und wichtige Punkt, gegen welchen ich mich zu erklären veranlaßt sehe, besteht darin, daß meine zur Aufnahme gesunder und kranker Personen offen stehende Wohnung eine Anstalt für *Geisteskranke*[347] genannt und als solche beurtheilt wird.

Im Jahr 1844 machte ich als Seelsorger in meiner vormaligen Gemeinde Möttlingen Erfahrungen, welche die Aufmerksamkeit auch in weiteren Kreisen auf sich zogen. Viele Gemüther wurden in besonderer Weise angeregt und aufgerichtet; und so kam es allmälig, daß von allen Seiten Bekümmerte und Leidende jeder Art mir zuliefen, die Trost, Linderung und Hilfe durch meinen Zuspruch, meine Predigt, meine betende Theilnahme suchten. Da ich nun die Wirkungen vor mir sah, daß die Meisten, indem ein neues Vertrauen zu Gott und den Gebetsverheißungen der heiligen Schrift in ihnen geweckt wurde, mindestens getröstet und aufgerichtet von mir schieden, Manche auch wirkliche Hilfe fanden, wäh-

---

21.1.1853). Blumhardt stehe die Behandlung Geisteskranker nicht zu; handle er dem zuwider, müsse er den angerichteten Schaden ersetzen und werde bestraft. – Vgl. Ising, *Blumhardt Leben und Werk,* 254–256.

347 Die Terminologie damaliger Mediziner unterscheidet sich von Blumhardts Begriff der „Geisteskrankheit". Blumhardt spricht von „gedrückten Gemüthern" (siehe unten S. 173, Z. 8 f.), und meint schwermütige und angefochtene Personen, die seiner Seelsorge durchaus zugänglich sind. Davon unterscheidet er „Wahnsinnige und Tobsüchtige", die er als kommunikationsunfähig erlebt hat und denen er auf Bitten von Freunden hin lediglich einen „Aufbewahrungsort" bietet (siehe unten S. 172, Z. 23). Nur diese Gruppe kann er als „Geisteskranke" verstehen. Da er kein „Irrenarzt" sein will, überweist er sie wenn möglich in die Göppinger Anstalt Dr. Heinrich Landerers (Blumhardt an das Oberamt Göppingen 30.5.1852; *Briefe* 3, 625 f.). – Für den Direktor des Medizinalkollegiums Dr. von Ludwig spielt dagegen das Kriterium des seelsorgerlichen Zugangs keine Rolle. Im Gutachten vom 6.7.1852 (vgl. Blumhardt, *Briefe* 6, 67 f.) räumt er, ohne sich auf die Möttlinger und Bad Boller Heilungen einzulassen, einer „einseitigen" seelsorgerlichen Behandlung psychischer Krankheiten keine Erfolgsaussichten ein. Blumhardts „auf's Gerathewohl" gehendes Verfahren sei ein „Experimentiren mit Psychisch-Kranken".

rend vorher alle ihre Bemühungen, eine Hebung der sie quälenden Leiden zu erstreben, vergeblich gewesen waren, so wurde mir's Gewissenssache, ohne Weiteres die Hilfesuchenden von mir zu weisen und ihnen, was ich rein nur als Geistlicher ihnen bot und allein bieten wollte, vorzuenthalten. Ich ließ mich also anlaufen; und der Umstand, daß nun in fast 10 Jahren der Zudrang zu mir fortwährend sich vermehrte, selbst aus der weitesten Ferne, mag hinreichend ein Beweis dafür seyn, daß mein Einfluß auf die Leidenden keine blose Einbildung der Leute war. Bei Weitem die Meisten machten nur vorübergehende Besuche bei mir; hie und da, je nachdem die Verhältnisse waren, blieben sie Tage und Wochen lang bei mir oder in meiner Nähe, aber immer nur so, wie hie und da Pfarrhäuser auf dem Lande selbst von Aerzten für einen vorübergehenden Aufenthalt gewisser Leidenden gesucht werden.

Meine bescheidene Wohnung eines Landgeistlichen in Möttlingen war aber viel zu klein, um die an gewissen Heimsuchungen leidenden Menschen, welche mich suchten und für welche ein Aufenthalt bei mir etwas versprechen konnte, aufnehmen zu können. Als daher zu Anfang des vorigen Jahres das Bad Boll zum Verkauf ausgesezt wurde und ich dasselbe auf den aufmunternden Rath vieler Freunde und Bekannten durch Kauf erwarb, so geschah es – wie mir mein Bewußtseyn tröstend sagt – nur aus Rücksichten der Verlegenheit und des Mitleidens, namentlich mit einer gewissen Klasse Leidender,[348] die sich vorzüglich häufig an mich

348 Schwermütige und angefochtene Menschen; siehe oben Anm. 347. Die Vorbehalte der Behörden verstärken sich im Juni 1852 durch den Selbstmord einer Frau in der neugegründeten Göppinger Anstalt Dr. Landerers; sie hat sich aus einem Fenster gestürzt (Kreisregierung Ulm an das Innenministerium 22.6.1852). Auch in Bad Boll ereignen sich derartige Vorfälle (Brief Nr. 59), obwohl Blumhardt darauf bedacht ist, suizidgefährdete Personen abzuweisen (an Mörikofer 25.2.1859; *Briefe* 5, 192 f.).

wandten, um einen ihrem inneren Zustand zusagenden Zufluchtsort und ihnen in und aus demselben Heilung (sit venia verbo![349]) bereiten zu können. Daß hiedurch etwas Gesezwidriges von meiner Seite geschehe, konnte ich doch wohl um so weniger ahnen, als mein Streben und Verlangen längst Jedermann bekannt war, Niemand und selbst die hohe Staatsregierung nicht daran zweifelte, daß ich lediglich eine Erweiterung meines seitherigen Wirkens beabsichtige, und ich somit am Wenigsten besorgen durfte, es würde bei entgegengesezter Ansicht der Kauf des Bades Boll an mich von hoher Staatsregierung genehmigt worden seyn.

Dieß vorausgeschickt, so ist es – um sofort auf das Specielle einzugehen – eine unrichtige Auffassung, wenn der hohe RegierungsErlaß von der Voraussetzung ausgeht, daß ich auch Wahnsinnige und Tobsüchtige[350] zur Behandlung aufnehme. Denn die zwei Kranken dieser Kategorie [...], welche sich in meinem Hause befinden, sind zu mir erst gebracht worden, nachdem Heilversuche aller Art vergebens an ihnen gemacht, ihre Wiederherstellung von den Aerzten aufgegeben worden war und es sich nun lediglich um die Ermittlung eines Aufbewahrungsorts für sie handelte, den sie in der Mitte ihrer Familien nicht fanden und den ich ihnen in meinem Hause lediglich auf das Andringen von Bekannten und Freunden öffnete. Ihre Unterbringung, namentlich der tobsüchtigen Person, an einem andern Orte war aber von Anfang an und ist noch jezt mein sehnlicher Wunsch. Die Ansicht aber, daß „ich bei diesen Kranken jeden ärztlichen Beistand möglichst entfernt zu halten suche“,[351] kann nur aus einem mir unerklärlichen Mißverständnisse hervorgegangen seyn.

349 Das sei zu sagen erlaubt.
350 Siehe oben Anm. 346 f.
351 Zitat aus dem Bericht des Göppinger Oberamtsarztes Dr. Palm vom 21.6.1853 (HStA Stuttgart, E 146, Bü. 1731).

So wenig es aus der äußeren Erscheinung eines Menschen ein sicheres Erkennungszeichen dafür giebt, daß er an irgend einer bestimmten Form einer Geisteskrankheit leide, indem selbst die erfahrensten Aerzte es wagen, erst nach längerer Beobachtung ein Urtheil, ein Gutachten darüber abzugeben, so wenig habe ich je beabsichtigt, wirkliche Geisteskranke zum Zwecke der Kur in mein Haus aufzunehmen. Vielmehr sind es gedrückte Gemüther, Menschen, die weder die Kraft zu ihrer Erhebung in sich noch Trost in und außer sich finden, welchen ich aber erst auf ihr Bitten mit der Aufnahme in mein Haus entgegenkomme und für welche ich neben der sie bei mir umgebenden Ruhe und Stille, ferner neben der glücklichen Lage meines Hauses in einer überaus schönen Gegend, mitunter auch unter der Einwirkung einer belebenden Luft, wie schon gesagt, als einziges Heilmittel die Erweckung des Vertrauens zu Gott und eines glaubensvollen Gebets zu Ihm besitze und anwende.

Man wird mir zugeben, daß es aller Orten Hunderte, ja da und dort Tausende solcher unglücklichen Menschen giebt, daß sie, solle ihnen nicht ungeheures Unrecht geschehen, unter die Kategorie von Geisteskranken nimmermehr gezählt werden dürfen (man erinnere sich beispielsweise nur der großen Zahl so genannter Hypochonder), daß aber für sie eine Entfernung von ihren gewöhnlichen Umgebungen und Beschäftigungen und die Unterbringung an einen Aufenthaltsort der kurz vorhin angegebenen Art das einzig mögliche Heilmittel enthält. Wenn ich daher früher erklärt habe, daß ich Leidende solcher Art, erst nachdem sie einige Tage bei mir sich aufgehalten und ich mich überzeugt habe, daß sie nicht an wirklicher Geisteskrankheit in pathologischem und psychologischem Sinne leiden, in meinem Hause behalte, so habe ich dadurch bereits gezeigt, daß der mir gemachte Vorwurf alles Grundes um so mehr entbehrt, als wohl kein Arzt und selbst nicht der ärgste meiner etwaigen Widersacher behaupten wird, daß eine solche und sogar länger dauernde, von jeder irgendwie von mir hervorgehenden ärztlichen Behandlung entfernte zeitweise Gestattung des Aufenthalts in meinem Hause auch nur negativ schädlich (nämlich das Gute hindernd) auf einen solchen Leidenden einwirken könnte. Den schlagendsten Beweis dafür aber, daß ich in das Gebiet der ärztlichen Heilkunde auch entfernt nie einzugreifen beabsichtige, habe ich, wie ich hoffe, durch öffentliche Erklärungen wie durch mein öffentliches, der unbefangenen Beobachtung jedermänniglich freistehendes Verhalten gegeben, indem ich auf den bekannten, im vorigen Jahre von einer Anzahl Aerzte ausgegangenen Angriff auf mich gleich darauf meine Absicht, das Bad als solches im nächsten Jahre (d.h. im gegenwärtigen Jahr 1853) öffnen und ordentliche Leute, die auch nur des Bads wegen zu mir kommen, in mein Haus aufnehmen zu wollen, erklärt[352] und dieß auch in diesem Jahr durch eine schon im Frühjahr erlassene Bekanntmachung in Ausführung gebracht habe.

Und in der That, es würde auch dem befangensten Beobachter der Gäste meines Hauses, in welchem nahezu an hundert Personen als solche sich aufhalten, außerordentlich schwer werden, wirkliche Geisteskranke unter denselben zu entdecken; wohl aber würde er sich überzeugen, daß Kranke und Gesunde und unter den lezteren zum Theil noch junge und lebensfrohe Leute, ja selbst Männer, welche nach politischer, sittlicher und intellectueller Hinsicht eine höhere Stellung einnehmen, in zwangloser Weise sich unter einander bewegen und in angenehmer, zu gegenseitiger Erheiterung führender Wechselbeziehung zu einander stehen.[353] Er würde auch

352 Im *Schwäbischen Merkur* 1852, S. 1488 (vgl. Blumhardt, *Briefe* 6, 63 f.). Vgl. unten Brief Nr. 51.

bei der sorgsamsten Beobachtung wohl aus der Unterhaltung vielleicht da und dort ein gedrücktes, bekümmertes Gemüth, aber keine Geistesstörung zu entdecken vermögen. – Indem ich aber mein Haus nur in dem eben entwickelten, der Wahrheit überall entsprechenden Sinne als eine Anstalt dem Publikum öffne, übe ich lediglich ein Recht, das mir auf keine Weise verkümmert werden darf, folge ich den auch unwiderstehlich treibenden Regungen meines Herzens, das bei der mannigfaltigen Noth unsres gegenwärtigen Geschlechtes nicht empfindungslos bleiben kann; ich erfülle dadurch eine hohe wichtige Pflicht göttlicher Gebote und komme den Anforderungen des Evangeliums an die Diener der christlichen Kirche nach, wie sie nach meinen Ueberzeugungen unzweideutig in der heiligen Schrift ausgedrückt sind; ja ich arbeite sogar, weit entfernt, in unbefugter Weise dem ärztlichen Stande entgegenzutreten, einer ärztlichen Behandlung, wenn sie nöthig und verlangt wird, auf die heilbringendste Weise vor.

Die Voraussezungen, unter welcher die hohe Kreisregierung durch den Erlaß vom 1. vorigen Monats Ermahnungen und Warnungen an mich hat ergehen lassen, treffen daher bei mir gar nicht zu.

Weil sie aber nothwendig aus irrigen factischen Umständen hervorgehen, so weise ich die auf mich geworfenen Verdächtigungen nicht nur auf das Entschiedenste zurück, sondern lege hiemit feierliche Verwahrung dagegen ein.[354]

---

353 Vgl. die Berichte von Albert Friedrich von Hauber (Nr. 52), Anna Furer (Nr. 54) und Heinrich Bachofner (Nr. 67) über das Leben im Kurhaus Bad Boll.

354 Blumhardts Erklärung hat immerhin erreicht, dass das Oberamt Göppingen gegenüber der Kreisregierung am 8.8.1853 die Meinung vertritt, da bis jetzt ein Zwang zur ärztlichen Behandlung von Geisteskranken nicht bestehe, sei „im Ganzen“ gegen Blumhardts Unternehmen nichts einzuwenden. Dagegen bleibt das Medizinalkollegium (an das Innenministerium 9.12.1853) von Blumhardts Stellungnahme unbeeindruckt: Bad Boll

Zum Schlusse sodann möge Ein Königliches hochlöbliches Oberamt mir noch die weitere Erklärung erlauben:

daß, wie nach dem Bisherigen der Bezicht der Behandlung von Geisteskranken überhaupt hinwegfällt, der Vorwurf der Annahme irgendwelcher Belohnung[355] vollends ganz grundlos ist und daß vielmehr unter meinen Gästen, sofern sie nicht blose Badgäste sind, im Durchschnitt wohl stets ein Drittheil zehrender, aber nicht auch zahlender Leute[356] sich befinden;

und:

daß ferner zur Anwendung des Artikels 38 des Polizeistrafgesezes auf mich es an allen gesezlichen Merkmalen des dort definirten Vergehens ob- und subjectiv gänzlich fehlt.

Ich verharre in vollkommenster Hochachtung
Eines Königlich hochlöblichen Oberamts
gehorsamster [Johann] Christoph Blumhardt, Pfarrer,
Badinhaber.

Bad Boll, den 5. August 1853.

---

sei eine Irrenanstalt. – Die angedrohten Maßnahmen werden nicht ergriffen. Der Grund ist offensichtlich das Schreiben des mit Blumhardt befreundeten Stuttgarter Oberbaudirektors von Bardili an den König vom 26.8.1853 (Blumhardt, *Briefe* 5, 41–46). Aus eigener Anschauung und aufgrund einer schriftlichen Stellungnahme Blumhardts (an Bardili 16.8.1853; *Briefe* 5, 39–41) räumt Bardili Missverständnisse aus, die Blumhardts Stellung zum Gebet, zu Handauflegung, Magnetismus und Besessenheit betreffen. Der Erlass der Ulmer Kreisregierung vom 1.7.1853 mache deutlich, „daß man auf eine fast kränkende leidenschaftliche Weise mit Blumhardt verfährt". Dessen Handeln sei nicht gewinnorientiert, sondern „ein völlig uneigennütziges, ja aufopferndes". – Der König nimmt die Schilderung seines hohen Beamten „sehr gnädig" auf und erteilt die Weisung, sie auch dem Innenminister zu zeigen, „der nun wahrscheinlich etwas beschämt ist" (Blumhardt an Dieterlen 29.3.1854; *Briefe* 5, 74).

355 Der Blumhardt zugesandten Abschrift des Erlasses vom 1.7.1853 (siehe oben Anm. 346) hatte das Oberamt Göppingen die Bemerkung hinzugefügt, die Ulmer Kreisregierung werde den Artikel 38 des Polizeistrafgesetzes anwenden, „wonach Andere als Aerzte sich der Behandlung von Krankheiten gegen irgendwelche Belohnung bei Strafe nicht unterziehen dürfen".

356 Der Bad Boller Tradition entsprechend werden mittellose Personen kostenlos im „Gnadenbau", einem Flügel des Badgebäudes, untergebracht. Für sie bürgert sich die Bezeichnung „Gnadenbädler" ein. Vgl. Brief Nr. 52, S. 186, Z. 28 f.

51. Blumhardt an (Christoph Dieterlen). Bad Boll 10.(10.?)1853

LKA Stuttgart, D 50, Kapsel I A 2/II
Druck: Blumhardt, *Briefe* 5, 48–52

Wegen Erschöpfung hat Blumhardt das Bad auch einmal als Kurgast benutzt. Was die Bezahlung der Rechnungen und die Tilgung des Kaufpreises angeht, steht es in Bad Boll günstiger als erwartet.

Lieber Bruder!
Erst jezt kann ich schreiben. Seit acht Tagen war ich so müde und zerschlagen, auch wegen des ewigen Geschäftsdrucks so fast muthlos, daß ich die Briefe kaum ansehen, geschweige denn beantworten konnte. Bald merkte ich, daß ich nun einmal auch ruhen müsse und mir das der HErr erlaube. So habe ich Alles liegen gelassen und Boll als Kurgast benüzt.[357] Das hat mir gut gethan, und nun fühle ich mich wieder gekräftigt [...].

Wie es um uns steht, will ich dir genau schreiben. Das Resultat unsrer Gesammtrechnung[358] stellt sich günstiger heraus, als wir dachten. Wir haben wohl einen Rest

---

357 Unter Blumhardt wird Bad Boll von einem staatlichen Heil- und Erholungsbad zu einer geistlichen Einrichtung (Brief Nr. 44). Eine Verweltlichung seines Unternehmens will er verhindern und erklärt gegenüber dem Oberamt Göppingen am 30.5.1852 (HStA Stuttgart, E 146, Bü. 1731), er werde die Badeeinrichtungen „vor der Hand" nicht benutzen, „um nicht einem Zudrang, wie ich ihn nicht wünsche, ausgesezt zu werden". Als Ärzte die baldige Zerstörung der Schwefelquelle befürchten und auch der württembergische Staat eine – wenn auch eingeschränkte – Fortsetzung des Badens wünscht (Blumhardt an Hermann 28.5.1852; *Briefe* 4, 468), reduziert Blumhardt die ursprünglich 42 Badekabinette des Kurhauses auf sechs (Theodor Klunzinger, *Andenken an [Johann] Christoph Blumhardt*. Stuttgart 1880, S. 4 Anm.). Den Gästen stehen die Schwefelbäder des Hauses gegen besondere Bezahlung zur Verfügung (Bad Boller Hausordnung; LKA Stuttgart, D 34, 113/1). Die heilende Wirkung der Schwefelquelle wird weiter genutzt, ohne das Gebet zum „rechten Arzt" als Kernpunkt der Konzeption zu tangieren.

358 Zur finanziellen Unterstützung durch Dieterlen und andere beim Kauf Bad Bolls: Brief Nr. 44, Anm. 308.

gemacht, nemlich 600 f., die für Aecker hätten verwendet werden sollen von einem größeren Posten hiefür bei meinem Schwager, und 250 Thaler, die ein Preuße mir von freien Stücken im Frühjahr lehnungsweise anbot, weil er sah, daß ich viele Auslagen eben hatte, kann ich vorerst nicht vom Ertrag lösen;[359] und so bin ich um circa 1000 f. zurückgekommen, während alles Andere für Hausreparaturen und Leinwand etc. und was sonst vorkam, vollständig bezahlt ist. Somit weiß ich jezt, was in Zukunft zu thun ist. Ich werde von Leuten, die bezahlen können, die volle Miethe, die an den Zimmern für die Woche steht, ansprechen und wahrscheinlich für den Wein einige Kreuzer weiter, weil ich jezt auch Weinsteuer bezahlen muß. Wir müssen uns in hohem Grade über dieses Ergebniß verwundern und können's uns nur durch einen besondern Segen, den Gott uns zukommen ließ, erklären, da wir außerordentliche Einnahmen nur sehr wenige und nur in kleineren Portionen hatten und doch eine sehr große Menge fast nichts bezahlte. Wir sehen's, daß der HErr auch im Aeußerlichen mit uns ist und uns, die wir so viel zu sorgen haben, der Geldsorgen entheben will, wie Er's versprochen hat. Wir sorgen auch niemals und sind in dieser Rücksicht allezeit ruhig und getrost. Deine liebe Gabe habe ich durch Chevalier[360] an die Staatskasse geschickt für's Haus, indem ich's bis zu 2500 Gulden erhöhen ließ, so daß ich jezt nur noch 2000 Gulden dorthin bis zum April 1854 schuldig bin. – Für weitere Anschaffungen ins Haus haben wir noch etwas zurückgelegt; doch werden Herbstanschaffungen wie für Wein etc. noch Einiges wegnehmen. Eines unsrer Nebengebäude werden wir im Frühjahr zu einer Scheuer umbauen, indem wir einen Stock drauf setzen. Dieß ist nothwendig. Unsre Bäume aber haben so viel ertragen, daß wir 17 Aimer

359 Zurückzahlen.
360 Kaufmann in Stuttgart.

Obst-Most erlangten und über 100 Simri in den Keller legten.[361] Die erworbene Frucht streckt auch weit in den Winter hinein, vielleicht bis zum Frühjahr. Einige wohlzahlende Gäste bleiben uns auch über den Winter. Jezt, mein Lieber, weißst du Alles, denn ich war dir's schuldig. Freuen wirst du dich mit uns, daß es so geht. Ja, es ist gut, dem HErrn vertrauen. […]

Dein [Johann] Christoph Blumhardt.

Bad Boll, den 10. [?] October 1853. […]

52. Albert Friedrich von Hauber[362] über Blumhardt und Bad Boll. Herbst 1854

LKA Stuttgart, A 29, Bd. 614,6 (Abschrift)
Druck: Blumhardt, *Briefe* 5, 81–84

Verschiedene Arten von Gästen in Bad Boll. Blumhardts Wirkung auf Personen „von schwachem Halt". Eine junge Dame, die das Essen verweigerte. Blumhardts Abneigung gegen jede Art von Aberglauben. Sein Verzicht auf den Nimbus eines Wunderdoktors. Die zentrale Stellung des Gebets. Über Handauflegung und Magnetismus. Blumhardts Verhalten in ökonomischen Dingen.

Ein Besuch bei *Blumhardt* in Boll Herbst 1854.[363]

---

361 Das Flüssigkeitsmaß Eimer wurde zu verschiedenen Zeiten und in verschiedenen Städten unterschiedlich definiert. Auch für die Maßeinheit Simri, ein Hohlmaß für feste Ware, gab es keine einheitliche Bestimmung (Fischer, *Schwäbisches Wörterbuch* Bd. 2, S. 577 f.; Bd. 5, S. 1408 f.).

362 *Albert* Friedrich von Hauber (1806–1883), 1820 Seminarist in Schöntal, seit 1824 im Tübinger Stift, 1834 2. Pfr. in Nürtingen, 1834 Ehe mit Emma geb. Walther (gest. 1853), 1841 Mitglied der Gesangbuchkommission, 1843 Choralbuchkommission, 1843/1844 2. Pfr. in Tübingen, 1848 Dekan in Tübingen, 1851 Prälat in Ulm, 1854 Ehe mit Marie geb. Walther, 1868 Prälat in Ludwigsburg, 1869 Abgeordneter für Esslingen zur 1. Landessynode, 1875 Vizepräsident der 2. Landessynode, 1879 Landesherrliches Mitglied der 3. Landessynode.

363 Bad Boll liegt im Sprengel (Amtsbezirk) des Ulmer Prälaten, der Visita-

Von meinem Com-Promotionalen[364] Blumhardt öfters eingeladen zu kommen und zu sehen, habe ich den Weg nach Kirchheim zur Visitatio[365] über Boll genommen, bin Nachmittags daselbst angekommen und bis den andern Mittag geblieben.

Ich traf eine namhafte Anzahl von Gästen, es mögen 50–60 gewesen seyn, die in näherer oder fernerer Beziehung zu Blumhardt sich stellten – Männer und Frauen, welche schon vor Jahren bei ihm in Möttlingen auf Kur gewesen und jezt ohne speciellen Heilzweck, nur wieder um ihn zu seyn, gekommen waren; andere, welche bei ihm und durch ihn Heilung suchten; noch andere, welche nur der Erholung wegen da waren, wie man in einem gewöhnlichen Badeort ist.

Aufgefallen ist mir vor Allem, wie sich Blumhardt zu Allen diesen stellte. Man sieht deutlich, daß seine Nähe, sein Blick und Wort gesucht wird; er aber geht unbefangen, kaum grüßend, selten ein Wort wechselnd, durch die Reihen an ihnen vorüber. Er hat täglich von 5–7 Uhr sogenannte Sprechstunde,[366] wo, wer ein Anliegen hat, auf

---

tionen seiner Kirchengemeinden vorzunehmen hat. Angesichts der Sonderstellung Bad Bolls (Brief Nr. 48, Anm. 341) bezeichnet Hauber seinen Aufenthalt als „Besuch"; sein Bericht kommt auf der Sitzung des Synodus vom 22.1.1855 zur Sprache. – Synodus: Versammlung der württembergischen Generalsuperintendenten (Prälaten) sowie der theologischen und weltlichen Mitglieder des Konsistoriums. Man berät u.a. das Ergebnis der Kirchen- und Schulvisitationen. Vgl. Wilhelm Lempp, *Der württembergische Synodus 1553–1924. Ein Beitrag zur Geschichte der Württembergischen Evangelischen Landeskirche* (*Sonderheft der Blätter für württembergische Kirchengeschichte* 12). Stuttgart (1960).

364 Blumhardt und Hauber gehörten als Tübinger Stiftler dem gleichen Studienjahrgang (Promotion) an.

365 Eine Visitation in Kirchheim/Teck.

366 Dass ein Besuch auf „dem Zimmer", bei dem die Hilfesuchenden unmittelbar mit ihren Leiden konfrontiert werden, für manchen eine Hemmschwelle darstellt, berichtet Julie Krauß, 1855 wegen Gehbeschwerden in Bad Boll (an Christoph Blumhardt 21.3.1880; LKA Stuttgart, D 50, Kapsel I A 1 c): „Ich fand da manche Wartende und saß klopfenden Herzens eine Zeitlang im Vorzimmer, bis die Reihe an mich kam. [...] Ich konnte nicht reden, nur weinen im Rückblick auf meine Jugendjahre und meine verlorene Gesundheit. [...] Herr Pfarrer redete wenig, legte mir die Hand

sein Zimmer kommt; sonst widmet er sich, die gemeinsamen Essens- und Gebetszeiten ausgenommen, theils der Oeconomie – er hat Güter gekauft, 1 Scheuer gebaut –, theils namentlich dem Unterricht seiner Knaben, die er Sprachen und Realien selbst lehrt,[367] und nach dem Abendeßen einer umfangreichen Korrespondenz, welche ihn häufig bis nach Mitternacht an den Schreibtisch fesselt.

Ich habe Personen getroffen, durch welche mir sich zu erklären schien, was eigentlich seine Gabe ist – es waren solche von schwachem Halt, leiblich und seelisch dürftig, so zu sagen arreetlos [?]; ich sah, wie sie nach seiner Nähe schmachteten, von seinem Blick und Wort wie ein dürftiges Blümlein vom Thau erquickt wurden. Das Feste, Vertrauensvolle, Mannhafte in seinem milden Wesen ist's, wovon sich diese zarten Menschenpflanzen angezogen und gestützt fühlen – er ist das Komplement[368] zu ihrem Abmangel.

Bedenkt man, daß es zumeist Frauenzimmer, Jungfrauen sind, so scheint die Versuchung zu Liebeleien sehr nahe zu liegen; aber es ist auch gar keine Spur zu Ver-

---

auf und betete kurz. Ich ging getröstet und bewegten Herzens in mein Zimmer." Am Tag darauf macht sie zum erstenmal wieder einen langen Spaziergang, für sie ein „gewaltiger Eindruck der Gottes Nähe". – Andere, die ausführlich ihre Leiden schildern wollen, sind von der dezidierten Kürze in Blumhardts Einzelseelsorge irritiert. Eine von seelischen Leiden geplagte Frau unterbricht er: „Liebes Kind, ich habe jetzt keine Zeit; der Heiland segne dich und nehme dir diese Geschichten weg." Entrüstet verlässt sie das Zimmer, aber die „Geschichten" sind weg (Zündel, *Lebensbild,* 471 f.). – Vgl. Ising, *Blumhardt Leben und Werk,* 275–277.

367 Seine Söhne Karl, Christoph, Theophil und Nathanael bereitet Blumhardt auf den Eintritt ins Stuttgarter Gymnasium vor. Christoph und Theophil erreichen das Ziel; als sie aber 1859 die Aufnahmeprüfung für die nächste Klasse nicht bestehen, verschafft er ihnen Plätze als Hospites (Gastschüler) im Seminar Urach. Dort sollen sie ohne „Scheucherei" ihre Studien fortsetzen. Ihnen gegenüber findet er zu einer besonderen Form der Briefseelsorge, einer Kombination von seelsorgerlicher Begleitung und fachlicher Hilfestellung (Korrigieren von Übersetzungen, Ratschläge zur Arbeitsmethode). Vgl. Ising, *Blumhardt Leben und Werk,* 326.

368 Ergänzung.

dacht in dieser Beziehung wahrzunehmen gewesen, wie denn auch das Angesicht Blumhardts, welcher nachgerade ein Fünfziger geworden, abgesehen von der Fülle immer noch etwas Jünglingartiges hat – er ist ein Mann von der gescheutesten[369] Jugend, der seiner Zeit auch nicht einmal mit Worten wider die Sittenreinheit sich verfehlte oder die Unschuld trübte.

Galantes ist nichts an ihm; er kann vielmehr derb im Umgang seyn und pflegt wenig Umstände zu machen. Während ich bei ihm war, kam und gieng es zum Theil mit Besuchen höheren Standes,[370] ohne daß er sich mit Empfangs- oder Abschiedsceremonien bemüht hätte.

Als ein Beispiel, wie er die Leute behandelt, führe ich Folgendes an: Während ich mit ihm im Garten saß, bemerkte ich eine gar zart gebaute junge Dame, die uns umkreiste und offenbar etwas bei ihm suchte; er ließ sie längere Zeit unbeachtet; endlich fragte er: „wie gehts?“; sie antwortete: „o, es geht mir gut“ und schwebt beglückt von dannen. Hienach erzählt er mir, wie diese vor einigen Monaten zu ihm gebracht worden sey, ganz abgemagert und elend; sie hatte lange Zeit gar nichts zu sich nehmen wollen als ein wenig Milch und war zum Schatten geworden. Er nahm sie auf und ließ sie, scheinbar unbeachtet, wie bisher gewähren. Eines Tags tritt er vor sie hin und ruft ihr mit starker Stimme zu: „Wissen Sie auch, wie das erste Gebot in der Bibel lautet? *Iß*!“ (Gen. 2,16). Von Stunde an habe sie kräftigere Nahrung zu sich genommen und sey gediehen. – Als ich den andern Mit-

369 Gescheitesten.

370 Der anfangs gegenüber Standespersonen schüchterne Blumhardt (Brief Nr. 37) ist an seiner Aufgabe gewachsen. Vgl. Zündel, *Lebensbild*, 451: „So sagte einmal ein Graf: ‚Ich glaube, wenn ein König nach Boll käme, so würde er nach drei Tagen mit Du angeredet.‘ Das war etwas viel gesagt, denn gegenüber ganz hohen Damen brachte es Blumhardt über sich, sich des ‚Sie‘ zu bedienen […]. Wer seine Schwelle betrat, für den trat er in einer Weise priesterlich ein vor Gott, daß er ihn nicht mehr blos anders als in dem Lichte, wie er vor Gott stehe, anschauen konnte.“

tag, von Blumhardt begleitet, Kirchheim zu wanderte, begegnete mir sie; sie war bei einer Hize von mehr als 20 Grad spaziren gegangen, die bei ihrer Ankunft in Boll nicht aufrecht stehen konnte. – Sie soll seither noch mehr gediehen seyn.

Für solche Personen scheint Blumhard die Arznei zu sein, während die Meinung, daß er eigentliche Irren[371] zu heilen vermöge, von ihm selbst aufgegeben scheint: ich habe keine solche bei ihm gesehen und später gehört, daß er mehrere, die bei ihm waren, ungeheilt und übler geworden nach Kennenburg[372] abgegeben habe.

Was aber die leiblich Kranken betrifft, so habe ich ebenfalls keine der Art gesehen, wie er früher in Möttlingen viele gehabt hat. Hingegen jener Holsteiner (N. N.),[373] den er früher von einem schweren Fußleiden curirt haben soll, war wieder da, knapgend[?] zwar, aber sonst rüstig – er hat in neuester Zeit die Gottliebin, die als major domus[374] gilt, geheurathet, Kapitalien zugeschoßen,[375] um die Oeconomie zu vergrößern, und ist gleichsam associrt zum öconomischen Betrieb und zur Seelenpflege.[376] –

371 Brief Nr. 50.

372 Geisteskranke übergibt er der Anstalt Dr. Landerers in Göppingen oder der Anstalt Kennenburg bei Esslingen, die, seit 1837 als Kaltwasserheilanstalt bekannt, ab 1845 auch Nerven- und Gemütskranke aufnimmt.

373 Heinrich *Theodor* Brodersen (1829–1912) aus Friedrichenkoog bei Husum (Herzogtum Schleswig), 1854 Hausverwalter (Leiter der Bad Boller Wirtschaftsbetriebe) in Bad Boll, 1855 Ehe mit Gottliebin geb. Dittus (gest. 1872), 1872 Ehe mit Marie geb. Mühlenbeck. – Brodersen berichtet, er sei 1852 nach Bad Boll gekommen, an zwei Krücken gehend; dort habe er Segen für seinen inneren Menschen und eine „bedeutende Besserung" seines Knieleidens erfahren (Blumhardt, *Briefe* 6, 105 f.).

374 Hausmeier. Gottliebin Brodersen geb. Dittus ist zusammen mit Blumhardts Frau Doris für die hauswirtschaftliche Leitung des Kurhauses Bad Boll zuständig (Ising, *Blumhardt Leben und Werk*, 323–325).

375 Brodersen begründet dies mit Blumhardts schwieriger finanzieller Lage (Blumhardt, *Briefe* 6, 106 f.): „Obgleich treue Freunde ihm helfend die Hand geboten hatten, so blieb doch noch eine große Schuldenlast zu verzinsen übrig." Hier springt Brodersen mit einem zinslosen Darlehen ein, „wobei dasselbe durch Gottes wunderbaren Segen, der auf Bad Boll ruht, jetzt fast ganz zurück bezahlt ist".

376 Neben seinem Beruf als Hausverwalter übernimmt Theodor Brodersen einen Teil der seelsorgerlichen Korrespondenz Blumhardts, auch unter

Den unglücklichen Sohn des seligen Dr. Schmid[377] habe ich auch dort getroffen, aber kaum anders als früher – immer noch voll Unart und Eigensinn; sein Denkvermögen scheint darin aufzugehen, daß er jeden nach Namen und Geburtstag fragt und lezteren von Jedem behalten kann. – Für Hirn*armuth* kann auch Blumhardt nicht.

Nach dem einfachen Abendbrod[378] (wie es denn überhaupt sehr mäßig zugeht) hat Blumhard in der Bibel gelesen, langsam, deutlich, mit eingestreuten kurzen Bemerkungen, gebetet und mit der Gesellschaft einen Vers gesungen. Mir zu lieb blieb er dabei länger in der Gesellschaft, und es wurden Gespräche religiösen und theologischen Inhalts geführt, wobei Blumhard in einfacher und nüchterner Weise sich betheiligte.

Das Frühstük wird ebenfalls in Gemeinschaft eingenommen und folgt Bibellesen, Gebet und Singen. Um 10 Uhr predigte Blumhard – da sein Organist von einem Gang nach Göppingen zur Zeit nicht heimgekommen war, so bat er mich, den Choral zu spielen – über das Evangelium vom Pharisäer und Zöllner,[379] äusserst einfach, schmuklos, nüchtern und so, daß er den Glaubenspharisäismus zeichnete und geiselte in einer logisch ausgezeichneten Ordnung – die Theile fielen ihm wie reife Früchte in den Schoos – und gegen das Ende mit Kraft und Feuer. – [...]

Wenn ich recht beobachtet habe, so legt Blumhardt den Hauptaccent seines heilenden Wirkens auf sein Beten, und zwar auf ein Beten ohne eine in die Sinnen fallende Application[380] – wie etwa Namennennen, Hand-

---

dessen Nachfolger Christoph Blumhardt, und hält bei Blumhardts Abwesenheit die Hausandachten.

377 Ferdinand Immanuel Schmid (1836–1855), Sohn von Christian Friedrich Schmid (1794–1852), des Tübinger Professors und ehemaligen Lehrers von Blumhardt.

378 Zum Tagesablauf in Bad Boll vgl. die Berichte von Anna Furer (Brief Nr. 54) und Heinrich Bachofner (Nr. 67).

379 Lk 18,9–14.

auflegen. Jener Franzosen ward in der Fürbitte durchaus nicht ausdrücklich erwähnt, überhaupt keines Einzelnen; und es wird auch im Einzelumgang nichts an das Magische Erinnerndes geübt. Es ist überhaupt merkwürdig, welche Scheue Blumhardt gegen Alles, was ans Zauberische auch nur streift, hat. So kam nach dem Abendeßen das Gespräch unter Anderm auch auf die heidnischen Reste unter den Christen, und Blumhardt sagte, es sey unrecht, weit abergläubisch, wenn man „unbeschrien“[381] rufe. Sein Glaube ist, daß Gott selbst, unmittelbar gerufen, unmittelbar hilft, und so kommt ihm schon das „Unbeschrien“ als eine Art Eigenhilfe gegen den Neid der bösen Geister sündhaft vor. Dadurch unterscheidet sich Blumhardt von allen sonstigen für Wunderdoctoren gehaltenen Männern, daß bei ihm alles und jedes Beiwerk, womit derartige sich selbst oder andere steigern, blenden, einen Nimbus um sich machen, weg ist. Er glaubt eben; das ist seine ganze Magie. – „Es geht“, das ist sein Wahlspruch und Feldgeschrei. – Und doch wird den Leuten Fausts Höllenzwang[382] mittelst der Versicherung angepriesen, daß Blumhardt durch ihn zu einem Schloß und Kutsche und Pferde gekommen sey.

Anfänglich war es bei Blumhardt's Heilungen bekanntlich nicht so einfach zugegangen, und sein Handauflegen[383] hatte der Ansicht Vorschub geleistet, er wirke

380 Persönliche Hinwendung.

381 Beschreien, den Teufel an die Wand malen. Vgl. Blumhardt an Dr. Sch. (*Briefe* 3, 563): „‚Unbeschrieen‘? Ich wollte zunächst nur sagen, daß es mit zum Character einer abergläubischen Handlung gehört, daß man nicht beschrieen werden solle [...]. Daß es mit dem Beschreien sonst nicht ganz leer ist, will ich nicht gerade leugnen. Aber das ist auch gewiß, daß es erst einwirkt, wenn man's so nimmt.“

382 Zauberbücher, nicht vor dem 17. Jahrhundert entstanden, die dem Dr. Faustus des 16. Jahrhunderts zugeschrieben werden. Vgl. die von der Arbeitsgemeinschaft für Religions- und Weltanschauungsfragen in der Reihe *Materialien zur Faustlegende* wieder veröffentlichten Schriften: *Dreifache Höllenzwänge; Vierfacher Höllenzwang; Weitere Höllenzwänge sowie eine alte Geschichte zu diesen; Manual-Höllenzwang*. München 1977.

383 Zur früher praktizierten Handauflegung: Brief Nr. 27 mit Anm. 157.

unbewußt als Magnetiseur. Vielleicht daß man immer noch vermuthen darf, es gehe von diesem lebensfrischen Manne eine leibliche Kraft auf schwächliche Menschen in seiner Umgebung über; mir aber ist weit mehr der Eindruk geworden, daß die Glaubensluft, die ihn umgibt und die der Luft seines jetzigen Wohnorts an Frische nichts nachgibt, daß sein heiteres, vergnügtes Gottvertrauen und die Einfachheit und Stärke seiner Ueberzeugungen eine geistige Athmosphäre um ihn bilde, in welcher matte, müde, verzagte, nervenschwache und etwa von geheimem Sündenschaden geplagte Menschen Erfrischung und Genesung finden können für Leib und Seele.

Blumhardt ist nach meiner Ansicht ein sehr gescheiter Mann worden, während von Natur die logischen Vermögen bei ihm nicht besonders bedacht waren; es kommt mir vor, die sittliche Ordnung seines Herzens und seines ganzen Lebens von Kindheit an hat ihn nach und nach des [...?] geregelt. Daß er auch in oeconomicis gescheit und klug sey, behaupten Einige. Er hat aber Schulden und oft kein Geld, was er mit Heiterkeit gesteht und trägt in der bisher öfters gerechtfertigten Hoffnung einer unvermutheten Hilfe. Man sagt mir, es koste ihn ein Wort, so kommen Tausende aus Holland; er bitte aber nie und überlaße das Helfen dem lieben Gott. Er schreibt weder Ausgaben noch Einna[h]men auf; er rechnet den Gästen sehr wenig an (täglich 1 f. für Alles ausser Wein); er hat arme Kinder und sonst arme Leute unentgeldlich im Hause und am Tische. Bettler lagern sich um sein Haus.

Was ihn betrifft, so halte ich ihn für lauter. Welche Rolle die Gottliebin noch spielen wird, wage ich nicht zu sagen.

Referent Prälat von Hauber.

53. Blumhardt an Unbekannt. Bad Boll 29.12.1854

LKA Stuttgart, D 50, Kapsel I A 2/II
Druck: Blumhardt, *Briefe* 5, 91 f.

Bedenken, um Heilung zu bitten, stehen im Widerspruch zu den biblischen Verheißungen. Andererseits darf das Gebet nichts erzwingen wollen. Bitten werden abgeschlagen, wenn das Erbetene uns nicht gut tun würde.

Verehrteste Frau!
Die Bedenken, welche Sie mir so offen darlegen, sind mir schon öfters von schüchternen Seelen gemacht worden; sie reimen sich aber alle nicht zu den Verheißungen der Schrift. Diese sind unbedingt gegeben, d. h. so, daß wir nie aufgefordert werden zu bedenken, um was wir bitten sollen oder nicht; vielmehr wird uns geradezu befohlen, in Allem zu bitten.[384] Warum besinnen wir uns also lang, bis wir zum Vater gehen?[385] oder kann's dem Heiland besser gefallen, wenn wir Alles versuchen, was Menschen rathen, und es uns wohl auch viel kosten lassen und nur nicht bitten wollen? Kann den Heiland bitten unrecht seyn, wenn von Menschen sich heilen lassen recht ist? Worin soll die Vermessenheit liegen, wenn wir thun, was uns befohlen ist? Ists nicht viel vermessener, der bestimmten Aufforderung des HErrn zu widerstehen, als ihr zu folgen? Sie fürchten, Sie könnten ein anderes, größeres Leiden für das jezige bekommen. So muß es also doch wahr seyn, daß der himmlische Vater Seinen bittenden Kindern Steine für Brod, Skorpione für Fische geben kann?[386] Sie sagen, Leiden seien Ihnen nothwendig. Hätte dann die Erfahrung einer Hilfe vom HErrn nicht auch einen Werth? Kann sie nicht noch größere

384 Mt 7,7; 21,22; Mk 11,24, Phil 4,6.
385 Vgl. Lk 15,18.
386 Vgl. Mt 7,9 f.; Lk 11,11 f.

Wirkung auf das Herz haben als alle Leiden? Ich weiß Fälle, da durch erfahrene Hilfe Leute gründlich bekehrt wurden, die durch keine Schmerzen zu brechen waren. Endlich kann der HErr nicht etwa auch so lange den Menschen plagen müssen, bis er lernt, bittend zu seinem Heiland gehen und Ihm in Allem die Ehre geben? Kurz, meine theuerste Frau, Sie müssen mit kindlichem Sinn in Allem bitten lernen; nur so sind Sie eine dem Heiland liebe Jüngerin. Aber freilich, wir sollen bitten, weiter nichts, nicht stürmen, nichts erzwingen wollen,[387] bescheiden bitten mit einem Tone, der anzeigt, daß man sichs gefallen lasse, auch wenn Er nicht gebe. So müssen wir wohl auch bitten, aber der HErr muß oft versagen, eben weil Er den Bittenden wohl will, wenn Er sieht, daß, was wir bitten, uns nicht gut wäre.[388]

[…] Meiner brüderlichen Mitwirkung dürfen Sie versichert seyn. Aber ein Besuch bei mir ist durchaus nicht nöthig, da der HErr allein Alles thun muß.

Mit aufrichtiger Verehrung
Ihr ergebenster [Johann] Christoph Blumhardt, Pf.
Bad Boll bei Göppingen,
den 29. Dezember 1854.

387 In einem solchen Fall kann Blumhardt raten (an eine unbekannte Frau 13.12.1867; *Briefe* 5, 483 f.): „Mit ihrem vielen Beten und Ringen, da Ihnen der Himmel verschlossen scheint, verwirren Sie sich nur immer mehr, daß sichs in Ihrem Innern nie abklären kann. Lassen Sie also das viele Beten und versetzen Sie sich mehr still und gelassen in die Gemeinschaft mit dem HEilande.“

388 Einem Briefschreiber, der am Gebet um Heilung verzweifelt, antwortet Blumhardt (an Unbekannt 18.12.1867; *Briefe* 5, 484): „Ich kann nun wohl Ihnen die Versicherung geben, daß ich nicht aufhöre, für Sie zu beten. Aber das muß ich Ihnen sagen, daß der HErr oft denkt, man könne wohl auch tragen, was Er auflegt, und darum Alles nicht wegnimmt.“ Blumhardt verweist auf das zu Paulus gesagte „Laß dir an Meiner Gnade genügen“ (2Kor 12,9). – Vgl. Ising, *Blumhardt Leben und Werk,* 287 f.

54. (Anna Furer)[389] an Elise (Furer geb. Fellenberg?)[390] über Blumhardt und Bad Boll. (Sommer 1855)

Archiv der Basler Mission/mission 21, SV. 8
(Abschrift, Fragment)
Druck: Blumhardt, *Briefe* 5, 105–110

Über Gäste und Heilungen in Bad Boll. Nicht jeder geistliche Neuanfang ist auch mit Heilung verbunden.

[…] Während meinem Aufenthalt kam keine auffallende Heilung vor; kurz vorher wurde ein Kind mit einem krummen Bein geheilt. Hingegen waren 2 Personen da auf Besuch, die im vorigen Jahr wegen Krankheit ins Haus kamen und nun ganz gesund sind. Die Eine war beinahe blind[391] in Folge von Scrofeln,[392] so daß sie eines Handleiters bedurfte, und nach 8tägigem Aufenthalt konnte sie die kleinste gedrukte Schrift lesen; nach 3 Wochen erklärte ihr H. Blumhardt, wenn sie nur leibliche Heilung gesucht habe, so dürfe sie als geheilt heimgehn; aber so wie sie leiblich sehend geworden war, fielen die

389 Das Schreiben fand sich im Archiv der Basler Mission/mission 21, Akte Anna Furer, stammt also offensichtlich von ihr. – Anna Furer (1838–1859), Pfarrerstochter aus Wyl/Kanton Bern, 1855 Besuch in Bad Boll, seit 1857 im Dienst der Basler Mission in Christiansborg (Goldküste/Westafrika). Von 1858 bis zu ihrem frühen Tod 1859 ist sie Vorsteherin der Mädchenanstalt in Aburi.

390 Elise Furer, eine Tochter Philipp Emanuel von Fellenbergs aus Hofwyl/Kanton Bern, hat bereits 1846 Blumhardt in Möttlingen besucht (Nr. 31, Anm. 191). Dass sie jetzt über das Leben in Bad Boll informiert wird, liegt nahe.

391 An diese Kranke von 1855 erinnert sich auch Julie Krauß (an Christoph Blumhardt 21.3.1880; LKA Stuttgart, D 50, Kapsel I A 1 c): „Eine Fräulein Stokar aus der Schweiz erzählte mir von ihrem Augenleiden. […] Sie habe bei ihrer Ankunft in Boll nicht gesehen, was auf ihrem Teller lag; aber nach und nach habe sie die Tapete ihres Zimmers wieder unterscheiden können, dann das Titelblatt ihres Gesangbuches gesehen, später die Lieder lesen können und nun sogar die feingedruckten Namen der Liederdichter."

392 Skrofeln, eine chronische Entzündung. Sie befällt u. a. die Nasenschleimhaut, Augenlider, Bindehaut und Halslymphknoten.

Schuppen auch von den Geistesaugen, und ihr Herz verlangte nach wahrer geistiger Gesundheit; darum blieb sie noch volle 8 Wochen, und jezt ist sie überaus glüklich in ihrem Gott und Heiland.[393] Die Andere litt so sehr an den Nerven, daß sie immer das Bett hüten mußte, kein Glied rühren mochte, kein Geräusch vertrug, kurz in elendestem Zustand sich befand, so daß Herr Blumhardt sie in Straßburg besuchte; dieß half so viel, daß sie aufstehn und die Reise nach Boll unternehmen konnte; dort blieb sie manchen gesegneten Monat, ihre Glieder wurden nach und nach wieder brauchbar, und jezt ist sie ganz munter und thätig, aber in ihrem Herzen ist auch eine eben so große Veränderung vorgegangen.

Es kommt öfters vor, daß die Kranken ungeheilt von dannen gehn, aber sie sind dennoch glüklich und zufrieden, weil sie nun gelernt haben, ihre Prüfung aus der liebenden Hand Gottes annehmen.[394]

Einen besondern Eindruk hatte ich in den ersten Tagen bei den Mahlzeiten; ich wußte, daß die Gäste meist aus Kranken bestunden, und doch mußte ich im Speisesaal mich umsehen und fragen: Wo sind denn die Kranken? Alle kamen zur Tafel und speisten von den vorgetragenen Gerichten und schienen munter und gesund zu sein; erst nach und nach ward ich aufmerksam auf die Einzelnen. Dieß ist ein Grundzug von dem im

---

393 Von einem ähnlichen Fall berichtet Friedrich Zündel (*Lebensbild,* 500–502). Eine fast blinde Frau erfährt in Bad Boll anfangs keine Besserung, lernt aber, ihre Krankheit zu tragen. Schließlich sucht Blumhardt mit ihr einen Stuttgarter Augenarzt auf, der nach dem damaligen Stand der Augenheilkunde keine Heilungschancen sieht. Auf der Heimfahrt ermutigt Blumhardt sie zum Vertrauen auf die Hilfe des Heilands. Neun Jahre später berichtet die Frau: „Ich bin nicht blind geworden. Ich bin freilich noch außergewöhnlich kurzsichtig, aber meine Augen sind dennoch wunderbar erstarkt. Ich fühle keine Schmerzen, die so peinliche Lichtscheu hat sich verloren, ich kann mit Hülfe der Brille mich den ganzen Tag ohne Beschwerde beschäftigen."

394 Vgl. Brief Nr. 53, Anm. 388.

Hause waltenden Geiste; die meisten Patienten sind nervenleidend, da gehört es mit zur Cur, daß in dieser Weise dem Einzelnen keine besondere Aufmerksamkeit geschenkt wird; man muß sich selber ein wenig vergeßen [...].

55. Blumhardt an (Christoph Dieterlen). Bad Boll 17.2.1857

LKA Stuttgart, D 50, Kapsel I A 2/II
Druck: Blumhardt, *Briefe* 5, 120–122

Ein katholischer Melker ist im Vertrauen auf die Gnade Gottes gestorben.

Lieber Bruder!
[...] Dann wurde unser Knecht, der Melker,[395] krank, der 10 Tage lang keine Oeffnung[396] hatte und nun gestern gestorben ist. Da gab's täglich Sorge, weil die Noth fast nicht mehr anzusehen war. Er wurde secirt; da war der Mastdarm durch einen Netzbruch eingeklemmt, und die Folge davon war das Miserere.[397] Der Vater aus Unterwalden[398] kam gestern Nacht, zu spät. Morgen Beerdigung. Er ist katholisch, war zwar äußerlich gut und solid, aber im Geistlichen Stock und Stein, so daß ich rein gar nichts Geistliches mit ihm reden konnte. Aber 5 Stunden vor seinem Tode kam das Todesgrauen an ihn; und schon

395 Joseph Maria Kaiser (1830–1857) aus dem Kanton Unterwalden/ Schweiz, Student im Benediktinerkloster Bellinzona/Tessin, Schulmeister in Unterwalden, Landwirt auf dem Bauernhof seines Vaters, 1856 Melker in Bad Boll. – Kaisers Lebensweg schildert Blumhardt in den *Blättern aus Bad Boll*, Nr. 26 vom 27.12.1873, ausführlicher in einem handgeschriebenen, wohl bei der Beerdigung verlesenen Lebenslauf (LKA Stuttgart, D 50, Kapsel I D; auch in: Blumhardt, *Briefe* 6, 129).

396 Stuhlgang.

397 Erbrechen von Kot infolge von Darmverschluss.

398 Jacob Joseph Kaiser, Ratsherr in Unterwalden.

war ich unter der Thüre, um fast wortlos wieder zu gehen, da rief er mir hastig – und nun, welche Szene! Mit Einem Male war's ihm wie Schuppen von den Augen gefallen, und ein solches Wunder von der gründlichen und soliden Bekehrung eines Stockmenschen habe ich noch nie erlebt. Durch Mark und Bein ging's allen Anwesenden (zulezt kam Alles herbei vor die Thüre). Da schrie er, daß man's in allen Zimmern, durch's ganze Haus vernahm, unaufhörlich: „aus Gnade! aus Gnaden will und muß und kann ich selig werden, nichts als Gnade!" Da betete er und nannte sich einen wüsten, garstigen, unkeuschen, schändlichen, abscheulichen Menschen, der nun Gnade finde; da drinn im Herzen fühle er's. Er umklammerte mich wie ein Sohn den Vater, und wenn ich sang, sang er mit; und kaum fertig, sagte er: „singet weiter" und fing an zu singen mit lauterster Stimme: „aus Gnaden"; und ich mußte fortmachen und geschwind Gnadenlieder aus dem Stegreif dichten,[399] weil er uns keine Ruhe ließ. So sprach und sang er drei volle Stunden fort, sah ganz verklärt aus, faßte mich immer wieder: „o, Sie sind ein rechter Mann!" Er sah unverwandt auf mich, und ich durfte nur trinken die Gnadengüsse, die in Fülle über den blinden Katholiken, der sehr eifrig katholisch war, ausgeschüttet wurden. Endlich wurde er ruhig; ich mußte ihn dämpfen, und zulezt entschlief er sanft ohne alle Kämpfe! Nachts 2 Uhr. Da waren denn meine Seufzer erhört! Wie ein Engel liegt er da. Aber katholisch wird

399 Blumhardt, *Blätter aus Bad Boll*, Nr. 26 vom 27.12.1873: „So entstand wie aus seinem, des Sterbenden, Mund das Verslein: ‚Aus Gnaden soll ich selig werden,/ Aus Gnaden nimmt mich Jesus an,/ Aus Gnaden scheid ich von der Erden,/ Aus Gnaden geh' ich himmelan./ Aus Gnaden ist der Heiland mein,/ Aus Gnaden schlaf ich selig ein.'"

er begraben;[400] schon recht, wenn nur die Seele evangelisch stirbt. [...]

Dein [Johann] Christoph Blumhardt.

Bad Boll, den 17. Februar 1857. [...]

56. Blumhardt an Sophie (Bergmann).[401] Bad Boll 29.1.1858

LKA Stuttgart, D 50, Kapsel I A 2/II
Druck: Blumhardt, *Briefe* 5, 152 f.

Der Heiland, der die Seele der Todkranken „nüchtern und recht" gemacht hat, liebt sie. Daher soll sie nicht düster und traurig sein. „Es geht dem Himmel, geht dem Heiland zu."

Liebe Sophie!
Eben bekomme ich den Brief deines lieben Bruders, dem ich herzlich dafür danke. So bist du also wieder schwächer geworden und hast wieder Blutspeien. Da will ich denn den lieben Heiland recht ernstlich für dich anrufen, daß Er dir doch, so es möglich ist, möge wieder einige Ru-

---

400 *Blätter aus Bad Boll* (wie Anm. 399): „Zum Begräbniß berief ich den katholischen Priester. Dem erzählte ich das Lebensende des Mannes, wie dieser habe aus Gnaden selig werden wollen. ‚Nicht wahr', fragte ich, ‚ihr haltet's ja auch so in eurer Kirche.' ‚Ja wohl', versetzte er, freundlich und befriedigt. Wir beide, neben einander in den Chorröcken, begleiteten die Leiche zum Grabe. Er machte es nach dem Gebrauch seiner Kirche, und ich durfte nach ihm ein Gebet sprechen. Das Wort: ‚Aus Gnaden' war ein Wort der Einigung geworden." – Vgl. Brief Nr. 41.

401 Sophie Bergmann aus Straßburg. Nach ihrem Aufenthalt in Bad Boll hält Blumhardt wie bei vielen anderen die Verbindung aufrecht. Darüber hinaus verweist er auf seine Schriften (an Bergmann 16.9.1857; *Briefe* 6, 140): „Jezt ist auch eine Predigt im Druck. Ein anderes Vorträgchen will ich dir mit nächster Gelegenheit schicken." – Vgl. Konstanze Grutschnig-Kieser, *Die Zeitschrift „Blätter aus Bad Boll" und ihre Funktion in der Kommunikation von Johann Christoph Blumhardt und seiner Hausgemeinde.* Vortrag auf dem IV. Internationalen Kongress für Pietismusforschung: „Schrift soll leserlich seyn." Der Pietismus und die Medien, Halle 25.–29.8.2013 (Veröffentlichung in Vorbereitung).

hezeit schenken und deine Krankheit dir doch leidlich machen. Ach, mein Kind, du mußst dich jezt schon in den Weg Gottes schicken. Was wollen wir Arme machen, wenn Er Seinen Beschluß gefaßt hat? Wissen wir doch, daß Sein Herz doch voll von Liebe ist und das Schönste bereit hat denen, die in Geduld zu Ihm ausharren. Danke Ihm auch recht viel, daß Er deine Seele so nüchtern und recht gemacht hat. Es wäre doch ein übles Ding, wenn du noch die Alte wärest und nun eine solche Zukunft vor dir hättest. Du bist doch ein gerettetes Schäflein und kennest Ihn, und Er kennt dich. Darum kannst du mit Freudigkeit [dem] entgegen sehen, was kommen mag. Es geht dem Himmel, geht dem Heiland zu;[402] und du bist beneidenswerth vor vielen Andern in dieser Welt voll Trübsal, auch wenn sie vollauf sind. Vorerst aber profitire von deinem Erbtheil im Himmel für die Tage, die du noch vor dir hast, so viel als möglich und werde nicht düster und traurig,[403] sondern sei heiter im HErrn, der dich liebet bis in Ewigkeit.

Hiemit dich und deine Lieben mit aller Theilnahme väterlich grüßend

Dein [Johann] Christoph Blumhardt, Pf.

Bad Boll, den 29. Januar 1858.

---

402 Für Blumhardt tritt der Tod als Erlöser in den Hintergrund. Wenn der auferstandene Christus den Tod unter seine Füße getreten hat (1Kor 15,25 f.), dann ist dieser der grundsätzlich bereits überwundene Feind. Bei der Wiederkunft Christi wird dies in der Auferstehung der Lebenden und Toten offenbar werden (an Gottliebin Dittus 13.5.1863; *Briefe* 5, 330). Dieses Ereignis, von Blumhardt in naher Zukunft erhofft, ist für ihn kein Geschehen am Sanktnimmerleinstag. Er ist überzeugt, zumindest die Geistausgießung als Vorspiel zur Auferstehung noch auf Erden zu erleben (Brief Nr. 68).

403 Vgl. Blumhardt an Bergmann 9.6.1858 (*Briefe* 5, 175): „Ich möchte dir nur Wärter vom Himmel schicken können. Aber sie sind wohl da, haben aber nicht den Auftrag, dir alles Schwere zu nehmen und alle Schmerzen zu vertreiben. Denke, das müsse Alles jezt noch seyn. Wenn du einmal daheim bist, wirst du merken, daß Alles so seyn mußte, wie es ging, ja gerade so."

57. Blumhardt an Unbekannt. Bad Boll 10.5.1860

Familienarchiv Haug, Reutlingen
(Kopie: LKA Stuttgart, D 51)
Druck: Blumhardt, *Briefe* 5, 218 f.

Die Sexualität in der Ehe ist durch Einflüsse der Finsternis gefährdet. Enthaltsamkeit als Gesetz ist gegen die göttliche Ordnung. Die Schrift gibt der Schwachheit des Menschen nach. Aber auch gegenseitige Schonung aus Liebe zueinander ist geboten.

Lieber Bruder!
[...] Christliche Eheleute haben's allerdings schwer. Man fühlt, daß Vieles nicht seyn sollte, das aber doch geschieht. Aber was kann der arme Mensch machen? Hier sizt die Verderbniß durch die Finsterniß,[404] und der Mensch kann oft nicht widerstehen. Er kann nicht; mach's Einer anders.

Aber was nun rathen? Da ist vorerst wichtig, daß die Schrift fast nichts sagt; und jedenfalls ist daraus zu schließen, daß Gott aus Schonung des Menschen kein Gesez geben *wollte*. Darum ist auch ein Gesez machen und Jemanden auflegen eine mißliche Sache. Nicht einmal für sich kann sich Keiner ein Gesez machen; und

404 Zur Sexualität in der Ehe vgl. Blumhardt an Karl und Maria Köllner 16.12.1843 (*Briefe* 3, 183); Blumhardt, *Über die Ehe* (1846), 119–123. – Wenn Blumhardt die sexuelle Lust in der Ehe als „Verderbniß durch die Finsterniß" sieht, dann erst recht den biblisch eindeutig sanktionierten Ehebruch. Aber auch hier rät er zu seelsorgerlicher Barmherzigkeit und Vergebungsbereitschaft, etwa im Fall des verheirateten Gottlieb B., der sich mit einer jungen Frau eingelassen hat. Nach der Trennung der außerehelichen Verbindung (an Gottlieb B. 15.3.1852; *Briefe* 4, 482 f.) soll ein hartes Urteil unterlassen werden. In einem an Gottliebs älteren Bruder gerichteten Schreiben vom gleichen Tag empfiehlt er „barmherzige Liebe und Vergebung". „Wir dürfen doch nicht richten und verdammen (denn das gehört Gott zu)" (Blumhardt an B. 15.3.1852; *Briefe* 3, 611 f.). – Zur Homosexualität als Einfluss der Finsternis: Blumhardt an Wichern 4.11.1853 (*Briefe* 5, 52–54).

wenn er von gesezlichem Standpunkt in der Ehe sich enthält, wird nichts Gutes dabei herauskommen, wenn er wider seine Natur, über die er je und je nicht Herr ist, sich ein Gesez macht. Auch wenn die zwei mit einander es ausmachen wollen, hier nach einem Gesez zu handeln, das sie für das Rechte halten, sagt die Schrift 1 Kor. 7,5: „kommt wieder zusammen, daß euch der Satan nicht versuche um eurer Unkeuschheit willen.“ Diese Unkeuschheit ist uns hienach wie zur andern Natur geworden. Sie ist eben da und war selbst bei den ersten Christen nach dieser Stelle. Mit gesezlichem Wesen können wir sie nicht zwingen. Hier bleibt uns ein Kampf, ich möchte fast sagen eine Schande; aber der HErr macht kein Gesez und hat Geduld mit uns.

Gesezlich sich zwingen wollen, kann großen Nachtheil haben. Man kann auf andere Weise *eigentlich* sündigen; und dem Menschen, wenn einmal die Brunst da ist – und wer will diesen Teufel so schnell binden –, kann's zur Krankheit, ja zum Tod Veranlassung werden, wenn er außer Gottes Willen, was ihm Gott um seiner Schwachheit willen zuläßt, hartnäckig und eigensinnig stehen will.

Hören wir näher den Apostel 1 Kor. 7,2. „Um der Hurerei willen habe jeglicher sein eigen Weib etc.“ Das kann doch nicht heißen: „heirathet, aber bleibet ferne von einander“, oder: „brauchet einander nur so weit, daß die Lust geweckt wird“. Ebenso heißt es: „Es ist besser freien als Brunst leiden.“[405] Das kann doch nicht heißen: „Es ist besser freien, um noch mehr Brunst zu leiden.“ Denn wenn die Eheleute so unverhüllt vor einander bei Nacht sind, muß die Brunst nicht eher größer werden, als wenn man weit und breit nichts vom andern Geschlecht sieht? Man sieht es, wie die Schrift der Schwachheit des Men-

405 1Kor 7,9.

schen nachgiebt und wir also nicht ein Gesez machen dürfen, das uns zu einer Qual wird, die eben durch die Ehe vermindert werden soll.

Nun aber will Eines keusch seyn und dem Andern sich nicht fügen. Dieß ist schnurstracks gegen das Wort. Diesem gemäß (1 Kor. 7,4) ist keines mehr Herr seines Leibes, sondern der andere Theil. Es ist also wider ein ausdrückliches Gebot des HErrn, wenn ein Weib zum Manne sagt: „ich will keusch seyn, bleib' weg." Sie muß sich's gefallen lassen und darfs dem Mann nicht versagen. Denn heirathen und von einander bleiben ist gegen alle Ordnung. Ausdrücklich wird hierin Unterwerfung des einen Theils unter den andern gefordert. Und Paulus sagt am Schluß: „ich achte aber, ich habe auch den Geist Gottes."[406]

Es steht freilich auch geschrieben: „die Weiber haben, sollen sein, als hätten sie keine."[407] Das kann seyn, auch wenn sie zusammenkommen; und wer hierin viel vermag, der thut wohl. Darfs aber der andere Theil einem verrupfen?[408] Auf solcher Härte ruht einmal große Veran[t]wortung; und wenn allerlei Gräuel daraus entstehen, so hats der harte, eigensinnige Theil auf sich.

---

406 1Kor 7,40.

407 1Kor 7,29. Blumhardt vertritt eine Beschränkung des ehelichen Beischlafs auf das Zeugen von Kindern, das Verbot sexueller Lust und die Ablehnung jeder Empfängnisverhütung. Wenn keine Kinder gezeugt werden sollen, rät er den Eheleuten zu einem ehelichen Beisammenliegen „in Keuschheit" (*Über die Ehe*, 123): „[…] 2. Sollen sie unausgesetzt in ehelicher Liebe stehen, beieinander sein, nachdem sie's gegenseitig wünschen, auch beieinander liegen, sich herzen und liebhaben in der Freude, die Gott den Eheleuten aneinander gibt, aber auch in der Keuschheit, die Gott wohlgefällig ist." – Vgl. Wolfgang Breul / Stefania Salvadori (Hgg.), *Geschlechtlichkeit und Ehe im Pietismus* (EPT 5). Leipzig 2014. Der Band beschränkt sich auf Autoren des 17. und 18. Jahrhunderts. Blumhardts profilierte, wenn auch bereits damals von vielen abgelehnte Position kann als interessante Ergänzung aus dem 19. Jahrhundert gelten.

408 Vgl. rupfen, herausziehen (Fischer, *Schwäbisches Wörterbuch* 5, 489). Verrupfen: „jemand etwas versagen".

Es bleibt dann freilich noch übrig, einander zu schonen – oder der HErr wird euch richten –, überhaupt aus dem Ehebett keine Lustseuche zu machen und sich im Gebet zu stärken. Aber hüte man sich, zu weit zu gehen; und was ist gewonnen, wenn Zerwürfnisse entstehen? Der Frieden und die Liebe gehen über Alles. Wo aber Eins nichts nach dem Andern fragt, geht Alles auseinander.

[...] So finde ich's nach der Schrift. Der HErr aber helfe uns, das Fleisch mit den Lüsten und Begirden zu kreuzigen.[409]

Dein [Johann] Christoph Blumhardt, Pf.

Schnell muß ich schließen!

Bad Boll, den 10. Mai 1860. [...]

58. Blumhardt an Unbekannt. Bad Boll 12.5.1861

LKA Stuttgart, D 50, Kapsel I A 2/II
(Abschrift, Fragment)
Druck: Blumhardt, *Briefe* 5, 232

Blumhardt versteht Bad Boll nicht als „Gebetsheil-Anstalt", in der durch wiederholte Handauflegung und Gebetsübungen Heilungen erzwungen werden sollen. Außerdem ist Heilung nicht an einen Aufenthalt in Bad Boll gebunden. Kritik an der Heilanstalt Dorothea Trudels in Männedorf.

Abschrift aus einem Brief von Blumhardt.
Gelesen habe ich den Brief (über die Trudel),[410] und ich freue mich, wenn Leute Segen bei der Trudel finden[411] und dadurch dem Herrn näher kommen. Was meinen

409 Gal 5,24.

410 Runde Klammern vom Abschreiber. Das Brieforiginal ist verloren. – Dorothea Trudel (1813–1862), 1856 nach einem Bekehrungserlebnis Gründung einer Heilanstalt für seelisch und leiblich Kranke in Männedorf am

Grundsätzen widerspricht, ist hauptsächlich das, daß ich eine GebetsheilAnstalt, d. h. eine Anstalt, in welcher man kurmäßig leibliche Krankheiten durch Gebet heilen will, mit einem lauteren kindlichen Glauben nicht verträglich finde. – – Soll der Herr helfen, wozu braucht's wochenlang an einem gewissen Ort zu sein, als ob der Heiland nur da helfen könne. Mit wiederholten Handauflegungen und Gebetsübungen das *erzwingen* wollen, *ist nicht dem Glauben gemäß*.[412] – Leid thut es mir, daß man meint, ich

---

Zürcher See. Wie in Bad Boll gehören Auslegungen der Bibel zum Tagesablauf; Heilungen ereignen sich unter Gebet und Handauflegung. Auch ihr ist die Verbindung von Heilung und Bekehrung wichtig (*Dorothea Trudel,* 73; zu Blumhardt vgl. unten Nachwort, 258). Wie in Möttlingen und Bad Boll werden neben seelischen auch körperliche Krankheiten geheilt; man berichtet u. a. eine Heilung von „Knochenfraß" und eines Krebsleidens (*Dorothea Trudel,* 71–76). Nach Trudels Tod führt der Mitarbeiter Samuel Zeller die Männedorfer Anstalt in ihrem Sinne weiter. – Vgl. (Samuel Zeller), *Aus dem Leben und Heimgang der Jungfrau Dorothea Trudel*, o. J.; (Johann) Christoph Blumhardt, *Die Heilung von Kranken durch Glaubensgebet.* Leipzig ^{2}1924 (Auszug aus Blumhardts *Verteidigungsschrift,* 1924 ergänzt durch einen Anhang S. 55–109: *Zeugnisse aus der Gegenwart.* Über Dorothea Trudel: S. 71–76); RGG^{3} 6, 1051 (Ernst Gerhard Rüsch); Konrad Zeller (Hg.), *Dorothea Trudel von Männedorf.* Lahr-Diglingen 1971; J. Jürgen Seidel, *Dorothea Trudel (1813–1862). Leiterin der „Gebets-Heilanstalt" von Männedorf.* In: Peter Zimmerling (Hg.), *Evangelische Seelsorgerinnen. Biografische Skizzen, Texte und Programme.* Göttingen 2005, 175–194; Elisabeth Joris, *Ein Prozess als Angelpunkt. Zur Biografisierung der pietistischen Heilerin Dorothea Trudel.* In: Ulrike Gleixner/ Erika Hebeisen (Hg.): *Gendering Tradition. Erinnerungskultur und Geschlecht im Pietismus.* Korb 2007, 233–252.

411 Der Bericht, Dorothea Trudel habe bei einem Besuch in Stuttgart 1859 ein schmerzhaftes Knieleiden der Kaufmannsfrau und Mitbegründerin der Stuttgarter Evangelischen Diakonissenanstalt Charlotte Reihlen geheilt, ist Blumhardt bei seinen Verbindungen zu Stuttgarter erwecklichen Kreisen offensichtlich bekannt. Vgl. Maier, *Bruchstücke,* 74 f.: „Sie [Trudel] betete und legte ihre Hand auf das Knie der Kranken. Die Kranke selbst war dabei ganz willenlos und bat in der Stille den HErrn, nichts zuzulassen, was nicht sein vollkommener Wille sei. Es durchdrang sie aber bald ein besonderes Wohlsein. Nach einer Stunde stand sie auf, konnte gehen, abends sogar die Treppe herunter und den andern Tag eine Viertelstunde weit in die Versammlung." – Vgl. Friedrich G. Lang, *Charlotte Reihlen. Lebensweg und Zwei-Wege-Bild.* Stuttgart 2014, 52 f.

412 Blumhardts Kritik an Dorothea Trudel betont zum einen, dass sich Heilung nicht nur in Gegenwart des Heilers ereignen könne (Erfahrung von Fernheilungen; vgl. Blumhardt an Rosalie 23.8.1859 in *Briefe* 5, 202 f.). Ferner praktiziert er „große Vorsicht in der Handauflegung" (vgl. Brief

habe es auch so, während ich doch keinen Kranken auf die Dauer behalte und keinen Kranken auch nur kommen heiße. – Etwas anderes ist es, wo seelsorgerliche Pflege nöthig ist wie bei Gemüths- und Geistes-Kranken.[413] –

Blumhardt.

Bad Boll, 12. Mai 1861.

59. Blumhardt an (Christian Gottlob Barth). Bad Boll 31.7.1861

LKA Stuttgart, D 50, Kapsel I A 2/II
Druck: Blumhardt, *Briefe* 5, 239 f.

Suizidversuche von Blumhardts Bruder Gustav. Ein Bad Boller Gast ertränkt sich im See.

Lieber Bruder!
Der Monat Juli ist für mich ein Jammermonat gewesen, wie ich noch keinen in meinem ganzen Leben gehabt habe. Mein Bruder, der Lehrer,[414] kam zu Anfang mit seiner Frau in sehr verstörtem Zustand zu mir in die Vakanz, geplagt vom Gedanken, verwirrt zu werden, und

---

Nr. 27 mit Anm. 157) und spricht sich gegen ein oft wiederholtes, lang andauerndes Beten aus, das in Gefahr steht, etwas erzwingen zu wollen (Brief Nr. 53, Anm. 387). Auch der das Wirken Trudels positiv beurteilende *Christenbote,* Nr. 4 vom 26.1.1862 stellt fest, gebetet werde in ihrem Haus viel, „so viel, daß es Manchen schon als eine Ueberspannung vorgekommen ist". Vgl. Ising, *Blumhardt Leben und Werk,* 288.

413 Ein längerer Aufenthalt von Geisteskranken in Bad Boll ist die Ausnahme (Brief Nr. 50).

414 Gottlob Adolf *Gustav* Blumhardt (1815–1890), Bruder von Johann Christoph. Nach dem Tod des Vaters 1822 gerät die Familie Blumhardt in drückende finanzielle Not. Die Mutter hat als Näherin die damals noch unversorgten Kinder Wilhelm, Johanna und Luise durchzubringen. Der siebenjährige Gustav muss ins Stuttgarter Waisenhaus. Er qualifiziert sich für den Lehrerberuf (Unteres Gymnasium Stuttgart) und heiratet 1860 Luise geb. Brodhag (geschieden 1864). Nach Selbstmordversuchen bringt man ihn 1861 in die Heilanstalt Göppingen, 1861–1869 in die Heilanstalt Winnental.

von andern Aengsten fast zu Tode gequält. Ich besuchte gleich seinen Arzt in Stuttgart; und bis ich wieder kam, war er entlaufen. Mein ihm nachgesandter Christoph traf ihn am folgenden Tage in Berg,[415] wo man ihn eben aus dem Wasser gezogen hatte, und brachte ihn wieder zurecht und auf die Eisenbahn. Er war reuig, wurde tosig,[416] und am dritten Tag hatte er im Abtritt[417] ein listig ergriffenes Rasiermesser am Hals und schnitt zu. Brodersen rang sich mit ihm fast zu Tode, bis Leute kamen, denn die Wuth brach völlig aus.[418] Er wurde gebunden, am Hals verbunden, kam zu sich, und das Gewissen erwachte. Einige Tage war's ordentlich und schien er nüchtern klar in der Buße. Allmählig sezt sich die Idee in ihm fest, er komme nun vor's Schwurgericht, bekomme Schläge und müsse lebenslänglich ins Zuchthaus. Dieß steigerte sich so, daß ich keine Ruhe mehr hatte und 14 Tage in Todesängsten Tag und Nacht schwebte.

Ich konnte nimmer schlafen und essen und hatte doch das Haus voll. Da kommt am 18. Juli Gobat.[419] Man nimmt um 2 Uhr vor dem Postwagen Abschied von ihm. Alles ist da, nur Einer fehlt, ein vornehmer reicher Holländer, von seinem Schwager, einem Arzte, mir fast gegen meinen Willen zugeschickt, einst erstes Mitglied der Mission in Rotterdam, geachtet wie Keiner, von christlicher Liebe, Innigkeit, Aufopferung wie Keiner, jezt geplagt

---

415 Der am Neckar gelegene heutige Ortsteil von Stuttgart.

416 Dösend, träumend, nachdenklich, in gedrückter Stimmung (Fischer, *Schwäbisches Wörterbuch* 2, 287).

417 Toilette.

418 Weitere Erfahrungen mit tobsüchtigen Gästen in Bad Boll: Blumhardt an Gottliebin Brodersen 5.7.1863 (*Briefe* 5, 348 f.); Ising, *Blumhardt Leben und Werk*, 289 f.

419 Samuel Gobat (1799–1879), 1821 Missionsschüler in Basel, 1825 Missionar in Abessinien, 1834 erkrankt, Neubearbeitung der arabischen Bibelübersetzung auf Malta, 1846 Bischof des anglikanisch-deutschen Bistums St. Jakob mit Sitz in Jerusalem. Gobat ist am 25.6.1861 in Bad Boll eingetroffen (Bad Boll, *Gästebücher* 1), das er am 18.7. verlässt.

von satanischen Stimmen, er sei der verworfenste Mensch etc., stets von mir wieder heiler gemacht, auch in seiner Nacht höchst liebenswürdig, aber oft plötzlich überfallen etc. Kurz, der steht nicht wie sonst auf dem Platze. Gobat fährt ab; der Wärter oder Gefährte sucht seinen Pflegbefohlenen – findet ihn im See; das Leben war fort.[420] Denke dir den Schrecken – und mein Bruder noch da. Lezterer aber kam am Begräbnißtage nach Göppingen zu Landerer[421]; und dort ists noch im Alten. [...] Aber, Bruder, es ist die lezte Zeit. Satan hat einen grossen Zorn![422] [...]

Dein [Johann] Christoph Blumhardt, Pf.
Bad Boll, den 31. Juli 1861. [...]

---

420 Nach der Beerdigung am 22.7.1861 hebt Blumhardt hervor, dass in diesem Fall die Selbsttötung kein Vorsatz, kein Trotz gegen Gott gewesen sei (*Vortrag nach der Beerdigung des Herrn M[ispelblom]-B[eyer] aus R[otterdam]*, S. 3–5; LKA Stuttgart, D 50, Kapsel Kleindrucke): „Es war deutlich, daß Mächte der Finsterniß ihn bestürmten und umtrieben und ihn endlich ohne sein Suchen und Wollen dahin trieben, wo es mit ihm ein Ende für diese Zeit wurde."

421 Dr. med. Heinrich Landerer (1814–1877), Swedenborgianer. Seit 1852 Leiter der Heilanstalt für Gemüts- und Nervenkranke in Göppingen (Christophsbad). An ihn überweist Blumhardt suizidgefährdete Menschen, die wie sein Bruder Gustav in Bad Boll nicht ausreichend überwacht werden können und dort keine Aussicht auf Heilung haben (Brief Nr. 50). – Landerer ist ein Schwager des bekannten württembergischen Theologen Gustav Werner (1809–1887), Gründer diakonischer Anstalten und „christlicher Fabriken" mit Arbeitsplätzen für Behinderte (1882 Gustav Werner Stiftung zum Bruderhaus).

422 Vgl. Brief Nr. 40 mit Anm. 271 f. über den Zorn der Finsternis.

60. Blumhardt an Gottliebin (Brodersen geb. Dittus).[423] Bad Boll 31.12.1862

LKA Stuttgart, D 50, Kapsel I A 2/II
Druck: Blumhardt, *Briefe* 5, 297

Hoffnung auf eine baldige Ausgießung des Heiligen Geistes und die Wiederkunft Christi. Das Warten und Kämpfen fällt Blumhardt schwer.

Liebe Gottliebin!
Das Jahr beschließt mit den Worten: „Mache dich auf, Gott! und führe aus deine Sache!"[424] Ach, wie ernst rufe ich's heute dem Könige David nach. Ein Jahr geht wieder fort, und es hat oft den Schein gehabt, als schlafe der HErr, stehe nicht zu Seiner Sache, treibe sie nicht vorwärts, lasse sie hangen! Es ist, als wollte es nicht seyn. Wohl geht Eines um das Andere vorüber, aber immer wieder fehlts am Athem und gehts ums Ersticken herum. Wir liegen in der Tiefe und kommen nicht empor. Liebes Kind, wie lange wirds so währen? Werden wir nicht einmal Luft bekommen und merken, daß der HErr steht, aufgerichtet und Seinen starken Arm ausreckend? Ach, es will lange währen! Doch wir rufen fort: „Mache dich auf, Gott!" Endlich wird Er sich wohl aufmachen. Sein Wort heißt uns bitten, und darum können wir nicht hoff-

---

423 Gottliebin Brodersen geb. Dittus (vgl. Brief Nr. 3, Anm. 14), für Blumhardt seit dem Möttlinger „Kampf" die wichtigste Zeugin seiner Reichgotteshoffnungen, muss sich 1862 und 1863 wegen eines Magen- und Nierenleidens mehreren Operationen unterziehen. Auch hier hofft Blumhardt auf eine wunderbare Heilung als Zeichen für einen Fortschritt im Reich Gottes. Er besucht sie im Stuttgarter Krankenhaus (Blumhardt an Gottliebins Mann Theodor Brodersen 27.9.1862; *Briefe* 5, 278 f.) und hält sie brieflich über Vorkommnisse in Bad Boll auf dem Laufenden (*Briefe* 5, 290–355). Im Juli 1863 kehrt sie nach Bad Boll zurück. Dort stirbt sie am 26.1.1872 an Magenkrebs (Brief Nr. 64). Vgl. Ising, *Blumhardt Leben und Werk,* 301–306.

424 Ps 74,22.

nungslos bitten. Wir bitten: „führe aus deine Sache!" Bitte mit in deinem Kämmerlein, nur auch daß etwas heller es um uns wird und wir fröhlicher fortkämpfen können, indem wir sehen, daß Er dran geht und es in die Hand nimmt. Ich seufze darnach. Es sind 21 Jahre, seit wir rufen und kämpfen, 19 Jahre seit dem ersten großen Sieg,[425] da es hieß, nicht aus unsrem Munde: „JEsus ist Sieger!" Nun, Er ists, wir glaubens! Aber: „HErr, mache dich auf und führe aus deine Sache." Dringlicher als je muß ich heute rufen. Ach, HErr, höre die Stimme deiner Kinder[426] und fahre herab von deiner Höhe und zeige deine große Kraft und Stärke! – Der Lehrtext läßt uns JEsu Stimme vernehmen: „Ja, ich komme bald."[427] Ich meine, Er sage es heute: „Bald!" Nun denn, bald! Laß uns glauben, laß es uns festhalten. Bald wird Er kommen, bald den Anfang machen, bald dich heilen, bald uns stärken, bald ausbrechen und Seine Sache in Angriff nehmen. Ach ja, HErr, thue es bald und brich aus deinem Versteck hervor, daß wir sehen, wenigstens den Schimmer deiner Herrlichkeit![428]

So bete, ringe, seufze, kämpfe, glaube, hoffe mit

Deinem väterlich liebenden
[Johann] Christoph Blumhardt
und Mamma.[429]

Bad Boll, den 31. Dezember 1862.

---

425 Seit dem Ende der Besessenheitsgeschichte an Weihnachten 1843 (Nr. 8).
426 Vgl. Ps 130,2; 140,7.
427 Apk 22,20.
428 Vgl. Jes 63,15 – 64,1.
429 Blumhardts Frau Doris. Gottliebin Brodersen geb. Dittus betrachtet das Ehepaar Blumhardt als ihre geistlichen Eltern.

61. Blumhardt an (Frau von Welck). Bad Boll 15.1.1864

LKA Stuttgart, D 50, Kapsel I A 2/II
Druck: Blumhardt, *Briefe* 5, 367 f.

Nach neueren Erfahrungen kann Blumhardt eine Operation nicht für unrecht halten, da „die Zeit der Wunder noch nicht so völlig da ist" und Gott auch die Sorgfalt der Ärzte gesegnet hat.

Verehrteste Frau!
[...] Eine Trübsal aber, verehrteste Frau, hat Ihnen doch der HErr noch übrig gelassen, sofern Ihre jüngste Tochter nach einem Kindersegen sich sehnt, zu welchem die Aerzte nur durch eine Operation es bringen zu können glauben. Ich begreife wohl, daß Solches schwer ist für Sie und die Tochter, begreife auch, wie ungern Sie beide sich zu dem Rath entschließen. Indessen kann ich eine solche Operation wenigstens nicht für unrecht halten, besonders da ich in neuerer Zeit[430] mehrfältig die Erfahrung gemacht habe, wie Gott die Hand und Sorgfalt der Aerzte bei solchen und anderen weiblichen Anliegen gesegnet hat. Da die Zeit der Wunder noch nicht so völlig da ist und eben der Mangel an Wundern den Menschen hat antreiben müssen, sorgfältige Studien zu machen und zu erforschen, wie weit doch die gegebenen Mittel in natürlicher Weise unter Gottes Segen Hülfe schaffen können, so dürfen wir nicht vor solchen Versuchen zurückschrecken.[431] Wir dürfen's unter Aufblick zum HErrn wagen, zumal in diesem Fall es nicht sowohl eine eigent-

430 U. a. beim Krankenhausaufenthalt Gottliebin Brodersens in Stuttgart (Brief Nr. 60, Anm. 423), wo der Arzt Dr. Gärtner den Respekt erwidert, den Blumhardt ihm entgegenbringt. Das gegenseitige Geltenlassen von Arzt und Seelsorger führt zu einem freundschaftlichen Verhältnis; Dr. Gärtner wird sein „herzlieber Freund" (Blumhardt, *Briefe* 6, 193).

431 Zu Blumhardts anfänglicher Ablehnung der ärztlichen Kunst: Brief Nr. 21; vgl. unten Nachwort, 241.

liche Operation ist, sondern nur eine Richtigstellung gewisser Theile, die ohne viel Umstände bewerkstelligt werden kann und in keinem Falle schadet. Was nun mich betrifft, so will ich den HErrn anrufen, ob es Ihm nicht gefalle, doch noch auch so zu helfen; sodann, daß Er, wenn Weiteres nöthig ist, das segnen wolle. Sonst habe ich viele Beweise, daß Gott auf Bitte und Fürbitte lang verhaltenen Kindersegen bescheert hat. In Seine Hände sei es denn befohlen! [...]

62. Blumhardt an seinen Sohn Christoph. Bad Boll 19.2.1867

LKA Stuttgart, D 34, 1.1
Druck: Blumhardt, *Briefe* 5, 458

Über das rechte Verhalten bei seelsorgerlichen Besuchen.

Lieber Christoph!
[...] Bei den Krankenbesuchen mußst du nur immer zutraulich thun, über Familienverhältnisse fragen, dir erzählen lassen, Berufsdinge besprechen, heimelig[432] und nicht immer so hoch geistlich da stehen.[433] Nur kein Amtsgesicht. Wenn's dann auch nicht immer auf Geistliches recht kommt – denn was gebe ich um Trivialität? – so läßst du doch viel Segen zurück. Namentlich darf man

---

432 Eine behagliche und gemütliche Atmosphäre verbreitend.

433 Friedrich von Bodelschwingh, der Bad Boll wiederholt besucht hat (Brief Nr. 37, Anm. 255), erinnert sich an einen diesbezüglichen Rat Blumhardts (F. von Bodelschwingh, *Briefwechsel,* hg. von Alfred Adam. Teil 8, Bethel 1971, 458, Brief vom 20.10.1894): „Er sagte mir: [...] Du mußt den armen Leuten Teilnahme schenken für ihre irdischen Nöte [...]. Das hat der Heiland auch getan. [...] Du kannst sogar zum zweiten Mal noch wiederkommen in dieselbe Hütte und brauchst noch kein Wort Gottes zu sagen, sondern du bringst bloß irdische Hilfe, und wenn du keine hast, liebreichen Rat und persönliches Zugreifen mit. Dann geht es von selbst. Da wirst du beim dritten Mal schon deinen Mund für Gottes Wort auftun können."

gegen Niemand ein Gesicht machen, als wüßte man, was man weiß von Ungutem.[434] Lieber noch freundlicher gegen Berüchtigte! Merk' dir's!

[...] Ich schließe, herzlich grüßend

Dein liebender Vater [Johann] Christoph Blumhardt

Bad Boll, den 19. Februar 1867.

63. Blumhardt an seinen Sohn Theophil.[435]
Bad Boll 28.12.1870

LKA Stuttgart, D 50, Kapsel I A 2/II

Druck: Blumhardt, *Briefe* 5, 554

Das einfache Gebet mit den Kranken.

Lieber Theophil!

Ungemein hat mich dein langer Brief gefreut und uns Alle. Er giebt uns ein klares Bild von deiner Lage. Der Herr möge dein Schutz seyn und bleiben.[436]

---

434 Vgl. Blumhardt an Wilhelm Hermann 10.7.1878 (*Briefe* 5, 701): „Bei Krankenbesuchen bin ich nicht gewohnt, die Leute bis zu Bekenntnißen auszufragen. Ich nehme sie immer, wie wenn Alles recht wäre, und komme so am Leichtesten mit ihnen zu recht, daß sie von selber offen und treuherzig werden."

435 Theophil Blumhardt (1843–1918), 1858 Gymnasiast in Stuttgart, 1859 Seminarist in Urach (Gastschüler), 1862 Theologiestudium in Tübingen (Stadtstudent), 1866 Vikar in Genkingen, 1867 beim Fabrikantenehepaar Scheurer in Nizza, zugleich Predigtaushilfe, 1868 Vikar in Barr/Elsass, 1869 in Dürnau bei Boll, 1870–1871 Felddiakon im Deutsch-Französischen Krieg (Vitry-le-François, Lagny-sur-Marne, Ferrières, Coulommiers), Mai 1871 Pfarrverweser in Gruibingen bei Boll, August 1871 in Kaisersbach, Oktober 1871 in Isingen, 1872 Gehilfe des Vaters in Bad Boll, Pfarrverweser in umliegenden Gemeinden, 1878 in Dürnau, 1880 Pfarrverweser im Dorf Boll, 1881 Pfr. im Dorf Boll. 1873 Ehe mit Ida geb. Ehemann (gest. 1884), 1885 mit Frieda geb. Fernand.

436 Beim Ausbruch des Deutsch-Französischen Krieges 1870 ist Theophil als Feldgeistlicher eingezogen worden. Regelmäßig berichtet er den Eltern über die seelsorgerliche Tätigkeit unter den Soldaten in Frankreich. Theophils Briefe sind verloren; die Antwortbriefe Blumhardts haben sich erhalten und sind im Volltext oder als Regest veröffentlicht (Blumhardt, *Briefe* 5, 540–580; *Briefe* 6, 435–457).

[...] Mit den Kranken könntest du ganz einfach so beten. Du nimmst ihre Hand oder hältst deine Hand zur Ihrigen, siehst aufwärts, sagst dann ganz einfach ein Paar betende Worte: „Herr, siehe drein, hilf, sei gnädig, Amen." Diese Art zu beten ist die beste, weil einfachste. Manchmal habe ich schon daran gedacht, ob du doch den Kranken und Verwundeten[437] nicht auch etwas mehr als Trost, auch etwas Hülfe bringen könntest, z. B. dem Simmozheimer,[438] der doch von mir wußte. Denke dran, auch an die Macht des Gebets und der Fürbitte auch zur Linderung zu erinnern.

[...] Mit innigstem Gruß und Segen

Dein liebender Vater [Johann] Christoph Blumhardt.

Bad Boll, den 28. Dezember 1870.

64. Blumhardt an (Christoph Dieterlen). Bad Boll 2.2.1872

LKA Stuttgart, D 50, Kapsel I A 2/II

Druck: Blumhardt, *Briefe* 5, 603 f.

Gottliebin Brodersen ist während Blumhardts Abwesenheit in den Armen seines Sohnes Christoph gestorben. Eine geistliche Erneuerung des ganzen Hauses.

Lieber Bruder!

Ich danke dir auch für dein Schweigen. Reden könntest du ja in dieser Sache Nichts, ohne Näheres zu wissen. In ernster Stille übrigens bin ich auch zunächst. Aber gewiß ist, daß ihre Aufgabe vereinten Kampfes mit mir[439] hie-

---

437 Vgl. Blumhardt an Theophil 21.12.1870 (*Briefe* 6, 444): „Ich kann nie die Thränen zurückhalten. Es wird mir gleich so schwer ums Herz, wenn ich von solchen Sterbenden höre. [...] Dann der Preuße, dem du das Lezte sagtest. Namentlich hat mich das vom Franzosen so sehr bewegt."

438 Aus Simmozheim bei Möttlingen.

439 Blumhardt und Gottliebin Brodersen, vom gemeinsamen Erleben in Mött-

nieden ganz fertig war. Darum sprach sie seit Jahren von früherem Ende, was ich nur nicht verstehen wollte. Sie starb eigentlich nicht. Sie blieb, die sie war, vollständig, kam nur von Kräften und vom Leibe durch ewiges Erbrechen und Mangel an Nahrung. Dem Tod konnte sie gebieten: „Halt, bis mir's gefällt." Dennoch verwehrten's ihr die Meinigen, als sie die Schmerzen sahen, auf mich zu warten, was sie wollte. Dann ergab sie sich drein und hauchte einfach weg. Zu allem Gebet Christophs auf das Reich Gottes sagte sie Amen! Sie starb in seinen Armen,[440] fest haltend seine und der Mamma[441] Hände mit einer Hand, die einer gesunden glich. Geruch war nie da, auch nachher nach 4 Tagen nur ein wenig, als man sie in die Bahre legte.

Fertig! Was nun weiter? Vorerst ist die Frucht die völlige Herbeiziehung meiner Kinder zur Sache[442] und eine geistliche Erneuerung meines ganzen Hauses. Das ist in gutem Gang. Dann thue der Herr, was Ihm wohlgefällt. Wenn nur der Boden geackert, Alles geebnet, alles Welt-

---

lingen und der Erfahrung „Jesus ist Sieger!" geprägt, sehen ihre Aufgabe im Gebet für die erhofften Entwicklungen im Reich Gottes.

440 Vgl. Christoph Blumhardts auf den 26.1.1872 datierte Kalendernotiz (LKA Stuttgart, D 50, Kapsel I C 3): „Gottliebin Brodersen geborene Dittus stirbt morgens 1 Uhr in Abwesenheit des seligen Vaters Blumhardt. Voll Kraft und Sieg unter namenlosen Schmerzen und voll Überlegenheit im Glauben schied sie, uns zum Gericht, aber auch zu neuem Aufrichten. ‚Ich tilge deine Sünden wie den Nebel. – Wende dich zu mir, denn ich erlöse dich' [Jes 44,22]. Die Beerdigung fand am Montag statt. Große Betheiligung. Pf. Wetzel von Boll funktionirte. Wir waren still. Unser Vater rief beim Essen laut nach kurzem Worte in die große Versammlung hinein: ‚Jesus ist und bleibt Sieger.'"

441 Doris Blumhardt.

442 Das Anliegen Christophs und der Verstorbenen, dass er einen eigenen Zugang zur Bad Boller Reichgotteshoffnung gewinne, ist nun erfüllt (Christoph an Gottliebin Brodersen 11.11.1865; Blumhardt, *Briefe* 5, 426–428). Vgl. Blumhardt an seinen Sohn Theophil 14.2.1872 (*Briefe* 6, 476): „Die liebe Mammo [Gottliebin] ist freilich unser tägliches Gespräch, auch unsre Beugung. Doch heben wir uns allmählig und hoffen zum Herrn. [...] Christoph aber steht jezt gut und recht, Carl auch. Aber die Stille möchte ich bald laut werden sehen. Die Stimmen Gottes, die wir gehabt haben, liegen eben im Grab. Wann werden sie erwachen? Indessen fühlen wir doch, daß etwas geblieben ist."

liche ausgeschieden, alles, auch das Aeußerliche, durch den Geist geheiligt ist. So nach dem Sinn der Entschlafenen!

In aller Eile so viel aus der Stille heraus!

Mit treuer Liebe grüßend

Dein [Johann] Christoph Blumhardt, Pf.

Bad Boll, den 2. Februar 1872.

65. Blumhardt an (Tillmann Siebel). Bad Boll 30.3.1872

Archiv des Evang. Gemeinschaftsverbandes Siegen-Wittgenstein, Ordner „Briefe an Siebel, IV"
Druck: Blumhardt, *Briefe* 5, 608

Die erwarteten Anzeichen des nahen Endes. Einzelheiten des Geschehens soll man sich nicht ausmalen.

Lieber Bruder!

[...] Daß das Ende nahe ist, ist gewiß, zweimal gewiß. Aber du thust wohl daran, wenn du dir's nicht ausmalst, was und wie Alles kommen muß. Da wird viel unnöthig Zeug geredet, dadurch der innere Mensch nicht wächst. Hauptzeichen muß das Blühen der Bäume seyn, nemlich neue gewaltige Erregungen zur Bekehrung durch Kräfte von oben. Das *muß* vorangehen, ehe der Mensch der Sünde, sei's, wo es wolle, auftritt.[443] Um das zu bitten, ist auch das Wichtigste.

[...] Mit treuer Bruderliebe

Dein [Johann] Christoph Blumhardt, Pf.

Bad Boll bei Göppingen, den 30. Merz 1872.

---

443 Vgl. das in Brief Nr. 40 erwartete weltweite „Rennen und Jagen zum Reiche Gottes", gefolgt von einer Reaktion finsterer Mächte.

66. Blumhardt an (Christian Friedrich von Dettinger).[444] Bad Boll 24.10.1872

LKA Stuttgart, A 27, Bd. 267
Druck: Blumhardt, *Briefe* 5, 619

Über Gottliebin Brodersens Söhne Theophil und Hans. Der junge Johannes Erath wird in Bad Boll geheilt.

Lieber, theurer Freund und Bruder!
[...] Unter den Kindern ist ein Tauber,[445] ein Sohn der seligen Frau Brodersen, die ihn uns ganz ans Herz gebunden hat; und du begreifsts, wie groß da unsre Verpflichtung ist. Ein anderer Sohn[446] hat gleichfalls sein Eigenthümliches, vornehmlich in dem, daß es unmöglich ist, ihn aus dem Hause zu thun, theils um seines Gemüths willen – er stürbe draussen –, theils um seiner Gesundheit willen.

Dann hat uns Gott noch einen 9jährigen Knaben[447] ins Haus geschleudert, dem wir wiederum um des Herrn willen Alles schuldig geworden sind. Der kam als Gergese-

444 D. Dr. Christian Friedrich von Dettinger (1804–1876), 1846 Präsident der Stuttgarter Bibelanstalt, 1852 Prälat und Generalsuperintendent in Reutlingen, zugleich außerordentliches Mitglied des Konsistoriums und des Königlichen Studienrats (staatliche Oberbehörde für die Niederen Seminare und das Tübinger Stift).

445 Theophil Brodersen (genannt Dodo, 1859–1938), Sohn von Theodor Brodersen und Gottliebin geb. Dittus. Als Kind ertaubt, Imker in Bad Boll und Liederdichter. In zweiter Ehe heiratet er Christoph Blumhardts älteste Tochter Dorothea (1872–1947). – Johann Christoph Blumhardt hat den begabten Jungen, der mit 17 Jahren ein Gedicht zur erwarteten Geistausgießung verfasst (in: *Blätter aus Bad Boll* 1877, 32), in ärztliche Behandlung gegeben, die erfolglos bleibt. Blumhardts bekanntes Lied: „Sei still zu Gott“ (*Bibellieder* 1877, Nr. 302; EKG, Nr. 560; nicht in EG 1996) richtet sich an Dodo. Vgl. Strophe 5: „Sei still zu Gott! Die Zeit kommt schon heran,/ Da aller Tauben Ohr/ Durch Seinen Geist im Nu wird aufgethan./ Der starke Held dringt vor!/ Sein Hephata wirst du vernehmen,/ Und weg wird sein dein langes Grämen./ Sei still zu Gott!“

446 Hans Brodersen (1857–1887).

447 Johannes Erath (Christoph Blumhardt, *Erinnerung an Doris Blumhardt*, 34).

ner[448] nackt in furchtbarster Besessenheit, mich unter aller nur erdenklichen Verhöhnung Pfaffensack scheltend.[449] Der wurde in 4–6 Wochen wieder Mensch, völlig frei ohne besondere Mühe und Arbeit;[450] und nun bin ich sein Großpapa, von dem er nimmer weichen will, der liebenswürdigste, fähigste Knabe, der mir je vorgekommen ist. Sein Herz würde brechen, wenn er wieder fortmüßte. Nun hab' ich ihn, und lernen soll er. [...]

Mit herzlichster, innigster Liebe dich grüßend

Dein [Johann] Christoph Blumhardt, Pf.

Bad Boll bei Göppingen, den 24. October1872.

---

448 In der „Gegend der Gergesener" begegnen Jesus zwei Besessene (Mt 8,28–34; Mk 5,1–20; Lk 8,26–39).

449 Johannes' Eltern bringen ihn (Zündel, *Lebensbild*, 497) „splitternackt, denn er litt keine Kleider, er war beständig voller Wut, voller Lästerungen; die Ehrentitel, die er Blumhardt [...] gab, überschreiten alle Möglichkeit, gedruckt zu werden."

450 Blumhardt verschweigt die dramatischen Umstände von Johannes' Heilung. Unter der Betreuung Christoph Blumhardts wird er umgänglicher; als er jedoch den Sohn des Bad Boller Gärtners durch Schimpfworte reizt, versetzt ihm dieser einen Schlag auf den Kopf. Der Arzt diagnostiziert eine Spaltung des Schädels und gibt Johannes noch wenige Stunden zu leben (Zündel, *Lebensbild*, 498 f.): „Er lag bewußtlos, Blumhardt Vater und Sohn gingen zu ihm; als ihm Blumhardt nahte, machte er noch eine Kraftanstrengung, um ihn anzuspeien, doch vergeblich; beide saßen nun zwei Stunden stille bei dem Armen, dann ging Blumhardt fort. Bald darauf, als Christoph dem Kranken nahte, sagte derselbe leise, aber mit einer völlig neuen, ganz natürlichen Stimme: ‚Ich möchte Wasser.'" Von schweren Kopfschmerzen abgesehen, erholt sich Johannes bis zum nächsten Tag vollständig. Er absolviert eine Gärtnerlehre in Bad Boll; vgl. Christoph Blumhardt, *Erinnerung an Doris Blumhardt*, 34.

67. Heinrich Bachofner[451] an (Anna Bachofner-Buxdorf) über Blumhardt und Bad Boll. (Bad Boll) 22.4.1877

LKA Stuttgart, D 50, Kapsel I A 2/VI
(Abschrift, Fragment)
Druck: Blumhardt, *Briefe* 5, 692 f.

Eine originelle Morgenandacht. Annäherung an Blumhardts Theologie. Bachofner will nur Christus nachfolgen, nicht Blumhardt, ist aber von der Milde und Herzlichkeit in Bad Boll beeindruckt. Huldigungen einzelner Gäste bezeichnet er als „Götzendienst".

22. April 1877

Die heutige Morgenandacht war das Originellste, was ich bisher gehört. Brieflich kann man nicht referieren, mündlich müsste es ein Schwabe tun.[452] Das Wesen Blumhardts besteht in einer Mischung von württembergischer Wissenschaftlichkeit, herrenhutischer Heilandseligkeit und schwäbischer Zuchtlosigkeit à la Hebich.[453] Die Predigt von gestern Abend war schwach und auch exegetisch nicht richtig. Mit der Geistesausgiessung ist er noch nicht ausgerückt; darum ist mir seine Theologie noch unklar. Die *Welt* wird selig, denn unser Heiland ist

---

451 Heinrich Bachofner (1828–1897), Direktor des evangelischen Lehrerseminars in Unterstraß bei Zürich. Von 1877 an besucht er regelmäßig Bad Boll, auch unter dem Nachfolger Christoph Blumhardt. Vgl. Bad Boll, *Gästebücher* 3, Eintrag vom 20.4.1877.

452 Am Tag zuvor schreibt Bachofner seiner Frau (21.4.1877; Blumhardt, *Briefe* 5, 691): „Der alte Blumhardt ist eine der drolligsten Gestalten, die ich gesehen habe: klein, dick und kugelrund, spassig und urgemütlich. Niemand würde es ihm ansehen, dass er ein langes Leben hindurch so direkt und kräftig den Kampf mit Geistern und Teufeln geführt hat. Ich habe noch wenig von ihm gehört, doch schon ganz Charakteristisches: Der Herr will die Erlösung aller, der ganzen Welt zustande bringen; aber jetzt sind wir in der Zeit der *Schmaaach;* möchte uns der Heiland nur auch e bissele Sieg geben!"

453 Samuel Hebich (1803–1868), 1831 Missionsschüler in Basel, 1834 Missionar in Südwestindien, 1859 Evangelist in der Schweiz und Württemberg.

kein solcher Lump, dass er das nicht zustande bringen könnte. Es wird *bald* geschehen. Das ist gewiss richtig; aber ist diese allgemeine Anerkennung an seine Wiederkunft oder an eine neue Geistesausgiessung geknüpft? Ich vermute, dass Blumhardt das Letztere lehrt.

Glaube nicht, dass ich mich hier nur kritisch verhalte und damit des Segens verlustig gehe. Mein Gemüt ist offen für Wort und Geist, aber ich muss mir eben alles nach meiner Eigenart zurechtlegen. Du weisst, dass ich nur *einen* Meister haben will, Christus; auf ihn allein will ich schwören und nur sein Knecht und An- und Nachbeter sein. Er ist so wunderbar reich und gütig, dass ich daneben meine ganze Natur und Persönlichkeit behalten darf. Würde ich Blumhardts Nachbeter, so gäbe ich meine Individualität auf und würde zudem meinem Herrn Christus die Ehre rauben. Ich muss darum alles, was ich hier sehe und höre, innerlich verarbeiten. Aber ich tue es mit herzlicher Liebe und Freude, denn es sind gute, milde Menschen, die ich hier finde.[454] […]

Das Einzige, was mir hier lästig ist, ist die Wahrnehmung, wie Blumhardt von Einzelnen angebetet wird. Diese Huldigungen, die dem alten, dicken Manne dargebracht werden, erinnern mich an Götzendienst. Es ist freilich nur Liebe, zarteste Rücksicht, Achtung etc. Aber, aber! mir würde unheimlich dabei, und ich bin schliesslich doch froh, dass mir dergleichen nie begegnen kann. […]

---

454 Die im folgenden Jahr gemachten Erfahrungen finden ihren Niederschlag im Brief Bachofners an seine Frau vom 22.4.1878 (Blumhardt, *Briefe* 5, 698 f.): „Wie in den kleinen so in den grossen Dingen muss mir der liebe Gott immer das Beste, was er mir geben will, aufdringen. Ich spüre, dass mir der Aufenthalt hier an Leib und Seele gut tut. Ich spüre neue Kräfte aus der Nähe des Heilandes."

68. Blumhardt an Albert (Friedrich von Hauber). Bad Boll 7.1.(1880)

LKA Stuttgart, D 50, Kapsel I A 2/II
Druck: Blumhardt, *Briefe* 5, 724 f.

Blumhardt freut sich über Haubers Nähe zu seinen Hoffnungen. In Möttlingen hat er ein Vorspiel von der Nähe des Herrn gesehen.

Mein lieber Albert!
Dein Brief vom 29. Dezember ist so lieb gewesen, daß ich nicht anders kann denn wieder darauf schreiben. Aber vor heute ging's nicht, weil der Briefe zu viele kommen; auch habe ich vom Christtagabend an durch Erkältung sehr an Husten und Asthma gelitten.[455]

[...] Du schreibst so nüchtern und richtig, die Sache selbst stets festhaltend, wenn's auch ein Warten gilt,[456] daß ich eine wahre Freude dran hatte. Ich hebe auch deinen Brief auf. Du kommst mit deiner Seele so dran hin, daß ich denken muß, so sei's recht.

---

455 Der Husten entwickelt sich zu einer Lungenentzündung; Blumhardt stirbt daran am 25.2.1880. Seine Hoffnung auf Geistausgießung und Wiederkunft Christi hält er auch als Sterbender aufrecht. Dass diese zu seinen Lebzeiten nicht erfüllt wird, kann er nun annehmen. Er betet um das Kommen des Reiches und darum, dass niemand verlorengehe: „Der Herr wird Seine Sache herrlich hinausführen"; „Der Herr wird Seine milde Hand auftun zur Barmherzigkeit über alle Völker." Über Blumhardts letzte Stunden berichten die Söhne (Theophil Blumhardt, *Zum Gedächtniß an Pfarrer [Johann] Christoph Blumhardt,* 78 f.): „Man sah es ihm an, wie bitter ihm ein solches Daliegen war [...]. Dennoch sprach er auch noch an diesem Tage Worte des Muths und der Zuversicht und segnete mit letzter Kraftanstrengung seine Söhne ‚zum Siege', wie er sich ausdrückte. [...] Ruhig schlief er ein, und lieblich schlafend lag er da [...]. So schied dieser Mann Gottes." Die um das Sterbebett Versammelten singen: „Jesus ist der Siegesheld".

456 Auf Blumhardts Naherwartung hat Hauber am 15.12.1879 geantwortet (Blumhardt, *Briefe* 6, 529): „Was wir noch erleben werden mit einander oder einer ohne den andern, steht in Gottes Hand. Er wirds recht machen, ob es diesseits oder jenseits zum Victoria singen kommt, wenn man nur mitsingen darf [...]."

Ueber mich aber mußst du nicht erschrecken, wenn ich schrieb, wie ich schrieb.[457] Ich wollte nur sagen, daß es mit mir nie so werden darf, gehe es, wie es wolle, daß ich sagte: „Es ist genug, Herr, nimm meine Seele von mir."[458] Sonst aber habe ich von meiner Möttlinger Zeit her etwas voraus in den Gedanken von der Nähe des Herrn. Ich habe ein Vorspiel gesehen; und mit mir gienge auch dieses unter. Bedenke, wie hart mir das wäre. Aber dem Herrn ergeben würde ich auch so bleiben.

[...] Du aber schickst dich an, einmal zu sagen: „Ja, so" und: „Gottlob!" Gott segne dich. Und wie golden deine Worte: „Nicht wahr, wenn einmal Alles, Alles aufthaut! und überall Frühling!" Das hat dir ein Engel eingegeben! – So wird's! [...]

Dein [Johann] Christoph.

Bad Boll, den 7. Januar 1879 [*vielmehr:* 1880].

---

457 Blumhardt an Hauber 19.12.1879 (*Briefe* 5, 723): „Ehe ich einen Anbruch von etwas der Art sehe, möchte ich um keinen Preis von hinnen scheiden."

458 1Kön 19,4.

Johann Christoph Blumhardt
Lebensdaten und Werke

1805, 16. Juli	Geb. in Stuttgart als Sohn des Bäckers Johann Georg Friedrich Blumhardt und dessen Frau Johanna Luise geb. Deckinger
ca. 1813–1820	Besuch des Stuttgarter Gymnasiums
1820–1824	Im Seminar Schöntal (Vorbereitung auf das Theologiestudium). Besuche in der Brüdergemeinde Korntal
1822, 3. März	Tod des Vaters
1824–1829	Studium der Theologie im Tübinger Stift zusammen mit Eduard Mörike, David Friedrich Strauß u. a.
1829–1830	Vikar in Dürrmenz (Dekanat Mühlacker)
1830–1837	Lehrer am Missionshaus in Basel
1837–1838	Pfarrgehilfe in Iptingen (Dekanat Mühlacker)
1838–1852	Pfarrer in Möttlingen (Dekanat Calw)
1838, 4. Sept.	Heirat mit Johanna Dorothea (Doris) geb. Köllner
1842, Apr.– 1843, Dez.	Seelsorgerliche Begleitung der Gottliebin Dittus in Möttlingen
1844 ff.	Erweckungsbewegung in Möttlingen. Heilungen seelischer und körperlicher Krankheiten ereignen sich
1844	*Krankheitsgeschichte der G[ottliebin] D[ittus] in Möttlingen* (unrechtmäßige Abschriften 1844 ff., Zweitfassung von Blumhardt 1850)
1845	Bericht über Erweckung und Heilungen im Evang. Kirchenblatt (*Mitteilungen*)
1850	*Verteidigungsschrift gegen Herrn Dr. de Valenti*
1852	Umzug nach Bad Boll bei Göppingen. Gründung eines Seelsorgezentrums
1869	Abgeordneter für den Bezirk Brackenheim in der 1. Württembergischen Landessynode
1872, 26. Jan.	Gottliebin Brodersen geb. Dittus stirbt in Bad Boll
1873–1877	*Blätter aus Bad Boll*
1875	Abgeordneter für den Bezirk Geislingen in der 2. Württembergischen Landessynode
1877	*Bibellieder oder in singbare Reime gebrachte Stellen der Heiligen Schrift*
1880, 25. Febr.	Johann Christoph Blumhardt stirbt in Bad Boll

Editorischer Hinweis

Druckvorlage

Der Druck der hier gebotenen Briefe, Tagebücher und Schriften folgt der Publikation: Johann Christoph Blumhardt, *Gesammelte Werke.* Reihe 1: *Schriften,* 2 Bde. 1979; Reihe 3: *Briefe,* 7 Bde. 1993–2001. Göttingen: Vandenhoeck & Ruprecht (siehe unten Verzeichnis der Quellen und Literatur, S. 222). Die Reihe 3: *Briefe* bietet jeweils den vollständigen Text der hier nur auszugsweise veröffentlichten Auswahl. Sie gibt den Wortlaut der Brieforiginale wieder,[459] die größtenteils im Landeskirchlichen Archiv Stuttgart, aber auch in anderen öffentlichen und privaten Archiven verwahrt werden.

Dabei ist zu beachten, dass das lange Zeit in der Württembergischen Landesbibliothek aufbewahrte Blumhardt-Archiv im Jahr 2010 vom Landeskirchlichen Archiv Stuttgart übernommen wurde und dort als Nachlassbestand D 50 zugänglich ist. Damit ändert sich in der vorliegenden Ausgabe der Fundort einiger Brieforiginale gegenüber den Angaben in den 1993–2001 erschienenen *Gesammelten Werken.* Auch der Standort der übrigen Originale bzw. Kopien (bei Verlust des Originals) ist der jeweiligen Briefüberschrift zu entnehmen.

459 Editionsrichtlinien in: Blumhardt, *Briefe* 1, 12–16.

Editionsgrundsätze

Aufgenommen sind Auszüge aus Briefen von und an Johann Christoph Blumhardt, ferner Auszüge aus seinen in Dürrmenz und Basel geführten Tagebüchern sowie seiner *Krankheitsgeschichte der Gottliebin Dittus in Möttlingen*, ergänzt durch Briefe und Berichte Dritter über Blumhardt (Nr. 33. 41. 52. 54. 67).

Die Orthographie der Vorlage ist übernommen. Eine Normalisierung der Zeichensetzung erwies sich als nicht notwendig. Hervorhebungen des Briefschreibers sind kursiv wiedergegeben.

Abkürzungen im Brieftext werden stillschweigend aufgelöst. Dagegen sind Auslassungen durch [...] markiert, ebenso Textergänzungen durch den Herausgeber. Erläuterungen des Herausgebers im Text erscheinen kursiv in eckigen Klammern, etwa: [*Ein hierhin gehöriger Einschub Blumhardts lässt sich nicht entziffern*].

Auf einen textkritischen Apparat wird angesichts des breiten Leserkreises der Reihe verzichtet. In wenigen Fällen werden textkritische Bemerkungen in den erläuternden Anmerkungen gegeben (Nr. 7. 8). Im Übrigen beziehen sich die Anmerkungen auf im Text genannte Personen und Buchtitel, erklären altertümliche Redewendungen, geben Informationen zu im Text explizit genannten oder nur angedeuteten biblischen Zitaten (Abkürzung biblischer Bücher nach RGG[4]). Wichtige Sachbegriffe sind erklärt; Hinweise auf weiterführende Literatur werden gegeben. Ferner bieten die Anmerkungen – vor allem bei Heilungsberichten – kurze Zitate aus hier nicht edierten Briefen, die in Joh. Chr. Blumhardt, *Gesammelte Werke* veröffentlicht sind (siehe oben zur Druckvorlage).

Abkürzungen

Abt.	Abteilung
AF Leonberg	Archiv für Familienforschung der Werner-Zeller-Stiftung Leonberg
Aufl.	Auflage
Bd.	Band, Bund
Bü.	Büschel
DA	Dekanatarchiv
evang.	evangelisch
fl., f.	Gulden
geb.	geboren
gest.	gestorben
hebr.	hebräisch
hg.	herausgegeben
Hg. Hgg.	Herausgeber
HStA	Hauptstaatsarchiv
Jg.	Jahrgang
lat.	lateinisch
LKA	Landeskirchliches Archiv
LZB	Landeskirchliche Zentralbibliothek
N.B.	Nota Bene
o.J.	ohne Jahr
PfA	Pfarrarchiv
Pfr.	Pfarrer
UB	Universitätsbibliothek
verw.	verwitwet
vgl.	vergleiche
Z.	Zeile

Quellen und Literatur

Das Verzeichnis enthält Handschriften und Drucke, die in den Erläuterungen in der Form von Kurztiteln zitiert werden. Nur einmal genannte Titel erscheinen in der Regel an Ort und Stelle mit allen bibliographischen Angaben.

Handschriften

Bad Boll, *Gästebücher*
Gästebücher des Kurhauses Bad Boll, Bd. 1–16 (1860–1942; Bd. 12 und 15 fehlen). Archiv und Bibliothek der Brüderunität Bad Boll.

Basel, *Komitee-Protokoll*
Protokolle des Komitees der Basler Missionsgesellschaft. Archiv der Basler Mission/mission 21, Q–1.

Maier, *Bruchstücke*
(Friedrich Maier), Bruchstücke aus dem Leben der theuren Frau Charlotte Reihlen von Stuttgart, als Denkmal für ihre hinterlassene Familie und für ihren geistlichen Geschwisterkreis, zusammengestellt aus Vorlagen der Familie von Schulmeister (Friedrich) Maier in Kornthal (1870/1871). Manuskript im Archiv der Evangelischen Diakonissenanstalt Stuttgart.

Drucke

A. Werke von Johann Christoph Blumhardt

Blumhardt, *Bibellieder*
Johann Christoph Blumhardt, Bibellieder oder in singbare Reime gebrachte Stellen der Heiligen Schrift, nebst einigen Fest- und Missionsliedern [...] Zum Gebrauch in Bad Boll. Stuttgart [1]1877, [2]1884. – Zitiert wird, wenn nicht anders angegeben, nach der 2. Aufl. 1884.

Blumhardt, *Blätter aus Bad Boll*
Siehe Johann Christoph Blumhardt, Gesammelte Werke. Reihe II.

Blumhardt, *Briefe*
Siehe Johann Christoph Blumhardt, Gesammelte Werke. Reihe III.

Blumhardt, *Evangelienpredigten*
Johann Christoph Blumhardt, Evangelienpredigten auf alle Sonn- und Festtage des Kirchenjahres; in: Gesammelte Werke von Johann Christoph Blumhardt, hg. von Christoph Blumhardt, Bd. 2. Karlsruhe: Evang. Schriftenverein für Baden 1887.

Blumhardt, *Gesammelte Werke*
Johann Christoph Blumhardt, Gesammelte Werke. Hg. von Joachim Scharfenberg, fortgeführt von Gerhard Schäfer. Göttingen 1968–2001.
Reihe I: Schriften. Bd. 1: Der Kampf in Möttlingen, Texte, unter Mitarbeit von Paul Ernst hg. von Gerhard Schäfer; Bd. 2: Der Kampf in Möttlingen, Anmerkungen, unter Mitarbeit von Paul Ernst hg. von Dieter Ising und Gerhard Schäfer. Göttingen 1979 (zitiert als: Blumhardt, *Schriften* 1–2).
Reihe II: Verkündigung, hg. von Paul Ernst. Bd. 1–5: Blätter aus Bad Boll, Texte und Anmerkungen. Göttingen 1968–1974 (zitiert als: Blumhardt, *Blätter aus Bad Boll* 1–5).
Reihe III: Briefe, hg. von Dieter Ising. Bd. 1–2: Frühe Briefe bis 1838, Texte und Anmerkungen; Bd. 3–4: Möttlinger Briefe 1838–1852, Texte und Anmerkungen; Bd. 5–6: Bad Boller Briefe 1852–1880, Texte und Anmerkungen; Bd. 7: Verzeichnisse und Register. Göttingen 1993–2001 (zitiert als: Blumhardt, *Briefe* 1–7).

Blumhardt, *Krankheitsgeschichte*
Krankheitsgeschichte der G(ottliebin) D(ittus) in Möttlingen, mitgeteilt von Pfarrer Blumhardt (Zweitfassung, 1850 als Lithographie in einer Auflage von 100 Stück gedruckt). Exemplar: LKA Stuttgart, D 34.5. Veröffentlicht in: Johann Christoph Blumhardt, *Schriften* 1, 32–78.

Blumhardt, *Krankheitsgeschichte Abschrift*
Krankheits-Geschichte der Gottliebin Dittus aus Möttlingen 1842–1844. Geschildert von Pfarrer Blumhardt (2013 entdeckte unrechtmäßige Abschrift fremder Hand, die sich auf die verlorene Urfassung von 1844 stützt. Exemplar: LKA Stuttgart, D 51; Kopie: Blumhardt-Gesellschaft Möttlingen e.V.). Bisher unveröffentlicht.

Blumhardt, *Mitteilungen*
Möttlingen. Mittheilung von Pfarrer (Johann Christoph) Blumhard(t). In: Evangelisches Kirchenblatt, zunächst für Württemberg, Jg. 1845, Nr. 7 vom 1.3.1845, Nr. 14 vom 11.5.1845, Nr. 15 vom 21.5.1845. Zitiert nach: Blumhardt, *Schriften* 1, 93–118.

Blumhardt, *Morgen-Andachten*
Johann Christoph Blumhardt, Sammlung von Morgen-Andachten nach Losungen und Lehrtexten der Brüdergemeine, gehalten zu Bad Boll von Pfarrer (Johann Christoph) Blumhardt. Bad Boll 1865.

Blumhardt, *Predigtblätter aus Bad Boll*
Predigt-Blätter aus Bad Boll, enthaltend nachgeschriebene Predigten und Vorträge von Pfarrer (Johann Christoph) Blumhardt, hg. von seinem Sohne Theophil Blumhardt. Bd. 1–3, Bad Boll 1879–1881.

Blumhardt, *Protokoll vom 3. Juni 1842*
Johann Christoph Blumhardt, Protokoll vom 3. Juni 1842. In: Blumhardt, *Schriften* 1, 89–92.

Blumhardt, *Psalmlieder*
Johann Christoph Blumhardt, Psalmlieder, oder die Psalmen, in singbare Lieder umgesetzt. Stuttgart [1]1848, [2]1864.

Blumhardt, *Schriften*
Siehe Johann Christoph Blumhardt, Gesammelte Werke. Reihe I.

Blumhardt, *Über die Ehe*
Johann Christoph Blumhardt, Über die Ehe; in: Blumhardt, *Schriften* 1, 119–123.

Blumhardt, *Verteidigungsschrift*
Johann Christoph Blumhardt, Verteidigungsschrift gegen Herrn Dr. de Valenti, zur Hoffnung bei Bern, von (Johann) Christoph Blumhardt, Pfarrer in Möttlingen. Reutlingen: B. G. Kurtz'sche Buchhandlung 1850. Zitiert nach: Blumhardt, *Schriften* 1, 124–299.

B. Andere Verfasser

AGP
Arbeiten zur Geschichte des Pietismus. Im Auftrag der Historischen Kommission zur Erforschung des Pietismus hg. (seit Bd. 50) von Hans Schneider, Christian Bunners und Hans-Jürgen Schrader. Witten, dann Göttingen 1967 ff.

Akten
Ausgewählte Akten; in: Johann Christoph Blumhardt, Gesammelte Werke. Reihe I, Bd. 1: Der Kampf in Möttlingen, Texte. Göttingen 1979, 355–400.

BBKL
Biographisch-Bibliographisches Kirchenlexikon. Bearb. und hg. von Friedrich Wilhelm Bautz, fortgeführt von Traugott Bautz. Herzberg, Hamm/W., Nordhausen 1975 ff.

Bengel, *Briefwechsel*
Johann Albrecht Bengel, Briefwechsel. Bd. 1: Briefe 1707–1722 (Göttingen 2008); Bd. 2: Briefe 1723–1731 (Göttingen 2012). Hg. von Dieter Ising (TGP, Abt. VI: Johann Albrecht Bengel, Werke und Briefwechsel, hg. von Martin Brecht. Bd. 1. 2) (Bd. 3 ff. in Vorbereitung).

Der Beobachter
Der Beobachter. Ein Volksblatt aus Württemberg. Organ der Demokratischen Württembergischen Volkspartei. Stuttgart 1833–1933 (Mikrofilm-Ausgabe: Württembergische Landesbibliothek Stuttgart, I 5).

Christoph Blumhardt, *Erinnerung an Doris Blumhardt*
Christoph Friedrich Blumhardt, Erinnerung an unsere selig vollendete Mutter Doris Blumhardt geb. Köllner. Bad Boll (1886).

Theophil Blumhardt, *Zum Gedächtniß an Pfarrer (Johann) Christoph Blumhardt*
Zum Gedächtniß an Pfarrer (Johann) Christoph Blumhardt. Enthaltend die Leichenfeier mit den dabei gehaltenen Reden und Lebensabriß des Entschlafenen nebst Anhang: Blumhardts Lebensabend, Blumhardts letzter Vortrag, zwei dichterische Nachrufe. Hg. von Theophil Blumhardt. Heilbronn: Henninger (1880).

BSLK
Die Bekenntnisschriften der evangelisch-lutherischen Kirche. Göttingen [7]1976.

BWKG
Blätter für württembergische Kirchengeschichte. Hg. vom Verein für württembergische Kirchengeschichte. Neue Folge, Stuttgart 1 (1897) ff. Vorgänger: Blätter für württembergische Kirchengeschichte. Alte Folge, Stuttgart 1 (1886) – 10 (1895).

Calwer Missionsblatt
Calwer Missionsblatt, eine allgemeine illustrierte Missionszeitschrift. Hg. von mehreren Missionsfreunden, Redakteur Christian Gottlob Barth. Calw und Stuttgart 1 (1828) – 91 (1918).

Dorothea Trudel
Dorothea Trudel; in: Johann Christoph Blumhardt, Die Heilung von Kranken durch Glaubensgebet. Anhang (ohne Verfasserangabe) zur 2. Aufl. Leipzig 1924, 71–76.

EG 1996
Evangelisches Gesangbuch. Stuttgart [1]1996.

EKG
Evangelisches Kirchengesangbuch. Ausgabe 1953.

EPT
Edition Pietismustexte. Im Auftrag der Historischen Kommission zur Erforschung des Pietismus hg. von Hans-Jürgen Schrader, Ruth Albrecht, Dieter Ising und Christof Windhorst. Leipzig 2010 ff.

Die Evangelische Kirche in Nassau-Oranien 1530–1930
Die Evangelische Kirche in Nassau-Oranien 1530–1930. Festschrift [...] mit Beiträgen von Prof. D. Heinrich Schlosser in Herborn und Pfarrer Lic. Wilh. Neuser in Siegen. Bd. 1, Siegen 1931.

Evangelische Theologie
Evangelische Theologie. München, Gütersloh 1 (1934/35) – 5 (1938). Neue Folge 1 (1946/47) ff.

Fischer, *Schwäbisches Wörterbuch*
Hermann Fischer, Schwäbisches Wörterbuch. Bd. 1–6/2, Tübingen 1904–1936.

GdP 3
Geschichte des Pietismus. Im Auftrag der Historischen Kommission zur Erforschung des Pietismus hg. von Martin Brecht, Klaus Deppermann, Ulrich Gäbler und Hartmut Lehmann. Bd. 3: Der Pietismus im neunzehnten und zwanzigsten Jahrhundert. Hg. von Ulrich Gäbler. Göttingen 2000.

GdP 4
Geschichte des Pietismus (wie GdP 3). Bd. 4: Glaubenswelt und Lebenswelten. Hg. von Hartmut Lehmann. Göttingen 2004.

Gebhardt, *Handbuch der Deutschen Geschichte*
Gebhardt, Handbuch der Deutschen Geschichte. 9. Aufl. hg. von Herbert Grundmann. Bd. 1–3/2. Stuttgart 1970–1976.

Grimm, *Deutsches Wörterbuch*
Jacob und Wilhelm Grimm, Deutsches Wörterbuch. Bd. 1–16, Leipzig 1854–1954.

Handbuch der Bibelerklärung 2
Handbuch der Bibelerklärung für Schule und Haus. Die wichtigsten Abschnitte der heiligen Schrift in geschichtlichem Zusammenhange ausgelegt, mit übersichtlicher Angabe der nicht erklärten Stellen. Hg. von dem Calwer Verlagsverein. Band II, das Neue Testament enthaltend. Calw/Stuttgart 1850.

Ijewski, *Tillmann Siebel und seine Briefe an Johann Christoph Blumhardt*
Thomas Ijewski, „Folgende Kranke in Ihre Fürbitte aufnehmen". Tillmann Siebel und seine Briefe an Johann Christoph Blumhardt; in: Jahrbuch für Westfälische Kirchengeschichte 108 (2012), 127–197.

Ising, *Blumhardt Leben und Werk*
Dieter Ising, Johann Christoph Blumhardt. Leben und Werk. Göttingen 2002, 2. ergänzte Aufl. St. Goar 2017(engl.: Johann Christoph Blumhardt. Life and Work. A New Biography. Translated by Monty Ledford. Eugene/Oregon 2009).

Ising, *Dämonologie*
Dieter Ising, „Jesus ist Sieger!" Dämonologie, Erweckung und Heilungen bei Johann Christoph Blumhardt; in: Pietismus und Neuzeit 18 (1992), 155–174.

Ising, *Der politische Blumhardt*
Dieter Ising, Der politische Blumhardt. Von der 1848er Revolution bis zum Deutsch-Französischen Krieg 1870/1871; in: BWKG 106 (2006), 39–52.
Ising, *Eine „Weckstimme durch alle Völker"*
Dieter Ising, Eine „Weckstimme durch alle Völker". Die Revolution von 1848/1849 und die Anfänge der Inneren Mission in der Sicht Johann Christoph Blumhardts; in: Pietismus und Neuzeit 24 (1998), 286–308.
Kannenberg, *Der württembergische Erweckungspietismus*
Michael Kannenberg, Der württembergische Erweckungspietismus als millenarischer Kommunikationsraum; in: BWKG 112 (2012), 145–155.
Luther, WA
Martin Luther, Werke. Kritische Gesamtausgabe (Weimarer Ausgabe). Weimar 1883 ff.
Ohlemacher, *Das Reich Gottes in Deutschland bauen*
Jörg Ohlemacher, Das Reich Gottes in Deutschland bauen. Ein Beitrag zur Vorgeschichte und Theologie der deutschen Gemeinschaftsbewegung (AGP 23). Göttingen 1986.
RGG
Die Religion in Geschichte und Gegenwart. 1. Aufl. Tübingen 1909 ff., 4. Aufl. Tübingen 1998 ff.
Schnurr, *Luxuskritik*
Jan Carsten Schnurr, Luxuskritik in der württembergischen Erweckungsbewegung. Begriffsverwendungen und Argumentationen aus den 1830er bis 1850er Jahren; in: BWKG 112 (2012), 131–144.
Schöllkopf, *Johann Christoph Blumhardt und Christian Gottlob Barth in ihren Briefen*
Wolfgang Schöllkopf, „Bedenke doch, daß es sehr wider den Herrn seyn kann, einen Bruder so stecken zu lassen!" Johann Christoph Blumhardt und Christian Gottlob Barth in ihren Briefen; in: BWKG 112 (2012), 157–184.
Schwäbischer Merkur
Schwäbischer Merkur. Abt. 1, Stuttgart 1806–1899 (Nachrichten von Ereignissen außerhalb Schwabens und Badens); Abt. 2: Schwäbische Chronik, Stuttgart 1806–1899 (Nachrichten aus Schwaben und Baden).
Süddeutsche Warte
Süddeutsche Warte. Religiöses und politisches Wochenblatt für das deutsche Volk. Stuttgart 1 (1845) – 33 (1876).

TGP

Texte zur Geschichte des Pietismus. Im Auftrag der Historischen Kommission zur Erforschung des Pietismus hg. (seit 2005) von Hans Schneider, Christian Bunners und Hans-Jürgen Schrader. Berlin bzw. Göttingen 1972 ff.

TRE

Theologische Realenzyklopädie. Bd. 1–36. Berlin/New York 1977–2004.

Zündel, *Lebensbild*

Friedrich Zündel, Pfarrer Johann Christoph Blumhardt. Ein Lebensbild. Zürich und Heilbronn [1]1880, [5]1887. Zitiert wird nach der 5., der letzten von Zündel selbst besorgten Auflage.

Engl.: Pastor Johann Christoph Blumhardt. An Account of His Life. Edited by Christian T. Collins Winn and Charles E. Moore, translated by Hugo Brinkmann (Blumhardt Series, 1). Eugene/Oregon 2010.

Nachwort

Wenn Johann Christoph Blumhardt als bedeutender Vertreter des Erweckungspietismus im 19. Jahrhundert sich zu Krankheit und Heilung äußert, beruft er sich zum einen auf biblische Aussagen, zum andern auf eigenes Erleben. Dass Krankheit und Heilung in Gottes Hand stehen und im Gebet ihm anvertraut werden sollen, gehört zum Grundmuster – nicht nur zum pietistischen, sondern zum Verhalten eines jeden Christenmenschen –; etwas Besonderes stellt es nicht dar.

Was Blumhardts Äußerungen zu Krankheit und Heilung über das Gewöhnliche hinaushebt, ist die Massivität, in der ihm Krankheit begegnet, und die noch größere Eindrücklichkeit, in der er Überwindung von Krankheit erfährt durch einen geistlichen Neuanfang, der sich auch in Heilungen manifestieren kann. Hinzu kommt die Art und Weise, wie er als Theologe auf diese Erfahrungen reagiert. Krankheit, Erweckung und Heilung kann er nicht bloß im Rahmen der individuellen Gottesbeziehung sehen. Sie stehen darüber hinaus in einem umfassenden, ja weltweiten Deutungszusammenhang als Bestandteil eines Kampfes, der sich zwischen dem „finsteren Reich“ des Satans und dem Reich Gottes abspielt.

Durch Bibellektüre und volkstümliche Erzählungen von Kind auf geprägt, tritt Blumhardt als Möttlinger Pfarrer an das Krankenbett der Gottliebin Dittus.[460] In seiner seelsorgerlichen Begleitung wird das, was er bereits zu kennen meint, überboten in einer Weise, die auch heute Rätsel aufgibt. Das Erfahrene ist für Blum-

460 Vgl. oben Nr. 3. 7. 8 u.ö.

hardt ein „Kampf“,[461] an dem er und Gottliebin Dittus teilgenommen haben, ein Kampf, der mit dem Schrei: „Jesus ist Sieger!“ endet[462] und eine Erweckung des ganzen Dorfes und Heilungen nach sich zieht. Aber noch steht die weltweite Manifestation des Sieges aus, noch muss weiter gekämpft werden durch Verkündigung, Mission und Gebet. Hier bekommt Heilung für Blumhardt ihren Platz als ein Bestandteil des Kampfes; sie wird durch Gott – nicht durch den Heiler – bewirkt und allein auf das Gebet gegründet.

Dass Blumhardt ein satanisches Reich als Gegenspieler zum Reich Gottes behauptet, wird manchen heutigen Leser befremden. Immer wenn ein Reich der Finsternis konstruiert und mit gegnerischen politischen und religiösen Überzeugungen gleichgesetzt wird, wobei man die eigene Position ebenso undifferenziert dem Reich des Lichts zuordnet, ist Vorsicht geboten. Der auf diese Weise metaphysisch überhöhte Gegner darf, so suggeriert man, ungestraft vernichtet werden. Jede totalitäre politische und religiöse Gruppierung hat diese Zweiteilung auf ihre Weise vollzogen und tut es noch heute, seien es – unbeschadet ihrer völlig verschiedenen inhaltlichen Zielsetzungen – Nationalsozialismus, Stalinismus oder Islamismus. Ronald Reagans Gleichsetzung der damaligen Sowjetunion mit dem „Reich des Bösen“ hat gezeigt, dass auch westliche Politiker dieser Versuchung erliegen können. Gemeinsam ist die ideologische Denkstruktur, die dem Andersdenkenden letztlich das Recht zu existieren bestreitet.

Johann Christoph Blumhardt geht diesen Weg nicht. Für ihn sind alle Menschen den Versuchungen eines finsteren Reiches ausgesetzt, unabhängig von ihrer religiösen oder politischen Herkunft. Dabei verlagert sich

---

461 U. a. Nr. 7, S. 34, Z. 4 und S. 39, Z. 24.
462 Nr. 8, S. 43, Z. 13. Vgl. Anm. 69.

der Akzent für ihn immer mehr vom finsteren Reich auf das Reich Gottes, dessen Vollendung er in naher Zukunft erhofft. Dann werde Gott barmherzig sein, Umkehr und Versöhnung ermöglichen, nicht nur die Umkehr „der anderen“, sondern auch die der Christen. Im Blick darauf können Blumhardts Äußerungen, vor allem die zum detaillierten Aufbau des „finsteren Reiches“ (Dämonologie), einer sachlichen Kritik unterzogen werden, die sich vorschneller Parallelisierungen enthält. Dass Blumhardts Sohn Christoph den Vater in Sachen Dämonologie auf befreiende Weise korrigiert hat, sei schon an dieser Stelle erwähnt.[463]

Krankheit und Heilung: frühe Erzählungen und Erfahrungen

Bereits als Schöntaler Seminarist (1820–1824) wird Blumhardt mit Erzählungen über eine „Geisterwelt“ konfrontiert. Zusammen mit dem Freund Wilhelm Hoffmann, Sohn von Gottlieb Wilhelm Hoffmann, dem Gründer der von der Landeskirche unabhängigen Brüdergemeinde Korntal, verbringt er die Seminarferien in Korntal. Der Glaube an das nahe Tausendjährige Reich Christi, auf das ihn schon sein Vater Johann Georg Friedrich Blumhardt vorbereitet hat, wird ihm in der chiliastisch ausgerichteten Brüdergemeinde eindrücklich vermittelt. Aber auch die Überzeugung Gottlieb Wilhelm Hoffmanns, der Teufel, verstanden als personale Macht, könne den Menschen erscheinen und Einfluss auf sie gewinnen, wirkt auf den jungen Seminaristen. Damals verbreitete Versuche, Krankheiten unter Verwendung geheimnisvoller Mittel und scheinbar frommer Formeln zu „besprechen“ und damit zu hei-

463 Siehe unten S. 251.

len, verweist Hoffmann in den Bereich des Teuflischen und Zauberischen. Dagegen setzt er das gläubige Gebet als rechtes Heilmittel. Hinzu kommen Korntaler Erzählungen von Geisterspuk und geheimnisvollen Lichterscheinungen, die auf die Existenz einer „Geisterwelt" hindeuten.[464]

Die über den naturwissenschaftlichen Horizont hinausgehende Beschäftigung mit Krankheit und Heilung, für den jungen Blumhardt eines unter vielen anderen Interessengebieten, lässt ihn dennoch nicht los. In Tübingen hört er 1825 Adam Karl August Eschenmayers Vorlesung über „Psychologie", verstanden als Abhandlung über die menschlichen „Seelenvermögen". Mit Eschenmayer, der unter anderem die Bedeutung des „magnetischen" (hypnotischen) Schlafs für die Heilung von Krankheiten hervorhebt, aber auch Glaubensheilungen gelten lassen kann, wird sich Blumhardt 1842 im Zusammenhang mit Justinus Kerner auseinanderzusetzen haben.[465]

Als Vikar im ländlichen Dürrmenz (1829–1830) begegnen ihm wieder volkstümliche Erzählungen über die Geisterwelt, die das Dunkle und Gefährliche betonen. Erscheinungen von Geistern, die sich als Engel ausgeben, dann aber als Vertreter „böser" Mächte offenbar werden, werden kolportiert. Die farbigen Schilderungen von Geistersehern, vom Spuken Verstorbener, auch von tödlichen Begegnungen mit der Geisterwelt hält Blumhardts Dürrmenzer Tagebuch ausführlich fest.[466] Der Deutungsrahmen einer vom Bösen dominierten Geisterwelt findet weitere Bestätigung in Basel, wo der

---

464 Vgl. Ising, Einführung Schöntal. In: Blumhardt, *Briefe* 2, 64–68.
465 Siehe oben Brief Nr. 3 mit Anm. 13. Vgl. Ising, Einführung Tübingen, in: Blumhardt, *Briefe* 2, 100 f.
466 Siehe oben Nr. 1. Vgl. Ising, Einführung Dürrmenz, in: Blumhardt, *Briefe* 2, 284–286.

junge Missionslehrer 1835 einer Geisteraustreibung durch Nikolaus von Brunn beiwohnt,[467] danach 1837 in Iptingen, wo er dem Geisterseher und Heiler Johannes Gommel begegnet.[468]

Damit ist Blumhardt frühzeitig davor gewarnt, sich mit der „Geisterwelt“ einzulassen. Aber auch die Gegenbewegung des gläubigen Gebets wird ihm von Anfang an nahegebracht, diesmal in ganz persönlichen Erlebnissen. Am Anfang der Basler Zeit (1831/1832) betet er im Angesicht einer drohenden Pockenerkrankung, „wiewohl ganz still und ruhig, aber ernstlich aufwärts blickend“, und stellt fest: „Auf einmal nach Mitternacht war mir's, als streifte mir eine Hand vom Kopf bis zu den Füßen etwas hinaus, und ich fühlte mich vollkommen wohl und frei. Doch ich war bereits so geschwächt, daß ich noch acht Tage lang das Bett hüten mußte.“[469] Als die in Basel zu bewältigende Arbeitslast 1836 zu völliger Erschöpfung führt, verbunden mit der Unfähigkeit, lesen und schreiben zu können, besucht Blumhardt das Schwefelbad Sebastiansweiler bei Tübingen. Eine durchgreifende Besserung stellt sich nicht ein, auch nicht bei einem wiederholten Besuch 1837. „Da erfasste ihn eine namenlose, innere Angst. Sein Herz bebte vor einem siechen, unfruchtbaren Leben, das vor ihm lag, und eine Empfindung, dass alles auf dem Spiele stehe für ihn, durchdrang ihn. Da warf er sich in einer Ecke des Zimmers auf die Knie und schrie zu Gott, dass er ihm helfe. Als er aufstand, fühlte er die Krankheit durch seinen Leib wie heruntergleiten und an den Füßen hinausgehen. Er war vollständig genesen!“[470]

467 Siehe oben Nr. 2. Vgl. Ising, Einführung Basel, in: Blumhardt, *Briefe* 2, 354–356.
468 Siehe oben Brief Nr. 1, Anm. 7.
469 Blumhardt, *Blätter aus Bad Boll* 1876, 288. Vgl. Blumhardt, *Briefe* 2, 515 f.
470 Zündel, *Lebensbild,* 42.

Auch wenn sich in den nächsten Jahren das alte Übel noch regt,[471] kommt es nicht mehr zur kritischen Zuspitzung der Basler und Iptinger Zeit.

Sünde – Krankheit – Dämonologie

In Möttlingen findet Blumhardt einen eigenen Zugang zu Krankheit und Heilung. Anfangs nur widerstrebend sich auf das Geschehen um Gottliebin Dittus einlassend, dann aber mit Ernst und Entschiedenheit bei der Sache bleibend, muss er sich hineintasten in dieses dunkle Gebiet. Frühere Erzählungen stehen im Hintergrund; sie werden aufgrund eigener Erfahrungen ergänzt. Zunächst geschieht das in der Korrespondenz mit Freunden oder im vertraulichen Bericht an das Konsistorium von 1844, der Urfassung der *Krankheitsgeschichte.*[472] Einen ersten Schritt an die Öffentlichkeit machen Blumhardts *Mitteilungen* im württembergischen *Evangelischen Kirchenblatt* von 1845. Als der Arzt und Theologe de Valenti ihn 1849 wegen des Verhaltens im Möttlinger „Kampf" und der anschließenden Erweckung öffentlich angreift,[473] nutzt Blumhardt in seiner *Verteidigungsschrift* von 1850 die Gelegenheit, sich ausführlich zu äußern.

---

471 In einer Fiebernacht im März 1838 betet Blumhardt um Heilung, verbunden mit einer Bestandsaufnahme seiner Tätigkeit in Iptingen und der Bitte um Kraft für das künftige Pfarramt (Blumhardt, *Briefe* 1, 504): „Daß ich erhört wurde, zeigt meine am folgenden Tage mir insoweit wiedergeschenkte Gesundheit, daß ich die Schule, den Unterricht und die Abendstunde ohne Scheu wieder übernehmen konnte und seitdem gekräftigter als je mich fühlte. Es war eine besondere Stunde, deren ich wenige in meinem Leben mich erinnere. Sie hat auch sonst vieles in mir gewirkt, denn ich war gedrungen worden, mich in allen Beziehungen durchzumustern, dass ich mit dem Seufzer dastand: ‚Herr, hilf mir, ich bin schwach.'"

472 Siehe oben Brief Nr. 7 mit Anm. 54; Nr. 21.

473 *Die Wunder in Möttlingen.* In: Ernst Joseph Gustav de Valenti, *Licht und Recht in Israel. Eine Zeitschrift zu Beförderung wahrer christlicher Heilserkenntnis und Gottseligkeit.* Heft 3. Bern 1849, 71–120.

In Blumhardts Augen ist Krankheit, „rein biblisch“ betrachtet, nicht bloß „äußerlich“ (medizinisch) zu erklären, etwa als Disposition zu einer bestimmten Erkrankung. Wer tiefer grabe, finde in der Schrift, „daß die *Sünde* oder die sündliche Natur des Menschen die Ursache der Krankheit ist“. Seine Ansicht, Krankheit sei „teils unmittelbare Folge der Sünde, teils direkte Strafe von Gott für dieselbe“,[474] sieht er durch zahlreiche, vor allem alttestamentliche Bibelstellen bestätigt, etwa Ex 15,26[475] und Lev 26,14–16.[476]

Später versteht er sich zu einer Modifikation seiner These. Als eine Frau infolge einer Geburt stirbt, tröstet Blumhardt den Ehemann, er sei ja dem Gebot Gottes Gen 1,28[477] gefolgt, solle sich also nicht selbst anklagen: „Fassen Sie’s nicht als Strafe auf, nimmermehr als Strafe, was der HErr gethan hat.“[478] Dem Verleger Liesching erklärt er am 5. Oktober 1865: „Eine Schrift: ‚Jede Krankheit eine Folge der Sünde‘ habe ich nicht geschrieben. So eckig trete ich nicht auf.“[479]

Wie bereits angedeutet, beschränkt Blumhardt den Zusammenhang von Krankheit und Sünde nicht auf die individuelle Beziehung zu Gott. Die weltweite Dimension eines Kampfes zwischen dem finsteren Reich Sa-

474 Brief Nr. 21; Blumhardt, *Verteidigungsschrift,* 190 f. Vgl. Donald W. Dayton, *Theological Roots of Pentecostalism.* Peabody/Mass.: Hendrickson Publishers [5]2004, 121.

475 „Wirst du der Stimme des Herrn, deines Gottes, gehorchen und tun, was recht ist vor ihm [...], so will ich der Krankheiten keine auf dich legen, die ich auf Ägypten gelegt habe; denn ich bin der Herr, dein Arzt.“

476 „[14] Werdet ihr aber mir nicht gehorchen und nicht tun diese Gebote alle [...], [16] so will ich euch auch solches tun: ich will euch heimsuchen mit Schrecken [*Blumhardt ergänzt in Verteidigungsschrift*, 192: „etwa mit schreckhaften Nerven“], Darre und Fieber, daß euch die Angesichter verfallen und der Leib verschmachte“.

477 „Seid fruchtbar und mehret euch und füllet die Erde und machet sie euch untertan.“

478 An den Freiherrn von Ziegesar 7.6.1864; Blumhardt, *Briefe* 5, 375 f.

479 *Briefe* 6, 306.

tans und dem Reich Gottes, dem württembergischen Pietismus vor allem durch Johann Albrecht Bengel[480] vermittelt, steht ihm seit der Kindheit vor Augen. Sein Vater, erzählt er im „Entwicklungsgang" von 1830,[481] „zog einmal uns, seine Kinder, zu sich nach dem Stuhle hin, auf dem er saß, erzählte uns, was für böse antichristliche Zeiten kommen werden, und ermahnte uns endlich ernsthaft: wir sollen uns lieber den Kopf abschlagen lassen als Christum verläugnen."

Am Krankenbett der Gottliebin Dittus wird Blumhardt Zeuge krampfartiger Bewegungen, die er als Ausfahren von Geistern deutet. Ebenso unkritisch nimmt er ihr Reden in fremden Stimmen für tatsächliche Äußerungen Verstorbener, gefangen in einer von Satan beherrschten Geisterwelt. Das Austreten von Nägeln und anderen Metallstücken aus dem Körper der Kranken wird in den gleichen Deutungszusammenhang gebracht. So formuliert Blumhardt als „Ergebnis vieler Erfahrungen und Beobachtungen und beständigen Nachdenkens über die seltsamen Erscheinungen" eine regelrechte Dämonologie. Die sündliche Natur des Menschen, die sich – manifestiert etwa in Zauberei- und Fleischessünden – Gottes Geboten widersetzt, sei eine Abgötterei, die im Leben wie nach dem Tod zu einer dämonischen Gebundenheit führe. Sogar eine im satanischen Reich bestehende Hierarchie will Blumhardt in den Äußerungen der „Geister" erkannt haben.[482]

Dass seine Dämonologie von der Bibel nicht gedeckt wird, ist ihm bewusst. Altes wie Neues Testament reden zwar von Götzendienst und Zauberei, vermeiden aber eine schärfere Konturierung der unsichtbaren Welt.

---

480 Vgl. Bengel, *Briefwechsel* 2, 20–27.

481 Blumhardt an Missionsinspektor Christian Gottlieb Blumhardt. Dürrmenz 2.8.1830 (Blumhardt, *Briefe* 1, 205–211, hier 209), der sogenannte „Entwicklungsgang".

482 Siehe oben Nr. 7; vgl. Ising, *Blumhardt Leben und Werk*, 161–165.

Dem Freund Dieterlen schreibt Blumhardt 1850, vieles von dem, was er „als sichere historische Wahrheit“ in der *Krankheitsgeschichte* berichtet habe, finde sich „nicht gerade ausdrücklich“ in der Schrift. Jedoch sei es die Aufgabe derer, „die treu dem Herrn dienen wollen“, dieses „schandbare Geheimniß“ aufzudecken.[483] Die Problematik einer fortschreitenden Offenbarung, als deren Vertreter sich Blumhardt sieht, liegt auf der Hand. Nicht der Auslegung der Bibel, sondern dem Hineinlegen eigener Vorstellungen sind Tür und Tor geöffnet.

Bekehrung – Heilung – Reich Gottes

Seinem Verständnis von Krankheit entsprechend ist Heilung für Blumhardt verbunden mit Vergebung, mit der „Aufhebung des Fluchs der Sünde und Wiederaufnahme des Menschen von Seiten Gottes“. Dies geschieht durch Buße, Bekehrung und Absolution.[484]

Der Heilung der Gottliebin Dittus[485] – einer Heilung, die Blumhardt als Folge einer besonders dramatischen Bekehrung versteht – folgt eine Erweckung des ganzen Dorfes, dokumentiert in Blumhardts Briefen seit 1844,[486] in seinen *Mitteilungen* und der *Verteidigungsschrift,* ergänzt durch Berichte von Augenzeugen wie Friedrich Zündel.[487] Die im Wohnzimmer der Familie Blumhardt wartenden Mitglieder seiner Gemeinde, aufgewühlt durch das, was vom „Kampf“ nach außen gedrungen ist, und bereit zur Buße, legen im Arbeitszimmer des Pfarrers unter vier Augen Bekenntnisse ab.

483 Brief Nr. 42.
484 *Blätter aus Bad Boll* 1874, 347.
485 Nr. 8 mit Anm. 71; vgl. Ising, *Blumhardt Leben und Werk,* 159 f. 169.
486 Unter anderem Nr. 10–15. 29.
487 Zündel, *Lebensbild,* 164–213. Vgl. Ising, *Blumhardt Leben und Werk,* 170–183.

Es ist ein schmerzlicher und dann befreiender Prozess der Selbsterkenntnis, der ihnen von Blumhardt abverlangt wird, ein geistlicher Neuanfang, der das Ablegen frommer Halbheiten einschließt und die Bereitschaft, das Leben ohne Rückhalt nach dem Wort Gottes zu gestalten.

Dass dieser Prozess durchlaufen wird, ist für Blumhardt in der Regel die Vorbedingung für eventuelle Heilungen. „Mein Hauptbestreben ist, Leute zu bekehren, [...] wie denn Niemand geheilt wird, der nicht gründlich bekehrt wird.“[488] Auch ein Brief an Christoph Dieterlen macht die Dominanz der Bekehrung deutlich:[489] „Stets muß ich auf den Anfang meiner Geschichte zurückkehren. Dieser ist nicht eigentlich die Heilungsgeschichte, denn diese gehörte in die Stille, sondern die Bekehrung meiner Gemeinde. Da wurden die Leute durch Buße und Glauben hindurchgeführt, noch ehe ich daran dachte, irgendwie Heilkräfte zu haben. Was waren dabei meine leitenden Grundsätze? Keine andern, als die ich von Kind auf gelernt hatte, die ich nach reformatorischer Art aus der Schrift mir gesammelt hatte.“

Allerdings hat Blumhardt Grund, sein Reden von Bekehrung zu präzisieren. Zwar geht es ihm um aufrichtige Selbsterkenntnis; er grenzt sich jedoch gegen Vorstellungen ab, eine echte Bekehrung müsse mit qualvollen und langdauernden Bekehrungskämpfen verbunden sein.[490] Die Folgen solcher Missverständnisse hat er vor Augen und warnt eindrücklich davor, „weil sie alle Wirkungen der Taufe, alle bei dieser gegebenen Zusagen, alle bisherigen Gnadenleitungen des heiligen Geistes, die bei Getauften, besonders wenn

488 Brief Nr. 29.

489 Blumhardt an Dieterlen 7.4.1858 (*Briefe* 5, 165 f.).

490 Vgl. Markus Matthias, *Bekehrung und Wiedergeburt;* in: GdP 4, 49–79, hier 58–65.

sorgfältige Erziehung dazu kommt, nie ganz ausbleiben können, geradezu zu einer Null macht – diese Vorstellung, sage ich, hat schon vielen Schaden gebracht, viele Seelen irre geführt und in beständiger Selbstqual bis zum Wahnsinn erhalten [...]. Daher können sogenannte Bekehrte, die diesen Weg gegangen sind, hintennach etwas ungemein Widriges, Stolzes, Hochfahrendes, Selbstgefälliges, Hartes, Wegwerfendes in ihrem ganzen Wesen bekommen [...]. Der HErr hat den Weg zur Christenfreude den armen Menschen nicht so sauer machen wollen."[491]

Die ersten Heilungen, die 1844 in seiner Gemeinde auftreten, haben Blumhardt überrascht. Bei der mit Handauflegung verbundenen Absolution geht eine Kraft von ihm aus, „die vorzüglich fast wunderbar auf die Gemütsberuhigung wirkte und unbemerkt auch eine Wirkung auf die Gesundheit hervorbrachte. Es vergingen etliche Wochen, ehe ich letzteres wahrnahm."[492] Mit der Zeit erkennt er, dass Gott auch die Bitten „vieler Sünder" ansehe, „wenn sie in der Buße und Demuth" um Heilung bitten, und sie ohne Sündenvergebung gesund mache nach Lk 6,35, weil „er ja gütig ist gegen die Undankbaren und Boshaftigen".[493] Dass das Schema Buße – Bekehrung – Absolution – Heilung aus der ersten Zeit der Möttlinger Erweckung nicht immer durchzuhalten ist, wird ihm erst recht bewusst, als sich die Bewegung ausbreitet und er eine große Zahl Auswärtiger vor sich hat, so dass er aus Zeitmangel und Rücksicht auf das Amt fremder Pfarrer ein ausführliches seelsorgerliches Gespräch mit Absolution unterlassen muss. Die Fremden besuchen Blumhardts Gottesdienste und müssen

---

491 *Morgen-Andachten* 1865, 361 (auch in: Blumhardt, *Briefe* 6, 194 f.). Vgl. Blumhardt an Goldschmid 15.11.1869 (*Briefe* 5, 517).
492 *Verteidigungsschrift*, 211.
493 *Blätter aus Bad Boll* 1874, 347.

sich oft mit einem kurzen Händedruck begnügen. Auch hier stellen sich Heilungen ein, ebenso bei Kindern und Säuglingen, die zu einem geistlichen Neuanfang noch nicht in der Lage sind.[494]

Aber es bleibt dabei: In der Regel sind Bekehrung und Heilung miteinander verbunden, wobei der Bekehrung, dem geistlichen Neuanfang, eine primäre Bedeutung zukommt. Die Heilung von Krankheiten ist kein Automatismus, sondern eine zusätzliche Gnadengabe Gottes. Sie kann sich ereignen oder auch nicht. Ist eine Heilung nicht festzustellen, sieht Blumhardt dennoch sein Ziel erreicht, etwa als ein junger Mann, lungenkrank und vom Arzt aufgegeben, in Möttlingen die rasche Heilung seines Leidens erhofft. Blumhardts Predigt trifft ihn im Innersten; gedrückt sucht er das seelsorgerliche Gespräch. Die Krankheit spielt keine Rolle mehr. Er verlässt Blumhardt erleichtert und verwandelt. „Er war wie ein Engel unter uns", sagen seine Freunde. Zu Hause geht er mit neuer Kraft an die Arbeit, ist einige Zeit gesund. Nach zwei Jahren stirbt er.[495]

Auch wenn Krankheiten geheilt werden, behält die Heilung ihren sekundären Charakter. Eine gelähmte Frau hört Blumhardts Predigt über Lk 19,2–10. Es geht um den Zöllner Zachäus, dem vergeben wird und der seine Betrügereien wieder gutmacht. Der Kranken kommt es vor, als habe der Pfarrer nur für sie gepredigt; sie bittet um ein Gespräch und schüttet ihr Herz aus, nicht wegen der Krankheit. Nachmittags kommt ihre Betreuerin in heller Aufregung und ruft unter Tränen: „Herr Pfarrer, Sie müssen nicht erschrecken – sie läuft!"[496]

---

494 Etwa bei Blumhardts Sohn Theophil (Brief Nr. 6) oder dem Mädchen mit einem Obstkern im Ohr (Nr. 36).

495 Zündel, *Lebensbild*, 216 f.

496 Zündel, *Lebensbild*, 217 f.

Im ersten Überschwang der Möttlinger Erweckung neigt Blumhardt dazu, die Gebetsheilungen und das Vertrauen auf die ärztliche Kunst gegeneinander auszuspielen. Gott solle allein die Ehre haben, schreibt er 1844 an Barth: „Das Rathen und Schwindeln der Doctoren und Gott dazu ist doch gewiß nicht ganz richtig, wenn das ein vom Glauben Lebender zusammenfügen will.“[497] Kritik an manchen von Ärzten verwendeten Arzneimitteln kommt hinzu; hier würden „Mineralien, Gift und eckelhafte Thierstoffe“ eingesetzt.[498] Er bleibt bei seiner Überzeugung, „daß die eigentliche Heilkraft weder in der Geschicklichkeit des Arztes noch in irgendeinem Naturmittel liegt, sondern entweder allein und unmittelbar von oben kommt [...] oder nach einer ursprünglichen Anordnung des Schöpfers in der Selbsttätigkeit der eigenen Natur des Menschen liegt“.[499]

Diese schroffe Entgegensetzung verschwindet im Laufe der Jahre. Blumhardt kommt zu der Erkenntnis, man könne nicht alles „mit Gebet erzwingen“. Den Ärzten habe Gott – etwa bei einem Fall von Brustkrebs – auch „etwas gegeben [...] zur Mithülfe, was namentlich bei äußeren Uebeln der Fall ist, bis der HErr mehr Gaben und Wunder des Geistes giebt“.[500] Das Entweder-Oder wird in der eschatologischen Perspektive, der Hoffnung auf eine neue Ausgießung des Heiligen Geistes, überwunden.

Somit hat auch der Zusammenhang von Vergebung und Heilung neben der individuellen eine weltweite Dimension. Die unerwartete Konfrontation mit den Ereignissen des Möttlinger „Kampfes“ hat für Blumhardt zunächst die finstere Seite in den Vordergrund treten

497 Brief Nr. 21.
498 Brief Nr. 28; vgl. Nr. 27 mit Anm. 165.
499 *Verteidigungsschrift*, 195.
500 Blumhardt an Siebel 5.5.1860 (*Briefe* 5, 217). Vgl. Brief Nr. 61.

lassen, das Erschreckende, das er verstehen will und in eine Lehre vom dämonischen Reich einordnet. Im Verlauf der Möttlinger Erweckung werden ihm jedoch die biblischen Verheißungen (etwa Joel 3,1–5 und Lk 17,24) immer wichtiger, dass die Macht der „finsteren Kräfte" zu Ende geht und einer neuen Geistausgießung über die ganze Welt Platz machen muss, worauf die Wiederkunft Christi eintritt.[501] Der Akzent wandert auf das Werden des Reiches Gottes. Die Möttlinger Ereignisse sind für Blumhardt nur ein Vorzeichen der nahe bevorstehenden weltweiten Bekehrung, des „Rennen und Jagens zum Reich Gottes".[502] Dann werden „die ersten Gaben und Kräfte" wiederkommen,[503] der einst über die Apostel ausgegossene Pfingstgeist, der eine neue Ursprünglichkeit des Glaubens und Heilungswunder bewirkt, wie sie die Apostelgeschichte berichtet. Als er seit 1850 Nachrichten von Heilungen in der Ferne erhält, sieht er seine Hoffnung auf eine weltweite Dimension bestätigt.[504]

Seine Gegenwart versteht er nach Apk 13 ff. als Zeit, in der sich Christen zu bewähren haben angesichts der Verführungen des Satans. Das finstere Reich, grundsätzlich durch Christi Auferstehung überwunden, liegt in den letzten Zügen. Seine Macht hat es noch nicht völlig verloren und wird, so fürchtet Blumhardt, bei der Geistausgießung noch einmal aufleben. Dies wird je-

---

501 Brief Nr. 40 mit Anm. 270 f.

502 Nr. 40.

503 Nr. 11.

504 Siehe unten Nachwort, 249 f. Zum Themenkomplex Krankheit – Heilung – Theologie der Hoffnung siehe auch Christoffer H. Grundmann, *„Die biblische Wahrheit ist, ... dass das Evangelium eine Kraft Gottes ist, die Übel der Seele und des Leibes wegzunehmen". Das Vermächtnis Joh. Chr. Blumhardts für den Heilungsauftrag der Kirche;* in: BWKG 106 (2006), 137–160; Gerhard Sauter, *Johann Christoph Blumhardt als Theologe der Hoffnung. Seine Erwartung des Reiches Gottes und seine Zuversicht für den Weg der Christenheit;* in: BWKG 106 (2006), 77–102.

doch die „lezte Trübsalszeit“ sein.[505] Blumhardt hält an seiner Dämonologie fest, wenn auch nur als Auslaufmodell. In der seelsorgerlichen Praxis erwähnt er sie nicht.[506]

Sein Verhältnis zur Apokalyptik Johann Albrecht Bengels ist ambivalent. Einerseits hält Blumhardt nicht viel von dessen endzeitlichen Berechnungen, die den Beginn des ersten Tausendjährigen Reiches Christi auf das Jahr 1836 voraussagen, und unterscheidet sich damit von vielen Zeitgenossen des Erweckungspietismus im frühen 19. Jahrhundert.[507] Andererseits lässt sich Blumhardt vom Scheitern der Bengelschen Berechnungen nicht in eine neue Innerlichkeit der Reichgotteserwartung führen – wiederum im Widerspruch zu den meisten seiner pietistischen Zeitgenossen.[508] Hier bleibt er Bengel treu, indem er die weltweite Dimension seiner Hoffnung festhält, die, wenn auch nicht 1836, so doch in Kürze sich erfüllen werde.

Die Heilungen

Kam bisher die theologische Grundlegung von Blumhardts Seelsorge zur Sprache, so soll jetzt die Seelsorgesituation in Möttlingen und Bad Boll ins Auge gefasst werden, verbunden mit Beispielen aus der überbordenden Zahl von Heilungen. Unter welchen Umständen er als Seelsorger zu arbeiten hat, welche Krankheiten geheilt werden – und welche nicht –, diese Erfahrungen

---

505 Nr. 40.

506 Unbeschadet seiner Überzeugung, dass er es mit dämonischen Einflüssen zu tun habe, betont er: „Seien also meine Grundsätze, welche sie wollen, so hört und sieht man bei mir gar nichts Anderes, als was einem jeden Seelsorger nach seinem evangelischen Bekenntnisse zusteht und wie man's überall hört und sieht. Was ich aber im Hintergrund denke, achte ich für zollfrei“ (Blumhardt an Bardili 16.8.1853; *Briefe* 5, 41).

507 Vgl. Brief Nr. 40 mit Anm. 272.

508 Vgl. Kannenberg, *Der württembergische Erweckungspietismus,* 150.

nötigen Blumhardt wiederholt zur Veränderung seiner Krankheits- und Heilungstheorie, wie etwa sein Verhältnis zu den Ärzten zeigt.

Von Anfang an ist seine Seelsorge von Zeitnot geprägt. Zu Beginn der Erweckung widersteht er dem Druck und nimmt sich trotz vieler wartender Beichtwilliger die Zeit zum Hören, Ermahnen, Nachfragen und zu förmlicher Sündenvergebung. Das ändert sich, als nahezu alle Möttlinger seine Einzelseelsorge durchlaufen haben und der Ansturm der Auswärtigen einsetzt. Tausende sollen es an manchen Tagen gewesen sein.[509] Dem Einzelnen kann er sich gar nicht oder nur in äußerster Kürze widmen; manchmal kommen die Ratsuchenden in Gruppen zu ihm. Jetzt erweist sich Blumhardt als „Feind des Wortemachens“[510] und verweist die Menschen auf seine Gottesdienste. Diese aus der Not geborene Kürze beruht auf der Überzeugung, Gott sei der eigentlich Handelnde in der Seelsorge, nicht der Seelsorger; dieser habe das Gebet des Heilungsuchenden nur zu begleiten. Die eigentliche seelsorgerliche Handlung sei nicht das Gespräch, sondern das Gebet. Auch hier stellen sich Heilungen ein. In Bad Boll hält Blumhardt an diesen Grundsätzen fest.[511]

Mit welchen Krankheiten haben sich Menschen an Blumhardt gewandt? In welchen Fällen ist eine Besse-

---

509 Eugen Jäckh (*Blumhardt Vater und Sohn und ihre Botschaft.* Berlin [1925], 46) berichtet, am Karfreitag 1845 seien 176 Ortschaften durch Besucher in Möttlingen vertreten gewesen. An einem Pfingstfest habe die Dorfjugend die Abreisenden gezählt; es waren 2000. – Christoph Ernst Luthardt, der als Student Möttlingen im September 1844 besucht, hört von Blumhardt, manchmal seien etwa 5000 Leute zu seinen Predigten erschienen (Luthardt, *Erinnerungen aus vergangenen Tagen;* in: *Allgemeine Evangelisch-Lutherische Kirchenzeitung* 18 [1885], 808). Man versammelt sich außen um die Kirche herum; schließlich reicht auch hier der Raum nicht mehr aus (Brief Nr. 14 mit Anm. 106).

510 Blumhardt an Bardili 16.8.1853 (*Briefe* 5, 40).

511 Siehe oben Anm. 366. Vgl. Ising, *Blumhardt Leben und Werk,* 182 f. 275–277. 356–361.

rung oder gar Heilung überliefert? In welchen Fällen nicht? Dass exakte medizinische Aussagen über eineinhalb Jahrhunderte zurückliegende Krankengeschichten schwierig sind, zumal angesichts der unscharfen Terminologie, derer sich die Quellen bedienen, ist unbestritten. Aber Blumhardts Briefe seit 1844, seine *Mitteilungen* und die *Verteidigungsschrift* machen, was die Tatsächlichkeit einer Besserung oder Heilung angeht, einen glaubwürdigen Eindruck. Sie sind in zeitlicher Nähe zu den Ereignissen verfasst, was eine Sagenbildung ausschließt, und sie nehmen kein Blatt vor den Mund, wenn eine erhoffte Heilung nicht eingetreten ist.[512] Berichte von Augenzeugen, etwa von Friedrich Zündel und anderen Möttlinger und Bad Boller Besuchern, kommen hinzu.

In der Regel wenden sich Menschen an Blumhardt, an denen die ärztliche Kunst jener Zeit gescheitert ist. Es sind Verzweifelte, die Möttlingen und Bad Boll als letzten Rettungsanker betrachten, Menschen in einer Grenzsituation, in besonderer Weise aufgeschlossen für einen geistlichen Neuanfang. Blumhardt gibt an, es seien „vorzugsweise Geisteskranke und Epileptische", aber auch zahlreiche körperlich Erkrankte.[513]

Später präzisiert er den Begriff „geisteskrank"; er meine „gedrückte Gemüther, Menschen, die weder die Kraft zu ihrer Erhebung in sich noch Trost in und außer sich finden". Es sind angefochtene Personen, Menschen in einer Lebenskrise, deren Situation sich in seelischen Leiden bis hin zur Schwermut äußert. Anders als „Wahnsinnige und Tobsüchtige" sind sie Blumhardts seelsorgerlichen Bemühungen zugänglich.[514] Als

512 Vgl. Ising, *Blumhardt Leben und Werk,* 183–200. 280–295.
513 Brief Nr. 27.
514 Nr. 50.

eindrückliche Fälle, die unter Blumhardts Gebet Heilung erfahren haben, lassen sich das „Altbacher Mariele“ oder der schwer verhaltensgestörte Johannes Erath nennen,[515] ferner der von quälenden Vorstellungen verfolgte George Münsinger.[516] Die gemütskranke Prinzessin Luise von Preußen findet dagegen in Möttlingen keine Heilung; „sie hatte keine Ohren für die Wahrheit“.[517]

Die Gruppe der leiblich Kranken, die bei ihm Hilfe suchen, umschreibt Blumhardt, ohne auf mögliche Zusammenhänge von seelischer und körperlicher Erkrankung einzugehen, als Menschen, „die ein Uebel an sich haben, das sie irgendwie für das gewöhnliche Leben unfähig macht“. In diesem Brief zählt er die Leiden auf:[518] Gliederweh, Rheumatismen in Armen und Füßen oder im Rücken, Brustbeklemmungen, kurzer Atem, Magenbeschwerden, Unterleibskrankheiten, Nervenleiden, Krämpfe aller Art, unheilbare Wunden, Hautkrankheiten, ferner Sehbehinderungen oder Blindheit, Taubheit, Stummheit, partielle Lahmheit, Bettnässen, Schwierigkeiten beim Wasserlassen, „Brüche“ (wohl: Leistenbrüche), gynäkologische Beschwerden.

Welche in dieser Aufzählung genannten körperlichen Leiden beschreibt Blumhardt im Bericht an die vorgesetzte Behörde als geheilt? Es fällt auf, dass sich die Heilungen nicht schematisch ereignen – etwa: Alle Krankheiten vom Typ A sind heilbar, alle Leiden vom Typ B dagegen nicht –, sondern eher in zufälliger Weise, was den Geschenkcharakter von Heilung unterstreicht. Blumhardt kann lediglich angeben, bei welchen Leiden

---

515 Briefe Nr. 49. 66.
516 Nr. 23.
517 Nr. 37 mit Anm. 252 f.
518 Blumhardts Antwort auf Fragen seiner vorgesetzten Behörde, verfasst vor dem 29.10.1845 (siehe oben Nr. 27). Die Reihenfolge der genannten Krankheiten ist beibehalten.

er häufiger Heilungen feststellt und welche Krankheiten sich nur selten heilen lassen. Zu den letzteren gehören der „schwarze Star", ferner eine von Geburt an bestehende Erblindung oder Taubheit. Dagegen kann er beim grauen Star (Linsentrübung) von Heilungen berichten, auch bei einem erblindeten Kind „mit weißen Tupfen in den Augen".[519] Der sehbehinderte Student Theodor Haug, dessen Augen kein Licht ertragen, kann nach zwei Tagen Aufenthalt in Möttlingen wieder ungehindert lesen und schreiben.[520] Weitere Heilungen oder zumindest deutliche Besserungen von Augenleiden sind überliefert.[521] Für den Bereich der rheumatischen Leiden ist als prominentes Beispiel Eduard Mörikes Aufenthalt in Möttlingen zu nennen; die Besserung hält zumindest einige Jahre an.[522] Die früh einsetzende Taubheit von Gottliebins Sohn Theophil (Dodo) Brodersen besteht dagegen weiter trotz der Gebete Blumhardts, der auch Ärzte hinzuzieht.[523]

Bereits 1843 kann er berichten, dass sein neugeborener Sohn Theophil von Erbrechen und heftigen Durchfällen, verbunden mit Krämpfen und lebensbedrohlicher Erschöpfung, durch Gebet befreit wurde.[524] Blumhardts Frau Doris leidet im Dezember 1844 als Folge innerer Verletzungen, die sie sich bei einem Sturz zugezogen hat, an Fieber, Krämpfen, Beklemmungen und Atemnot, welche sich bis zum Stillstand von Puls und Atem steigern. Ihr Mann wagt „ein großes Wort im Namen JEsu" und haucht ihr etliche Mal in den Mund. „Dann schöpfte sie plötzlich aus tiefster Tiefe Athem,

519 Nr. 27 mit Anm. 164.
520 Brief Nr. 37 mit Anm. 255.
521 Nr. 54, Anm. 391. 393.
522 Nr. 36. Vgl. die Heilung von Gehbeschwerden bei Julie Krauß (Nr. 52, Anm. 366) und Theodor Brodersen (Nr. 52, Anm. 373).
523 Nr. 66.
524 Nr. 6.

schlug die Augen auf, und ich hatte sie wieder."[525] Gottliebin Dittus erkrankt im August 1845 an „einer Art Wassersucht" und erbricht geronnenes Blut. Herzbeschwerden stellen sich ein, verbunden mit völliger Erschöpfung. Man erwartet ihren Tod. Blumhardt betet; in „weniger als 5 Minuten" tritt die Besserung ein. „Nur Mattigkeit war noch da."[526] Magen- und Darmblutungen der Maria Magdalena Rapp verschwinden nach wiederholten Besuchen in Möttlingen, was ein ärztliches Gutachten bestätigt.[527] Ein Magenleiden von Doris Blumhardts Mutter Maria Köllner erweist sich dagegen als nicht heilbar und führt zum Tod.[528] Auch Gottliebin Brodersen stirbt nach langer ärztlicher Behandlung eines Magen- und Nierenleidens 1872 an Magenkrebs. Blumhardt hat die Nichterfüllung seiner Gebete in diesem Fall als besonders schmerzlich empfunden.[529]

Auch eine Heilung der von ihm in einem Atemzug mit Geisteskrankheiten genannten Epilepsie[530] tritt selten ein, was er als Zeichen der noch wirksamen „finsteren Mächte" deutet, als ein Stocken im erhofften Fortschreiten des Reiches Gottes. Der Tod des geliebten Pflegesohns Hermann Ergenzinger, der 1847 nach einer Reihe heftiger Anfälle stirbt, wirkt lange nach.[531] Später werden, allerdings in wenigen Fällen, Heilungen Epileptischer berichtet, die Blumhardts Sprechstunde aufgesucht haben.[532]

---

525 Brief Nr. 20; vgl. Nr. 16.
526 Nr. 26.
527 Nr. 31, Anm. 206.
528 Nr. 25.
529 Nr. 60. 64.
530 Nr. 27.
531 Nr. 33.
532 Nr. 28 mit Anm. 172.

Seit 1849 bekommt er Briefe „von allen Ständen [...], aus allen Ländern um uns her um Fürbitte für dieses und jenes".[533] Erste Berichte über Heilungen in der Ferne datieren aus dem Frühjahr 1850, etwa im Briefwechsel zwischen Blumhardt und Tillmann Siebel im siegerländischen Freudenberg, veröffentlicht in der Edition von Blumhardts *Briefen*, wozu Thomas Ijewski kürzlich die wieder aufgetauchten Gegenbriefe Siebels an Blumhardt beigesteuert hat. Siebel bittet um Fürbitte für Kranke und zählt anschließend die Gebesserten oder Geheilten namentlich auf.[534] Dass auch Menschen geholfen wird, die nicht zu ihm nach Möttlingen kommen, überrascht Blumhardt; er nimmt es als Zeichen einer neuen Entwicklung im Reich Gottes. Es beginnt eine immer umfangreicher werdende Briefseelsorge. Menschen nicht nur aus Württemberg und dem benachbarten Baden, auch aus dem Elsass, Preußen, Sachsen, Bayern bis hin nach Holland, Norwegen und Russland wenden sich an ihn. Ihre Dankbriefe sind für Blumhardt „Reichsbriefe des Herrn". Die meisten Anfragen und Dankbriefe – abgesehen von der Korrespondenz mit Siebel – haben sich nicht erhalten; manchmal gibt Blumhardt Freunden einen kurzen, anonymisierten Bericht.[535]

Das Problem, exakte medizinische Aussagen über eineinhalb Jahrhunderte zurückliegende Krankengeschichten zu machen, verschärft sich in diesem Fall. Ein dankbarer Brief aus der Ferne ist mit noch mehr Ungenauigkeiten behaftet als die Möttlinger und Bad Boller Berichte. Dennoch geben die zahlreichen Dankbriefe zu verstehen, dass – in welcher Form auch immer – eine

533 Blumhardt an Otto Hermann 28.12.1849 (*Briefe* 3, 432 f.).
534 Siehe oben Brief Nr. 39 mit Anm. 261. 263.
535 Nr. 45, Anm. 311.

Besserung oder Heilung erfolgt ist.[536] Ein Fall unter vielen ist eine Frau aus Berlin, die sich 1853 wegen heftiger Schmerzen im Ohr an Blumhardt wendet und anschließend mitteilt, seit seiner Fürbitte breite sich das „Gewächs" im Ohr, das die Schmerzen verursacht habe, nicht weiter aus.[537]

In späteren Jahren bedient sich Blumhardt auch moderner Kommunikationsmittel. Bad Boll wird Telegraphenstation, und nun kann er umgehend auf Hilferufe antworten, die keinen Aufschub dulden. Ein Kind ist nach der Geburt schwer erkrankt; ein Mädchen hat nach einem Beinbruch entsetzliche Schmerzen; eine Frau weiß bei ihren immer wiederkehrenden Anfällen keinen Rat mehr. Die Betreffenden sollen anschließend von Besserung oder sogar Heilung berichtet haben.[538] Nach Angaben Friedrich Zündels liefen 1879 in Bad Boll „(mit Einschluß der Geschäfts- und Familiendepeschen) ungefähr 1500 Telegramme ein".[539]

Sein Beharren auf dem Gebet um Heilung, das er, bedrängt durch Angriffe von vielen Seiten, in der Hoffnung auf bedeutende Entwicklungen im Reich Gottes spricht, bekräftigt Blumhardt gegenüber Otto Hermann: „Innerlich erstarkt Alles, und zwar so gut, daß man seiner Zeit wohl merken wird, wer der HErr ist. Ich gewinne immer größere Zuversicht, daß zulezt alle Krankheiten, auch alle Sinnengebrechen, müssen geheilt werden. Aber durch Geduld und Glauben gehts; und rückwärts gehe ich nicht mehr – nein, das nicht."[540]

536 Vgl. Ising, *Blumhardt Leben und Werk*, 192 f. 285–287.
537 Blumhardt an Dieterlen 3.12.1853 (*Briefe* 5, 63).
538 Zündel, *Lebensbild*, 478.
539 Zündel, 477 f.
540 Brief Nr. 32.

Kritik an Blumhardts Verständnis von Krankheit und Heilung

Die zuletzt genannten Hoffnungen Blumhardts werden von seinem Sohn Christoph,[541] dem berufenen Mitarbeiter und engen Vertrauten seines Vaters, geteilt. Dieser, so Christoph, „hatte keine Gedanken, die er mit mir nicht durchgesprochen hätte, und kein Erlebnis in seinen zwei letzten Jahrzehnten, das ich nicht mit erlebt hätte".[542] Als Christoph Blumhardt 1880 die Leitung Bad Bolls übernimmt, wird von Heilungen berichtet, die sich auch unter seinem Gebet ereignet haben.[543]

Allerdings kritisiert er die vom Vater durchgehaltene Überzeugung, auch nach dem Geschehen um Gottliebin Dittus weitere Kämpfe mit der Finsternis führen zu müssen, wobei das „Gebiet der Finsternis" (in Gestalt einer detaillierten Dämonologie) mit den Themen Krankheit und Heilung verknüpft wurde. Hier hätte er, so Christoph Blumhardt, das Wichtige von „Nebenerscheinungen" trennen sollen. „War in Möttlingen eine Geschichte des Lichts, eine Geschichte des HErrn Jesu, oder eine Geschichte der Finsterniswelten? Das Erstere war die eigentliche Begebenheit, und diese hat sich lebendig erwiesen, sonst stünde Bad Boll nicht mehr. Das Andere ist vergangen und soll in Vergessenheit geraten wie die Nacht, wenn die Sonne aufgeht."[544]

---

541 Brief Nr. 19, Anm. 128.

542 Christoph Blumhardt an Dr. Boelcke 26.2.1912 (LKA Stuttgart, D 34, Nr. 36.5).

543 *Erinnerungen von Johannes Weissinger;* in: Christoph Blumhardt, *Ansprachen, Predigten, Reden, Briefe 1865–1917. Neue Texte aus dem Nachlass,* hg. von Johannes Harder, Bd. 3. Neukirchen 1978, 202–204.

544 Christoph Blumhardt an Dr. Boelcke 26.2.1912. Vgl. Simeon Zahl, *Pneumatology and Theology of the Cross in the Preaching of Christoph Friedrich Blumhardt. The Holy Spirit Between Wittenberg and Azousa Street.* London/New York 2010, 31 ff.

Bereits 1845 wird Johann Christoph Blumhardts Dämonologie vom Althengstetter Pfarrer Ludwig Friedrich Schmid als „unbiblische übertriebene Ausdehnung dämonischer und diabolischer Wirksamkeit" abgelehnt, allerdings in einer Schroffheit, die eine weitere Diskussion unmöglich macht.[545] Die Kritik weiterer Pfarrerkollegen, etwa des befreundeten Christian Gottlob Barth, geht in diese Richtung. Diese stellen außerdem Blumhardts Überzeugung in Frage, die Erweckungen und Heilungen seien das Vorspiel weltweiter Entwicklungen im Reich Gottes.[546] Eine Veröffentlichung des von Barth dominierten Calwer Verlagsvereins, das *Handbuch der Bibelerklärung,* bezweifelt 1850 unter Anspielung auf die Möttlinger Ereignisse, dass die Absolutionskraft und das Auftreten von Heilungswundern in der apostolischen Zeit auch noch in der Gegenwart, der „ordentlichen Kirchenzeit", wirksam seien.[547] Einige Pfarrer sind auf Blumhardts Seite, unter ihnen Otto Hermann.[548]

Die Kirchenleitung, anfangs vorsichtig zurückhaltend,[549] akzeptiert Blumhardts Behandlung seelisch kranker Menschen, verbietet ihm aber 1846, „die Heilung jeder Art von körperlichen Krankheiten, welchen Entstehungsgrund derselben er auch annehmen mag, in das seelsorgerliche Gebiet hinüberzuziehen, statt die Kranken an den ordentlichen Arzt zu verweisen". Damit geht das Konsistorium über die Stellungnahmen des Innenministers und des württembergischen Königs weit hinaus, die zwar Blumhardts Dämonologie kritisieren, aber konstatieren, seine „Heilversuche" seien „gesetzlich nicht zu verbieten".[550]

545 Brief Nr. 12, Anm. 101.
546 Nr. 11 mit Anm. 93.
547 Brief Nr. 43.
548 Briefe Nr. 30. 32.
549 Vgl. Nr. 15.
550 Nr. 27 mit Anm. 166; Nr. 30; Nr. 31 mit Anm. 198; Blumhardt, *Briefe* 4, 283 f.

Die medizinische Wissenschaft dieser Zeit beobachtet die Heilungen mit Argwohn. Mit wenigen Ausnahmen sind Ärzte nicht bereit, sich ein eigenes Bild von den Vorgängen in Möttlingen und Bad Boll zu verschaffen. Sie stellen diese unter Unsinnigkeitsverdacht, betrachten sie als Erzählungen ohne jeden Wahrheitsgehalt, die keiner ernsthaften Diskussion gewürdigt werden. Mögliche Gefahren für die Patienten werden betont.[551] Als Reaktion auf Blumhardts Gebet für einen Blasensteinpatienten äußert Dr. Späth aus Esslingen, Blumhardt gehöre „nicht auf die Pfarrei Möttlingen, sondern von Rechtswegen in eine berühmte Heilanstalt nahe bei Winnenden".[552] Ganz so weit geht der Arzt und Theologe Ernst Joseph Gustav de Valenti nicht, der 1849 in der Schrift *Die Wunder in Möttlingen* Blumhardt heftig attackiert. Die Ereignisse in Möttlingen seien bloße „Scheinwunder"; der „ordentliche Weg" hätte darin bestanden, körperlich Kranke der Obhut von Ärzten zu überlassen und sich als Seelsorger allein auf Belehrung, Bestrafung und Tröstung zu beschränken. Es gebe zwar einen „außerordentlichen Weg der Wunderheilung", der mit dem Besitz der apostolischen Wundergabe verknüpft sei. Blumhardt habe diese jedoch nicht und sei ein Schwärmer und falscher Prophet.[553]

Die liberale Presse sieht die Möttlinger Heilungen von vornherein als Erzählungen ohne Wahrheitsgehalt. Die Stuttgarter Tageszeitung *Der Beobachter* will mit ihrer Kritik zugleich den Pietismus treffen, dessen Einfluss in der württembergischen Gesellschaft sie bekämpft.[554] Seriöse Recherchen betreibt man nicht. „Der

551 Nr. 31 mit Anm. 205; Nr. 50.
552 Nr. 32 mit Anm. 212. – Winnental, Anstalt für psychisch Kranke.
553 De Valenti, *Die Wunder in Möttlingen* (in: Blumhardt, *Schriften* 1, 301–336, hier 319–322); vgl. Ising, *Blumhardt Leben und Werk*, 233.
554 Brief Nr. 31 mit Anm. 199. 201. 209; vgl. Ising, *Blumhardt Leben und Werk*, 228–231.

Pietismus, diese häßliche Krankheit des menschlichen Geistes, kann blos vom reinsten und lebendigsten Christenthum aus mit Erfolg bekämpft werden. Christenthum ist Gesundheit, Pietismus Krankheit. Christenthum und Pietismus verhalten sich schlechthin exklusiv zu einander. Das Christenthum ist die wahre Religiosität, der Pietismus die falsche."[555]

Ausblick

Die vorliegende Edition konzentriert sich auf das Krankheits- und Heilungsverständnis Johann Christoph Blumhardts. Sie benennt in historischen Quellen geschilderte Ereignisse, die als Besserung oder Heilung von Krankheiten verstanden wurden, und lädt heutige Leserinnen und Leser ein, sich ein eigenes Bild zu machen.

Selbstverständlich darf nicht jedes Wort Blumhardts ungeprüft übernommen werden. Die Konfrontation des Geschilderten mit dem aufgeklärten Wahrheitsbewusstsein ist notwendig und trägt zum heutigen Verstehen bei. Andererseits wird im Fall Blumhardts deutlich, dass eine wissenschaftliche Auseinandersetzung in der Situation des Gesprächs mit den Quellen stattzufinden hat. Ein Gespräch führen heißt Fragen stellen, zuhören, sich der Grenzen des Anderen und der eigenen Grenzen bewusst werden. Kritik verliert den Charakter der Einbahnstraße. Sie kann sich nicht nur gegen die Position des Gesprächspartners richten, sondern auch gegen die eigene.

Es reicht daher nicht aus, sich bei Blumhardt etwa auf das Missbrauchsargument zu beschränken und auf betrügerische Heiler zu verweisen, die mit der Heilungssehnsucht von Menschen ein profitables Spiel spielen. Mit derartigen Deutungsversuchen ist bereits

---

555 *Der Beobachter*, Nr. 333 vom 26.11.1845.

der zeitgenössische *Beobachter* gescheitert. Auch dessen Griff zum Bildungsargument – bei der Mehrzahl der Geheilten habe es sich um ungebildete Menschen gehandelt –, wird den Quellen nicht gerecht. Der Spott des *Beobachters:* „Was kein Verstand der Verständigen sieht, das schauet in Einfalt ein Bauerngemüth“,[556] geht ins Leere.

Das psychologische Argument schließlich nimmt Gebetsheilungen durchaus ernst, interpretiert sie aber ausschließlich als Phänomene der Psychologie und Psychiatrie.[557] Blumhardt habe, wenn auch in den Vorstellungen seiner Zeit verhaftet, im seelsorgerlichen Umgang mit Gottliebin Dittus so etwas wie eine psychotherapeutische Behandlung zuwege gebracht: Er hört die Kranke an, wendet sich ihr zu, kann sich ihren hysterischen Bedürfnissen aber auch verweigern und eröffnet ihr letztlich eine befreiende Perspektive. Diese ernstzunehmende Argumentation leidet allerdings daran, dass sie im Bereich des Psychologischen verharrt, indem sie den Horizont des Unerklärlichen ausklammert. Anders der Psychiater Walter Schulte, dessen Deutung des „Kampfes“ auch ein Licht wirft auf die späteren Möttlinger und Bad Boller Heilungen: „Wenn wir uns die Unbestechlichkeit und Gediegenheit, in der uns die Gestalt Blumhardts erscheint, vor Augen führen, so sträuben wir uns, [...] eine erschöpfende Erklärung abzugeben [...]. Das, was wir [bei Gottliebin Dittus] psychopathologisch fassen können, gehört wohl im

---

556 Brief Nr. 31, Anm. 201.

557 U. a. Gaetano Benedetti, *Blumhardts Seelsorge in der Sicht heutiger psychotherapeutischer Kenntnis;* in: *Reformatio. Zeitschrift für evangelische Kultur und Politik.* Zürich 1960, 474–487. 531–539; Joachim Scharfenberg, Seelsorge als Gespräch. *Zur Theorie und Praxis seelsorgerlicher Gesprächsführung.* Göttingen 1972, 38 f. – Die Vielfalt der Stellungnahmen ist in den Anmerkungen zur *Krankheitsgeschichte* dokumentiert (Blumhardt, *Schriften* 2, 57–119). Vgl. Ising, *Blumhardt Leben und Werk,* 166–169. 188. 284. 356–361.

wesentlichen der Hysterie an. Das ganze Geschehen reicht aber weit darüber hinaus und kann nicht auf den Nenner einer individuellen Krankheit gebracht werden. Wir sehen hier die Grenze der medizinischen Deutbarkeit, und wir maßen uns nicht an, das Geschehen unter Heranziehung von Erfahrungen mit Massensuggestionen, Selbsttäuschungen, Schwindel und Zaubereikunststücken einer vollständigen Erklärung zuzuführen, bei der wir einen bitteren Geschmack auf der Zunge nicht los würden.“[558]

Schulte ist einer derer, die sich, was die medizinische Deutung von Spontanheilungen betrifft, ihre letztliche Ratlosigkeit eingestehen. Dies halte ich für einen Weg, sich als Wissenschaftler den Möttlinger und Bad Boller Heilungen zu nähern. Rational Erklärbares wird erklärt. Was sich dagegen sperrt, nötigt zum Innehalten. Wissenschaft, die ihre Ratlosigkeit aushält, wird dadurch nicht zum Irrationalismus.

Mit dieser Haltung ist – zumindest in Fällen, wo kein betrügerisches Vorgehen unterstellt werden kann – ein respektvolles Zuhören verbunden, wenn Menschen auch im 21. Jahrhundert die Heilung seelischer und körperlicher Leiden beschreiben als Folge persönlicher Gebetserfahrung. Herbert Kappauf, lange Jahre als Onkologe an der Medizinischen Klinik 5 des Nürnberger Klinikums tätig, beschreibt seine Erfahrungen mit Patienten, bei denen Spontanremissionen ihrer Tumorerkrankungen medizinisch nachgewiesen worden sind.[559]

---

558 Walter Schulte, *Was kann der Arzt und Psychiater zu Johann Christoph Blumhardt, zu Krankheit und Besessenheit sagen?* In: *Evangelische Theologie* 1950/1951, 151–169, hier 162 f. Siehe auch Blumhardt, *Schriften* 2, 101.

559 Herbert Kappauf, *Wunder sind möglich. Spontanheilung bei Krebs.* Freiburg im Breisgau 2011. Die Website des Deutschen Krebsforschungszentrums (DKFZ) www.krebsinformationsdienst.de weist auf diese Veröffentlichung hin.

Dabei grenzt er sich ab von der „sogenannten Schulmedizin“, welche eine Beschäftigung mit Spontanremissionen ablehnt, „weil das Phänomen nicht existiere“ (14). Kappauf referiert die heute diskutierten möglichen Ursachen von Spontanremission bei Krebs, etwa immunreaktive Vorgänge, Persönlichkeitsfaktoren oder einen existentiellen/spirituellen Wandel (90). Die religiöse Deutung, es handle sich um Wunder, wird ebenso wie nichtreligiöse Interpretationen dargestellt (138–147). Keine der möglichen Deutungen wird grundsätzlich abgelehnt, alle werden anhand von Fallberichten geschildert und mit dem heutigen Stand der Krebsforschung verglichen. Kappaufs Ergebnis: Keine Interpretation ist in der Lage, das Phänomen Spontanremission zu erklären (195). Es ist nicht beliebig reproduzierbar, aber – es existiert.

Nicht nur als Plädoyer für eine sensible Wahrnehmung von Gebetsheilungen möchte ich die vorliegende Darstellung gelesen sehen. Sie soll auch dazu anregen, Vorgänger der gut dokumentierten[560] Möttlinger Ereignisse sowie Nachwirkungen in den Erweckungsbewegungen des 19. und 20. Jahrhunderts näher zu beschreiben. In der Pietismusforschung finden sich oft nur Andeutungen; vielleicht ergeben sich bei deren Ausarbeitung bisher unbekannte Bezüge. Das Standardwerk *Geschichte des Pietismus,* das ein breites Spektrum von Themen abzudecken hat und keine ausführliche Schilderung Johann Christoph Blumhardts bieten kann, gibt an mehreren Stellen weiterführende Hinweise.[561] Zwei Autoren verwechseln Blumhardts

560 Siehe oben Nachwort, 245.

561 Gustav Adolf Benrath (GdP 3, 235) erwähnt die Erweckungen und Heilungen in Möttlingen und Bad Boll (*Die Erweckung innerhalb der deutschen Landeskirchen 1815–1888. Ein Überblick;* in: GdP 3, 150–271, hier 235). – Jörg Ohlemacher nennt Nachwirkungen Blumhardts in der angel-

Sohn Christoph mit einem imaginären „Christian Blumhardt“.[562]

In welcher Tradition steht das Krankheits- und Heilungsverständnis Johann Christoph Blumhardts? Um nicht ins Uferlose zu geraten, konnten im Verlauf der Kommentierung nur einzelne Hinweise gegeben werden, etwa auf Vorgänger wie den sich exorzistischer Mittel bedienenden Johann Joseph Gassner oder den in romantischer Tradition stehenden Justinus Kerner.[563] Von beiden setzt sich Blumhardt kritisch ab, auch von zeitgenössischen Heilern wie den Irvingianern und Dorothea Trudel.[564] Im Blick auf die Wirkungsgeschichte Johann Christoph Blumhardts, die mit dem Sohn Chris-

---

sächsischen Heiligungsbewegung (*Evangelikalismus und Heiligungsbewegung im 19. Jahrhundert;* in: GdP 3, 371–391, hier 379 f.) und im deutschen Gemeinschaftschristentum (Ders., *Gemeinschaftschristentum in Deutschland im 19. und 20. Jahrhundert*; in: GdP 3, 393–464, hier 396–398), wobei er andeutet, dass die deutsche Rezeption der Erweckung in Wales mit den „Blumhardt-Erfahrungen“ verbunden war (431).
Ergänzend sei auf die Monographie von Stephan Holthaus hingewiesen: Heil – Heilung – Heiligung. Die Geschichte der deutschen Heiligungs- und Evangelisationsbewegung (1874–1909), Giessen 2005, 333–394. Holthaus befasst sich ausführlich mit der Heilungsbewegung sowie mit Johann Christoph Blumhardt und Dorothea Trudel, die als Vorläufer und Wegbereiter geschildert werden.

562 Rudolf von Thadden widmet sich dem sozialen und politischen Wirken „pietistisch geprägte(r) Christen“. Blumhardts Sohn Christoph Friedrich wird in diesem Zusammenhang positiv gewürdigt. Für den informierten Leser befremdlich ist, dass Christoph mit einem imaginären „Christian Blumhardt“ verwechselt und als „Sohn des [...] berühmt gewordenen Möttlinger Wunderheiltäters Johann Christoph Blumhardt“ vorgestellt wird (*Pietismus zwischen Weltferne und Staatstreue. Politik als Ärgernis*; in: GdP 4, 646–666, hier 649. 658). – Ein Gespenst namens Christian Blumhardt irrt auch durch den Artikel von Peter Kriedte, *Wirtschaft* (in: GdP 4, 584–616, hier 606). Der so entstandene irreführende Eintrag „Blumhardt, Christian“ im Personenregister (GdP 4, 699) ist zu streichen.

563 Zu Kerner: Brief Nr. 3; zu Gassner: Brief Nr. 32, Anm. 214.

564 Briefe Nr. 45. 58. – In diesem Zusammenhang ist hinzuweisen auf einen Auszug aus Johann Christoph Blumhardts *Verteidigungsschrift,* veröffentlicht unter dem Titel *Die Heilung von Kranken durch Glaubensgebet.* Die 2. Aufl. Leipzig 1924 enthält einen Anhang ohne Verfasserangabe (*Zeugnisse aus der Gegenwart*, 55–109) mit Heilungserfahrungen bei Dorothea Trudel (1813–1862) sowie bei Johannes Seitz (1839–1922), Henriette von Seckendorff-Gutend (1819–1879), Elias Schrenk (1831–1913), Fritz Ötzbach (gest. 1909) und Paul Barth (gest. 1923).

toph beginnt,[565] muss ebenfalls auf eine ausführliche Darstellung verzichtet werden, etwa der sich auf Blumhardt berufenden, 1909 von Friedrich Stanger gegründeten Möttlinger Rettungsarche[566] oder der 1920 von Eberhard Arnold und seiner Ehefrau Emmy initiierten Bruderhofbewegung.[567] Zudem sei auf die Tagungsberichte der Stuttgarter Gemeinschaft „Arzt und Seelsorger", einer Arbeitsgemeinschaft von Medizinern und Theologen, hingewiesen; auch hier spielt Johann Christoph Blumhardt eine Rolle.[568]

Nicht nur die unüberschaubare Vielfalt der in der Kirchengeschichte beschriebenen Gebetsheilungen macht das Aufzeigen von Traditionslinien zu einem Problem. Die dabei auftretenden Unterschiede lassen es geraten erscheinen, hier behutsam vorzugehen und nicht vorschnell Beziehungen zu behaupten. Angebliche Traditionen können zu Blickverengungen führen. Die Möttlinger und Bad Boller Ereignisse wären, einmal in einer Schublade abgelegt, ihrer Brisanz beraubt. Daher verstehe ich die vorliegende Publikation als Mosaikstein in einem noch zu zeichnenden differenzierten Gesamtbild.

Zu danken habe ich den Mitherausgebern der Reihe „Edition Pietismustexte" für ihren Blick auf das Manuskript: Prof. em. Dr. Hans-Jürgen Schrader (Genf), Superintendent i.R. Dr. Christof Windhorst (Löhne) und

565 Siehe oben Nachwort, 251.

566 Dokumente zur Rettungsarche: LKA Stuttgart, A 126, Nr. 1181. 1184–1186. 1808. 2025; Pfarrarchiv Möttlingen, Nr. 152 f. 240–243.

567 Vgl. die von der Bruderhofbewegung veröffentlichte Auswahl aus Briefen, Andachten und Predigten Johann Christoph und Christoph Friedrich Blumhardts zum Thema Krankheit und Heilung: Church Communities Foundation (Hg.), *Thy Will Be Done. Sickness, Faith, and the God Who Heals*. Robertsbridge 2011. – Zu Eberhard Arnold: Markus Baum, *Eberhard Arnold. Ein Leben im Geist der Bergpredigt*. Schwarzenfeld: Neufeld-Verlag 2013.

568 Etwa im Beitrag von Edgar Michaelis im siebten Band der Tagungsberichte, hg. vom Stuttgarter Psychiater Dr. med. Dr. phil. Wilhelm Bitter: *Magie und Wunder in der Heilkunde*. München (1966), 57–75.

vor allem Frau Prof. Dr. Ruth Albrecht (Hamburg) als verantwortlicher Redakteurin dieses Bandes. Einen prüfenden Blick auf die Behandlung medizinischer Sachverhalte im Nachwort hat Dr. med. Gerd Brühl (Kirchentellinsfurt) geworfen. Auch ihm sei herzlich gedankt.

Register der Bibelstellen

Das Bibelstellenregister verzeichnet außer den im Text explizit genannten Bibelworten auch die biblischen Redewendungen und Anspielungen.

Register der Personen

Das Personenregister enthält die in Text und Kommentar genannten historischen und fiktiven Personen. Bei Frauen wird gegebenenfalls vom Mädchennamen auf den Ehenamen verwiesen: „Dittus, Gottliebin siehe Brodersen". Adlige werden unter dem Namen ihres Hauses eingeordnet: „Württemberg, Wilhelm I. König von".
Nicht aufgenommen sind Johann Christoph Blumhardt sowie moderne Autoren. Letztere nennt zum großen Teil das Verzeichnis der Quellen und Literatur.

Zeitfracht Medien GmbH
Ferdinand-Jühlke-Straße 7
99095 Erfurt, Deutschland
produktsicherheit@kolibri360.de

Druck:
CPI Druckdienstleistungen GmbH
im Auftrag der
Zeitfracht Medien GmbH
Ein Unternehmen der Zeitfracht - Gruppe
Ferdinand-Jühlke-Str. 7
99095 Erfurt